股动人心

华为奋斗者股权激励

卓雄华 俞桂莲 著

中信出版集团 | 北京

图书在版编目（CIP）数据

股动人心：华为奋斗者股权激励 / 卓雄华，俞桂莲著. -- 北京：中信出版社，2022.3
ISBN 978-7-5217-4020-2

I. ①股… II. ①卓… ②俞… III. ①通信企业-企业管理-股权激励-研究-深圳 IV. ① F632.765.3

中国版本图书馆 CIP 数据核字（2022）第 033658 号

股动人心——华为奋斗者股权激励

著者：　　卓雄华　俞桂莲
出版发行：中信出版集团股份有限公司
（北京市朝阳区惠新东街甲 4 号富盛大厦 2 座　邮编　100029）
承印者：　宝蕾元仁浩（天津）印刷有限公司

开本：787mm × 1092mm　1/16　　印张：26.25　　字数：316 千字
版次：2022 年 3 月第 1 版　　印次：2022 年 3 月第 1 次印刷
书号：ISBN 978-7-5217-4020-2
定价：88.00 元

序

华为无疑是当今世界最成功的企业之一，是中国的骄傲，也是世界的骄傲。华为的成功一直是研究者感兴趣的热点课题。华为为什么能在短短30余年里如此成功？华为成功的秘诀是什么？众多的研究，众多的说法：有些研究侧重从宏观上看华为，认为其成功得益于天时、地利、人和，得益于中国的改革开放，得益于深圳这块热土的滋养，得益于经济全球化；有些研究则侧重从微观上看华为，认为其成功主要缘于创办人有远见、有魄力、敢拼敢闯、会用人，能把一帮有理想、有才干的人聚在一起干事业；也有些研究者认为华为的成功是找准了企业的主攻方向，从一开始任正非就看准数字通信产品的发展前途，几十年咬定青山不放松，始终坚持在数字通信领域耕耘。但是无论这些研究的角度有多么不同，得出的结论有多么不一致，有一条是几乎所有研究者都认同的，那就是华为取得成功的最根本原因是紧紧抓住创新二字，把创新作为企业的生命线，始终在创新的道路上砥砺前行。

华为的创新是全方位的，有技术创新、产品创新、销售方式创新、管理模式创新、企业文化创新、企业治理结构或制度创新等。这些创新共同造就了华为的成功，造就了华为的奇迹。但是在这众多的创新中，很多人认为，最重要的是企业治理结构或制度创新。华为大胆探索企业治理结构创新，并形成了一个适合自身发展的治理结构，从而拥有了一种强大的凝聚力，能够不断汇聚优秀人才，不断坚持技术创新，始终保持强大的市场竞争力，站在数字通信领域的最前沿。自2018年以来，美国采用各种手段打压华为等一批中国的高科技企业，其中对华为的打压最甚。当时，很多人都担心华为可能会顶不住，会被打垮。令人欣慰的是，华为顶住了种种打压，并且大有愈挫愈勇之势。是什么力量使得华为顶住了这种压力？毫无疑问，华为上下十几万员工团结一致、众志成城、共克时艰是最主要的力量。那又是什么使得华为上下十几万员工能如此团结一致？毫无疑问，华为的企业治理结构发挥了重要的作用。

创办伊始，华为的企业治理结构，尤其是企业内部股权制度或股权激励制度就引起了社会的关注，成为众多专家、学者及相关从业人员的研究对象。卓雄华、俞桂莲两位律师主要的业务之一是，为企业提供企业治理结构特别是股权激励制度的咨询与设计。华为的企业治理结构一直是他们关注的重点，他们对华为的股权结构、股权激励、股权定价、分配等都有细致的观察和认真的研究。在深入且全面研究的基础上，在咨询及授课的过程中，他们与众多企业家进行了广泛的讨论与交流，听取各方的见解。最终他们将自己的研究成果形成了读者面前的这本书——《股动人心——华为奋斗者股权激励》。这本书是迄今为止对华为股权激励制度研究最全面、最深入的专著之一。该书描述了华为企业治理结构的核心——股权激励制度30多年的发展历程，剖析了华为股权激励制度的具体内容及操作方式，包括内部股、虚拟受限股、TUP（时间单位计划）、股权定价、股权配置等。当前，我国正处在进一步深化改革、扩大开放的新阶段，其中深化企业制度改革、建立现代企业制度是改革的重点之一。尤其在学习并借鉴国际先进经验的同时，如何结合中国的实际、中国的文化，建立一个更加符合中国国情的现代企业制度，仍是摆在我们面前的一大课题。因此，这本书的出版既有理论价值，又有实际意义。当然，华为企业治理结构或股权激励制度是一个博采众长、不断创新、不断发展的制度，这既是一个值得研究的课题，也是一个研究难度很大的课题。因此，《股动人心——华为奋斗者股权激励》一书作为两位年轻作者对华为股权激励制度的一个全景式探索，难免存在这样或那样的不足，期待读者能给予批评指正。

华为是一个充满创新活力的优秀企业，令众多青年学子向往，厦门大学（以下简称“厦大”）学子亦然。我在任厦大校长期间，十分关注企业录用厦大毕业生的情况，华为是其中之一。这些数据作为分析、评估学校人才培养质量及学科建设成效的一个重要指标。我记得仅2017年华为就录用了182名厦大毕业生，这一数量位居国内各高校前列。因此，华为始终是厦大人最关心、最喜爱的企业之一。《股动人心——华为奋斗者股权激励》一书的两位作者都是厦大法学院优秀的毕业生，在书稿付梓之际，他们希望我能为该书作序，我欣然应允。我觉得应该有更多人来关注华为、研究华为，让华为的成功经验被更多的中国企业学习并借鉴，从而在中国出现更多华为式的先进企业。

朱崇实

厦门大学原校长、法学院教授

2021年12月25日

前 言

我们为什么学习华为股权激励

从启动资金1.6万元[①]的小公司到年销售收入近万亿元的跨国企业，从用户交换机代理商到涉足电信设备、数据通信、终端设备、物联网、车联网等多个领域的科技巨头，短短30余年，华为创造了一个又一个的商业传奇，终于站上了世界之巅。

面对美国打压，任正非和华为人的底气在哪里？面对压力，早有各种后备计划的华为，让人动容、泪目、心疼和自豪。很多人都很想了解华为，了解华为取得这么大成就的原因。放眼望去，研究华为的图书汗牛充栋，大多聚焦于任正非的思想，华为的发展史、业务开拓、项目管理、人力资源、战略、文化、财务等方面，但对华为成功的核心基础——华为股权激励制度的研究与讨论多是碎片化的，并没有系统、深入地探讨。这严重妨碍了广大企业真正学懂华为，学好华为。

任正非不怕美国的底气来自10万持股员工，他对媒体说：

所有一切失去了，不能失去的是“人”，人的素质、人的技能、

---

① 华为注册资本虽然为2.1万元，但因有的股东并没有全额到资，实际到资款为1.6万元。

人的信心很重要。[①]

只要华为人还在，华为就不会倒下。华为轮值董事长徐直军曾在接受媒体采访时公开说：

在我的职业生涯中，我碰到了成千上万的人问我这个问题：为什么华为会成功？我告知他们，华为成功的核心基础是员工持股和利益分享机制。[②]

可见，华为的成功是华为人的成功，是华为股权激励制度的成功。而华为股权激励制度是华为其他制度的基础。我们如果不了解华为股权激励制度与其他制度的相互关系，仅仅学习华为的管理制度，那么很可能陷入局限于表象思考问题的境地。相当于在浮沙之上起高楼，很容易倒塌。

于是，我们开始研究华为的股权激励，探究华为股权激励制度成功的秘密。通过华为官方公布的各种信息与资料，结合华为内部论坛心声社区、天涯论坛的华为世界、部分媒体报道以及各种早期员工回忆录，我们逐步了解了华为股权激励制度发展的背景、方案和内在逻辑。通过系统梳理华为强大的股权体系，我们发现华为股权是华为成功的基因。于是在厦大的课程中，在向企业提供咨询服务的过程

---

① 华为公共及政府事务部. 任正非接受中国媒体采访纪要[EB/OL].（2019-5-21）[2021-07-26]. https://xinsheng.huawei.com/cn/index.php?app=forum&mod=Detail&act=index&id=4303105&p=1&pid=41103527#p41103527.

② 华为公共与政府事务部. 华为高管媒体发声实录第二册[EB/OL].（2019-04-30）[2021-07-26].https://xinsheng-image.huawei.com/cn/forumimage/download-5968109-b96fb54a5865692cf81678411fcbc09d_69d9fe372d11700d69932d5c6860e3ee-42946427-forum-0/%E5%8D%8E%E4%B8%BA%E9%AB%98%E7%AE%A1%E5%AA%92%E4%BD%93%E5%8F%91%E5%A3%B0%E5%AE%9E%E5%BD%95%E7%AC%AC%E4%BA%8C%E5%86%8C201903-201904.pdf.

中，在与其他合作伙伴共同开设的课程中，我们将“华为股权激励道与术”的课程与众多的企业家分享。在不断分享的过程中，我们进一步增进了对华为股权激励制度的理解。越了解华为的股权激励制度，就越叹服于任正非的远见卓识，越被华为真正“以奋斗者为本”的理念所惊艳。此后，不管在什么场合，只要讲起华为，我们就希望与大家分享研究华为股权激励制度的心得，希望所有人都能领悟华为股权激励制度的精髓，能学以致用，不断将企业做大做强，成为下一个华为。简而言之，华为股权之所以值得我们学习，是基于以下四个原因。

一、激励时间长、效果明显

经过30多年的股权激励，华为持股员工人数从最早的20人左右发展到如今的12万人。华为的股权激励模式几乎每年一小变，几年一大改，不断升级优化。华为从小到大，从弱到强，一路磕磕绊绊，摸着石头过河。很多企业在股权改革中遇到的问题，华为基本都遇到过，其积累的大量经验和教训都值得分析、借鉴。不论何种规模的企业，不论从事什么行业的公司，不论上市公司还是非上市公司，都可以从华为30多年不断升级优化的股权激励模式中得到启发，少走弯路。

在实施股权激励的企业当中，华为股权激励的实施效果应当说是数一数二的。具体来说，第一，华为股权激励制度是资金之源，解决了华为的融资问题，扩大了华为的投资规模，提升了企业整体利润；第二，华为股权激励制度是团结之根，让员工与企业、老板形成命运共同体，同舟共济、共渡难关；第三，华为股权激励制度是活力之源，树立了员工的主人翁意识，促进了管理制度的改善提升，激发了组织活力；第四，华为股权激励制度是文化之本，培养了华为的奋斗文化；第五，华为股权激励制度是公司制度之基，是其他制度的基础，促进了集体领导制度的建立，使得华为实现了可持续发展。

因此，华为股权激励制度是研究股权激励的一个重要样本，是学习股权激励的必修课。研究股权激励必须研究华为，想成为华为必须了解华为的股权激励制度。理解了华为股权激励制度，也就理解了股权激励运行的很多原理和实践要领。

二、汲取古今中外智慧结晶

任正非创建的股权激励制度是向当时中国轰轰烈烈的内部员工持股制度学习的，因此，其从一开始就带有浓厚的中国特色。经过向国外取经、升级股权激励模式的探索，华为现在股权激励的主要模式是虚拟受限股。这种激励方式与国外流行的期权激励有着明显差异，非常适合中国国情与文化。

在改革过程中，华为吸取了现代西方企业股权激励制度中的精华，并对其不断优化。同时，随着华为走向世界，华为的股权激励也更加开放与灵活，比如目前正在实施的TUP等，与其走向世界的战略相得益彰。与阿里巴巴、京东、万科这些企业的股权激励相比，华为的股权激励既具有中国特色，又不乏先进性和国际性，更适合中国的企业实践。

三、更适合非上市公司学习

一般来说，我们都向上市公司学习股权激励，原因有两个：一是上市公司的影响力大；二是上市公司的股权激励方案和结果是公开的，容易研究。但是，上市公司的股权激励制度对于非上市公司而言，却不太适用，因为两类企业性质不一样。上市公司的股票具有流通性、公认的价格、公开转让的市场，退出时也可以通过二级市场转让。显然，非上市公司在实施股权激励时不具有这样的条件。很多非上市公司管理者在学习股权激励的时候，只能去问同行或熟悉的朋友是怎样操作的，但是在深入了解后，他们会发现同行或朋友也是自己摸索的。对于怎么学，学了以后结果会怎样，他们心中并没有底。

更重要的是，真正能上市的企业其实并不多，更多的企业注定是难以上市的。那么，不上市，企业就不能做大做强吗？非也！不上市，企业照样可以做大做强。任正非给出了非上市公司发展壮大的一条新路径：以股权激励制度的共担、共享为基础，通过不断内化的奋斗文化，实现以客户为中心的管理机制。华为已经用事实说明，凝聚人心就能实现所有梦想。

对于非上市公司来说，华为的内部股制度、虚拟受限股制度和TUP等都非常值得学习。当然，上市公司也可以从中汲取营养。比如，2021年6月20日，格力电器向1.2万名员工推出员工持股计划，其激励人数众多、由工会管理股权、退休才允许卖股票等特征，都显示出其在向华为学习股权激励。

四、自成理论，易于传播与实践

华为不仅有着长期的股权激励经验，更是将其上升到理论高度。华为早在1998年的《华为基本法》中就对价值如何分配做出了明确的规定，提出了奉行的知本主义。华为价值分配的理念是“力出一孔、利出一孔”，希望通过“利出一孔”来保障“力出一孔”。

我们在学习华为股权激励的过程中，不仅能够了解到华为股权激励的实践，还能看到华为股权激励背后的内在逻辑和理论基础，更能看到华为股权激励是理论联系实际的典型案例。因此，华为股权激励是有理论基础的实践，更容易学透，更容易学以致用。

本书分为三个部分。第一部分为前两章，为总论部分。通过这部分内容，读者可以了解华为员工持股制度的全貌。第1章概述了华为30余年股权激励的实施过程与演变背景，第2章指出员工持股制度是华为的成功基因，并指出该持股制度的具体作用。第二部分为第3章至第6章。通过这部分内容，读者可以了解华为员工持股制度的具体方案与实施情况，包括内部股、虚拟股票期权、虚拟受限股、ESOP1[①]和TUP的具体细节和实施情况。第三部分为最后一章，从纵向的角度对华为股权激励30余年的理论、理念与九大配套制度进行详细分析。该部分内容为本书的精华，更多体现了我们的研究成果。通过这部分内容，读者能够更加立体地理解华为的员工持股制度，从而更容易找到适合自己企业的方法。

在本书中，我们在梳理华为股权激励制度时，更加注重分析华为股权激励制度出台以及演变的背景和内在逻辑。企业只有理解华为股权激励制度的内在逻辑，掌握股权激励制度运行的规律，才能结合自身实际情况，制订出一套适合自己企业的股权激励方案。

我们期待本书的出版能够弥补对华为研究的不足，弘扬华为的文化，使中华大地能够诞生更多的“华为”，真正实现中华有为！我们希望：

企业家和高管，可以学习华为的员工持股制度，让公司变得更强大，根基更牢靠。

律师和咨询师，可以学习华为的员工持股制度，在为其他企业做股权咨询的过程中取得更好的效果。

讲师和培训师，可以更深刻、更全面地理解华为的员工持股制度，从而弘扬华为股权文化。

我们虽志存高远，但限于华为股权激励制度的纷繁复杂和华为股权文化的博大精深，仍不免有所欠缺。即便如此，我们仍希望本书能

① 详见第1章第8节。

够起到抛砖引玉的作用，让更多人更深入地研究华为股权激励制度。我们也期待各界人士与我们交流对华为股权激励制度的看法，共同推进股权文化的发展！

作者

2021年8月1日

华为股权激励变革路线图

内部股

- 1990 年建立内部股
- 1997 年规范内部股

虚拟股票期权

- 2001 年出台虚拟股票期权制度
- 2002 年内部股转虚拟股票

虚拟受限股

- 2003 年出台MBO虚拟股方案
- 2004 年出台虚拟受限股制度
- 2004 年出台退休保留股票制度
- 2006 年出台饱和配股制度
- 2009 年出台奖励配股制度

虚拟受限股与TUP并行

- 2012 年在海外试行TUP
- 2014 年全面推行TUP
- 2015 年TUP一次性全部生效

虚拟受限股与TUP及ESOP1并行

- 2020 年大量发行ESOP1

目　录

第1章

八次危机，股动人心

本章导读

没有伤痕累累，哪来的皮糙肉厚，自古英雄多磨难。

——华为

没有资金、没有资源、没有背景、没有技术，短短30余年，从启动资金1.6万元发展到年销售收入近万亿元，华为在强手如林的行业中，从一个小作坊成长为世界500强，成长为世界电信行业的领头羊。如图1-1所示，华为的销售收入从1988年的553万元到2020年的8 914亿元，年复合增长率为42.28%，30余年增长了16万倍之多。

在很多人眼里，华为似乎一帆风顺，然而真相却是——历经九九八十一难，时时充满危机。华为经历了夹缝求生、壮士断臂、八年等待、灭顶打击，每一次都是劫难。一般企业经历的，华为已经经历过；一般企业没经历过的，华为也在经历。

2018年12月1日，华为副董事长、首席财务官孟晚舟在加拿大温哥华过境转机时遭到加拿大无端拘押。

美国打压华为，能否如愿？

任正非和华为，硬扛美国打压，底气何在？

这次危机和华为以往经历过的危机相比，哪个更大？

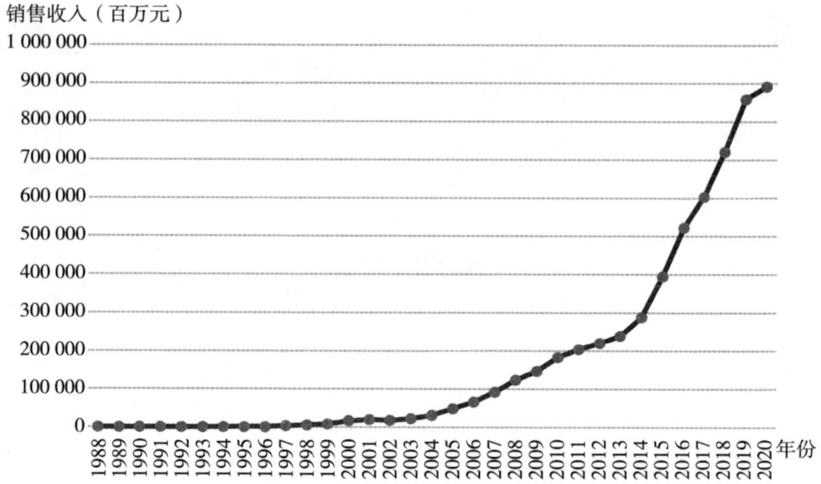

图1-1　华为历年销售收入增长图

数据来源：1988—2001年数据来自华为心声社区[①]，2002—2020年数据来自华为历年年报。

任正非说："其实这30余年来华为危机不断，不是这个危机，就是那个危机，有些危机甚至严重到危及企业的生命。"[②]

华为到底都经历了哪些危机？又是如何度过的？在危急关头，华为的股权激励制度发生了哪些变化？如何通过股权激励来应对危机？华为实施股权激励30余年，经历了哪几个阶段？在此期间，华为是如何实施股权激励制度，培育股权文化的？

---

① 华为公共及政府事务部.任正非接受《华尔街日报》采访纪要[EB/OL].（2019-12-27）[2021-07-26]. https://xinsheng.huawei.com/cn/index.php?app=group&mod=Bbs&act=detail&tid=4538789.

② 华为公共及政府事务部. 任正非接受美联社采访纪要[EB/OL].（2019-10-15）[2021-07-26]. https://xinsheng.huawei.com/cn/index.php?app=forum&mod=Detail&act=index&id=4460763&search_result=1.

第1节　研发转型危机——员工持股探索

任正非，1944年出生，1963年就读于重庆建筑工程学院，毕业后就职于某建筑工程单位。1974年应征入伍，成为一名承担建设从法国引进的辽阳化纤总厂任务的基建工程兵，历任技术员、工程师、副所长（技术副团级）。1982年9月，国家裁减军队，基建工程兵属于首批被裁减对象，任正非退伍。

1982年年底，任正非来到深圳，进入南油集团工作，后来任集团下属的一家电子公司副经理。此时的任正非摩拳擦掌，准备轰轰烈烈干出一番事业。但事与愿违，不久他就遭遇了事业上的重大挫败。长期从军的任正非由于过于相信交易对手，造成公司200万元货款收不回来。当时我国内地城市平均月工资才100多元，按照这个工资水平来推算，当时的200万元相当于现在的1亿元！这绝对是令人难以承受的巨款。在巨大的压力之下，任正非只能离开南油集团。

43岁的任正非突然失业了，只好重新找工作，但几次应聘都没有成功。原因有两个方面：一是他在经营上有过失误，别人不信任他；二是当时的社会对他这样的技术员需求也不大。已过不惑之年的任正非面对人生的重新选择，该何去何从？

一、走投无路，艰苦创业

当时深圳鼓励科技人员兴办民营科技企业。深圳科技局的人对任正非说：“你原来是搞科研的，现在可以来搞科技企业。”任正非认为自己是干技术出身的[①]，搞技术还是可以的，于是就走上了创立科技公司这条路。

1987年9月，任正非开始筹备注册公司。不过任正非只有3 000多元，只好再找来5个人入股，拟让每个人出资3 500元，由6个人平分股权。他们共集资21 000元，但实际到资只有16 000元。任正非到工商局注册的时候，正好看到工商局的墙上挂着“心系中华，有所作为”的标语，就给公司取名叫“华为”。

理想很丰满，现实很骨感。华为成立之初的现实是既没有技术，也没有作为，唯一的念头就是活下来。显然用1.6万元是做不了研发的。任正非一开始代销火灾警报器、气浮仪等厂矿所需的工业仪器，可是这些产品订货量少，根本不足以维持公司的正常运转。为了活下去，任正非卖过减肥药，甚至想过卖墓地，但经过考察，他认为卖墓地很难做，才不得不放弃。

一次偶然的机会，任正非了解到一个商机。当时我国内地的电话线路非常紧张，固话安装率不到1%，很多企业的通信需求无法得到

---

① 任正非在军队担任实验室仪表专业技术员，1977年研制成功我国第一台高精度计量标准仪器——空气压力天平，为我国仪表工业填补了一项空白。空气压力天平与双管活塞压力计和充水、充汞压力计相比，不但精度高，而且体积小、重量轻，用途广泛，操作方便，对于消除汞害、改善工作条件也有很大好处。这种仪表当时刚出现不久，只有几个工业发达的国家能制造。1977年10月在全国基建工程兵工作会议上，任正非因研制成功空气压力天平受到表彰。当时的研究工作条件极差，没有图纸，没有样机，大家甚至都没见过空气压力天平长什么样，但是任正非凭借对原理的理解，自行设计图纸，自己实验，在这样艰苦的条件下研制出了空气压力天平。后来华为在没有样机参考的情况下，自行研发出很多机型，这与任正非的技术追求和技术自信有莫大关系。

满足。用户交换机可以使很多人共同使用公司有限的几根外线，一方面提高线路的使用率，另一方面可以缓解公司的通信难题，因此它供不应求。用户交换机的销售非常火爆，客户需要提前半年以上支付定金才可以订货。这是一个典型的卖方市场，只要能搞到用户交换机且卖到内地，就可以获得高额毛利。当时内地还不具有自主研发能力，市场上销售的都是境外产品。任正非通过别人介绍找到了香港鸿年公司，开始代理它的用户交换机。

代理需要不菲资金，而正起步的华为资金有限，因此，任正非请求先提货，卖完后再付款。鸿年公司的老板梁琨吾找很多人调查任正非的背景，调查后发现任正非气质不凡、谈吐诚恳，是一个可以信任的人，就授权华为去其广州仓库里提货，货物价值1亿元。待华为卖了货物以后，可以利用销售资金先周转一段时间，再还款给鸿年公司。这相当于鸿年公司无偿给了华为1亿元的贷款支持，对华为来说至关重要，而且鸿年公司给华为的底价也比较合适。在鸿年公司的支持下①，华为逐步发展。

不过当时的产品质量很不稳定，经常出问题。因为鸿年公司在香港，加之是卖方市场，所以它也不看重售后服务，导致售后服务很不及时。当时代理鸿年公司产品的另外五六家企业，比如长虹（深圳）、华科（北京），做得比华为早，市场占有率高。华为卖的产品和它们一样，但销售规模远不如它们。为了抢占市场，任正非就在售前、售后服务方面下功夫。1988年，华为招聘工程师为客户提供技术服务。为了降低故障率，华为在发货前要调测、做老化处理，以保证发出去的设备稳定性比较好；在发货后提供安装服务，并不定期提供维护；在出现故障时，就派工程师上门换配件维修。因此，虽然与其他公司

---

① 1998年，在华为十周年司庆大会上，任正非给梁琨吾等曾经向华为提供巨大帮助的十人颁发了纯金制作的超大金牌勋章。随着用户交换机市场的逐渐萎缩，鸿年公司的生意一落千丈，此时任正非授权鸿年公司代理华为的产品。

卖的是一样的产品，华为却因为服务好而备受用户欢迎。这既让华为获得了不少客户，也奠定了华为以客户为中心的文化基因。

尽管这样，华为还是面临着更大的困难——厂家经常断货。华为是小代理商，又是赊账进货，因此，一旦货源不足，厂家就先断华为的货。许多早年加入华为的人都有一个深刻印象：每当有人在办公楼下喊“来货了”，包括任正非在内，所有人欢呼一片，冲到楼下，从大卡车上卸货，像过年似的……[①]

因为经常断货，华为面临着不能如期交货的风险。任正非事后回忆说：

> 我们作为他们的代理商，却经常拿不到货。让客户逼得不知如何是好，差点让人当成骗子。[②]

由于长期提供售后服务，华为具备了自己组装产品的能力。1988年年末，华为开始打造自己的品牌。从市场买散件回来组装，印上商标，写一份产品说明书，加上包装，1989年，第一款华为产品就这样诞生了，这款24口的低端用户交换机被命名为BH-01。1990年，华为就在广州、上海、北京、沈阳、合肥、南京等地建立了办事处，开始销售产品。其实，每个办事处只有一个人，办事处主任是身兼多职的光杆司令——既是主任，要联系和接待客户、签订合同、催货、催款；又是工程师，安装产品和负责验收，对客户进行上机培训，维修和解决使用中的问题。没有秘书，没有手机，更没有专车和司机，办事处主任一个人带上产品资料、合同、维修基本备板和工具以及换

---

① 田涛，吴春波. 下一个倒下的会不会是华为：故事、哲学与华为的兴衰逻辑（珍藏版）[M]. 北京：中信出版社，2016：64.

② 任正非. 让青春的生命放射光芒（任正非在网络产品线奋斗大会上的讲话纪要）[EB/OL].（2008-6-13）[2021-07-26]. http://app.huawei.com/paper/newspaper/newsBookCateInfo.do?method=showDigestInfo&infoId=13121&sortId=8.

洗衣物，乘长途汽车或火车跑遍全省，天天住招待所。[①] 相比从香港进口的HAX-100，BH-01价格低、容易订货、售后服务好，受到客户的热烈欢迎。

二、员工持股，共享共担

实现中华有为的梦想必须组建梦之队，但当时任正非就是光杆司令。为了广纳贤才，任正非费尽苦心，广泛邀请教授带着老师和学生来华为参观，以便寻求技术合作的可能性。任正非把他的远大抱负和华为的美好前景宣讲一遍又一遍，期望能够招到志同道合的人才。皇天不负苦心人，1988年秋，郭平研究生毕业后加入华为，成为华为第一位高级人才。当时华为非常缺乏技术力量，也很难招聘到高端的技术人才，郭平想到了师弟郑宝用。郑宝用留校任教，刚考上清华大学博士。1989年，经不住郭平的不断劝说，郑宝用还没拿到清华大学博士学位，就放弃了学业，直接加入了华为。郑宝用的学历和技术水准最高，马上就被任命为华为的总工程师。在任正非的不断努力下，1990年华为员工发展到20人左右，其中有6位研发人员，包括郭平、郑宝用、胡厚崑、江西生等几位技术骨干；还有10多位市场人员，这些市场人员大多数也是工程师，不仅要干销售，还要做售后服务。这些人才对于华为的发展至关重要，任正非知道华为的发展必须靠千军万马。但当时华为的工资只有300多元，与外资企业相比，有很大的差距，福利也比不上国企。华为凭什么吸纳、激励并留住人才呢？任正非不断思考如何才能团结和激励员工。苦苦思索后，他想到了自己的成长经历。

---

① 陈康宁. 一个人的办事处——1990年的华为合肥办事处[J]. 华为人，2004（151）：48-50.

任正非出生于贵州的一个贫困山区，有兄弟姐妹七人。父亲任摩逊是一名中学校长，母亲是一名小学教师，两人微薄的工资要养育七个子女，捉襟见肘，家里严格实行分餐制。在三年困难时期，任正非正在准备高考，饿得没有力气，是母亲每天给他一块玉米饼让他撑了下来。他再饿也不敢自己去拿吃的，否则弟弟、妹妹可能会饿死。这段成长经历让任正非学到了分享精神——只有分享，才能共存亡。母亲对他的最大影响就是无私。华为顾问田涛教授说：

> 在对华为100多位高管的访谈中……在询问到“如何评价任老板”时，大家几乎都用“奉献精神”或者“不自私”来评价。①

任正非认为，他的成功和他的不自私有很大关系。要真正团结员工，必须做到无私和分享，与员工共担风险、共享利益。可是如何才能与员工共担风险、共享利益呢？他想到了当时国企改革盛行的内部员工持股制度。早在1980年，某些企业就已经发行内部股，1990年之后就更多了。在1991年前，有内部股的股份企业大约占全国股份制企业的80%，股本金额达到1亿多元。②

不过，这些搞员工持股改革的都是国有企业。民营企业能搞员工持股吗？搞员工持股真的有用吗？任正非一时也拿不定主意，就去找父亲商量。任正非的父亲是中国的第一批大学生，毕业于北平民大经济系，对经济比较了解。当任正非说想让员工入股分享利润时，父亲非常赞同并且告诉他，早在明清时期，晋商就采取身股激励的方式与掌柜和伙计分享利润。掌柜和伙计不需要出资，凭等级和业绩享受一定的利润分红。正是这种利润分享方式，创造了晋商百余年的辉

---

① 田涛，吴春波. 下一个倒下的会不会是华为：故事、哲学与华为的兴衰逻辑（珍藏版）[M]. 北京：中信出版社，2016：89.

② 李幛喆. 股东热线（上）[M]. 北京：改革出版社，1995：85.

煌。有了父亲的支持和指导，任正非下定决心通过员工持股来解决责任分担、利润分享的问题。于是他做了一个影响华为命运的关键性决定——人人持股，把员工从雇员变成合伙人，共创伟业！

任正非将当时全部的股权模拟为一定数量的总股本，然后让员工根据入股意向和出资能力，按照每股1元的价格购买一定数量的股份。在员工离职时，公司按照原购买价回购股份。这个入股方案很简单，但是易行有效。华为的股票只能在内部对员工发行，因此也被称为内部股。

1990年，华为员工仅20人左右，任正非给了所有员工入股的机会，因此，早期的华为确实是全员持股。早期的内部股有融资功能，只要员工有意愿、有能力，都可以认购，数量不限。华为每个月只给员工发一半的现金工资，另一半记在账上。领工资的时候，也没有工资单，大家在财务部门前排队领工资。每个人只能看到自己的工资额，领走一半的工资。[①]没领走的一半，放在公司账上，公司计算存款利息给员工，有时利息高达20%。当然，如果员工要将工资全部领走也可以。早期员工大多是刚毕业的年轻人，单身汉，因为公司有食堂，饭菜不错且免费，聚餐时都是领导买单，加上工作太忙，所以他们也没太多时间花钱。那个年代也没有较大的买房、买车压力，因此对于一般人来说，一半的工资已经足够消费了。何况，将另一半工资放在公司账上还有很高的存款利息，存在外面银行不如存在公司账上。在职员工如果没有特殊需求，都不会去领账上的工资。年初分红时也是这样，员工没有现金需求，就将其记在账上，按20%的利息计算。到年底配股时，华为根据账上员工的工资、奖金、分红和利息之和予以配股。员工认购之后，公司就不再欠员工的钱，员工的白条工

---

① 刘平. 你所不知道的华为往事[EB/OL].（2016-01-27）[2021-07-26]. https://www.sohu.com/a/56885279_118540.

资就变成了内部股。这种将内部存款转换成入股资金的政策一直延续。

如果员工离职，公司就会按照原股购买价回购内部股。在这种情形下，有些信心不足的员工，就会离开华为。比如，当时搞测试的周继国觉得赚了十几万元已经很多了，就把内部股兑现后去了新加坡。员工离职时，公司即使很困难，也兑现白条和内部股。很多员工不理解任正非的这种做法，认为在职员工的工资还没发齐，凭什么给离职员工兑现全部的工资和内部股。而任正非非常明白，如果亏欠了离职员工，华为的信用体系就会逐渐崩塌，整个公司也会垮掉。

BH-01的热销让华为赚取了不少利润。1991年年初进行分红时，入股员工领到了大笔分红，尝到甜头，都觉得入股是一项非常好的投资。1991年再次配股时，大部分员工将分红重新投资入股，而原来不敢买内部股的极少数人，看到入股的员工分了很多钱，毫不犹豫就入股了。随着业务的不断扩大，华为又抓紧时间招兵买马，1991年，其员工人数达到了50多人。

三、心存梦想，研发转型

1991年，香港鸿年公司停止给华为供货。华为自行组装的BH-01，因为某些必备的组件供货不足，导致无法生产。此外，该机两年前出厂，已无法满足客户需求。原来的模式已经无法继续，摆在华为面前的是两条路：转型还是转行，要么全面转型为研发企业，要么转行。

转型困难很多，华为必须直面与国际巨头的竞争。当时，国际巨头垄断中国市场，形成了“八国九制”[①]。欧、美、日的九家跨国

① 八国九制是指以下八个国家的九家公司的九种制式的机型，九家公司是指1935年成立的日本富士通株式会社、1899年成立的日本电气股份有限公司、1898年成立的法国阿尔卡特公司、1895年成立的加拿大北方电讯公司、1877年成立的比利时贝尔公司、1877年成立的美国AT&T、1876年成立的瑞典爱立信公司、1865年成立的芬兰诺基亚公司、1847年成立的德国西门子公司。

公司，体量大，平均年龄过百岁。而华为成立于1987年，仅有三年历史，体量微不足道。华为想与跨国公司竞争，可谓是“蚍蜉撼大树”！任正非事后回忆道：

走上这条路后，才知道通信市场如此狭窄，技术要求如此苛刻，竞争如此激烈。通信市场需求量如此大，客户却很少，而这些采购巨额产品的客户，水平之高，也是小公司难以适应的。通信产品对技术要求如此苛刻，是因为电信网络是全程全网，任何一点小缺陷，都将造成与全球数十亿用户无法准确连接。当时通信产品技术含量高、利润高，导致世界上所有的大电子公司都聚焦在上面竞争，实际上是寡头之间的竞争。①

现在看起来很困难的选择，其实在当时的任正非看来并不难选择，也不存在选择。他并未意识到电信市场的竞争是寡头之间的竞争，小企业很难生存，而误以为通信产业规模很大，只要稍做一点业务就能活下来。在这种错误认知下，任正非决定破釜沉舟、背水一战，集中全部资金和人力，在几个月内开发和生产出新型交换机。

1991年9月，华为租下了深圳宝安县蚝业村工业大厦三楼。这层楼被分隔为单板、电源、总测、准备四个工段，库房、厨房也设在同层楼。十几个床挨着墙边依次排开，床不够，泡沫板上加床垫来凑。在工段上班的所有人，包括公司领导和开发人员，累了就趴在桌上或在地上找张泡沫板、纸板睡一会儿，醒来接着干。没有空调，只有吊扇，南方的高温，经常使人汗流浃背。员工每天加班到很晚，熄灯就睡。四周是老化测试的机架，设备上的信号灯一闪一闪，高频电流的

---

① 任正非．让青春的生命放射光芒（任正非在网络产品线奋斗大会上的讲话纪要）[EB/OL].（2008-6-13）[2021-7-26]. http://app.huawei.com/paper/newspaper/newsBookCateInfo.do?method=showDigestInfo&infoId=13121&sortId=8.

振荡声回响，枕戈待旦的华为人就这样进入梦乡。大多数人，以此地为家，领料、焊接、组装、调试、质检、包装、吃饭、上厕所、睡觉，都在这一层楼。不少人一连几天都没下过楼，连天晴、天阴，是否刮风、下雨都不知道。华为的床垫文化就是那个时期形成的。

1991年的华为现金流非常紧张，一有到账的订货合同预付款，华为就将其全部投入生产和开发。但新产品一直出不来，全国各地的催货电话、电报、传真不断，公司上上下下都感到前所未有的压力。如果不成功，华为就面临倒闭。靠几个没有研发经验的毕业生来搞自主研发，任正非也是偷偷捏着一把又一把的汗。内部员工持股制度将全体员工的利益与公司的利益牢牢捆绑在一起，此时面临压力的不是任正非一个人，而是全体员工。如果新产品没有如期研发出来，华为破产，那么大家失去的不仅是理想，还有投入的积蓄。

在这种压力下，研发项目组的几个成员，不仅负责硬件（如电路板、话务台）的设计制作，还负责全部软件程序的编写与调试，从白天到晚上不断地编写软件，调试、修改、再调试。有位工程师，负责改写软件和测试全机性能，累了抽支烟或闭一下眼，病了一边吃药一边不停地干。当项目成功、机器出厂后，他又到上海指导安装、开通，累得眼角膜脱落，不得不做手术，才保住了视力。

对待测试，员工也是不敢有一丝松懈。当时没有任何自动测试设备，外加工焊接电路板上成千上万的焊点都是经过品质部的员工用放大镜逐一检查，交换机的性能检验都是工程师用话机一项一项测试的。遇到大话务量测试，全厂员工一起上，60多部话机，每人2部，同时拿起话筒试。华为人天天看测试结果，天天晚上开会讨论攻关。[①]

到了1991年11月，华为收到的订货预付款全部用完，已经没有

---

① 陈康宁. 讲述华为人的故事：1991年我们在蚝业村[J]. 华为人，2006(179)：8-10.

任何资金了。若再不发货，华为只能破产了。所幸在全体研发人员拼命之下，首批3台BH-03于1991年12月2日发货。

华为员工为何如此拼命？不得不说，这还是得益于任正非实施的内部股制度，把员工变成股东。我为人人，人人为我，大家为自己而拼命。如果当初任正非给的仅仅是高薪而不是股权，员工可能就不会那么拼命，BH-03可能不会如期问世，华为可能刚一转型就破产了。

四、研发成功，华为存活

上天在考验任正非，BH-03虽然销售不错，但是尾款回收慢，公司现金流又出了问题。连续几个月没有发工资，员工士气十分低落，出现辞职潮，这样下去华为十分危险。

好在任正非提前部署了下一代产品的研发，因为他并不满意BH-03。BH-03未上市时，任正非就已经部署了真正的自有知识产权产品的研发，安排郭平、莫军、杨明峻组成三人研发小组。这款产品被命名为HJD48。正当BH-03销售回款不佳时，HJD48成功投产，HJD48是国内企业研发的第一款模拟空分式用户交换机，采用了最新的芯片技术，产品的体积大大缩小，综合成本也大幅下降。HJD48因为体积小、价格低、功能先进，在市场上大获成功。而国际巨头因为舍不得淘汰老的生产线，不敢使用新技术，又给了华为一个超越的机会。HJD48使华为收到大额货款，任正非却为钱怎么用而发愁。此时孙亚芳站了出来，强调一定要先给员工发工资。这笔工资如久旱甘霖，立马激发了大家的斗志。员工积极性提高了，华为的很多问题迎刃而解。

凭借HJD48这款产品，华为1992年的销售收入突破1亿元，比1991年翻一倍，员工也增加到了270多人。在1992年的年终总结大会上，任正非满含泪水地说出“我们活下来了”。经过五年的努力，华为终于度过了生存期。

五、研发升级，进军邮电

任正非明白在电信设备行业，做用户交换机只能算是业余选手的水平，国际巨头们真正厮杀的战场在电信局用交换机（以下简称局用交换机）。华为代理和销售的用户交换机只能满足一个单位内部的使用。BH-01和BH-03能够供24台电话机使用，HJD48则可以接48台电话。而局用交换机则是电信局使用的大型交换机，承载的是一个县的通信服务，需要接入成千上万台电话。由此可见，两者差距有多大。要想在电信行业立足，局用交换机是华为必须攻下的山头。因此，1992年在研发HJD48的同时，任正非决定研发模拟空分局用交换机，并将产品命名为JK1000。JK1000研发小组由郑宝用、徐文伟、聂建林三人组成，由郑宝用牵头。JK1000的研发和HJD48基本上是同步进行的，但因为JK1000是局用交换机，研发难度更大，所以上市时间晚于HJD48。在资金紧张的情况下，华为人发扬艰苦奋斗精神，日夜不息，在1993年年初宣告研发成功JK1000，并在1993年5月获得邮电部的入网证书。

六、技术落后，市场受挫

让华为尴尬的是，JK1000刚刚推出时无人问津。这一方面是因为华为没有客户基础，另一方面是因为JK1000技术落后。华为的JK1000局用交换机采用模拟技术，而国际巨头的交换机采用数字技术。任正非认为农村市场不需要用数字技术，模拟技术更省钱、更实用，农村市场应当先采用模拟技术再采用数字技术；而国际巨头则强调应当一步到位。各地邮电局都倾向于一步到位采购数字交换机，因为这样最节约成本，避免了短期内再次升级的问题，这使JK1000销售非常困难。好在JK1000也有自身优势，即针对农村电压不稳定、雷电多、使用环境差等情况，做了针对性的改良。于是在那些穷乡僻壤，JK1000还是卖了200多台。装机队全体同志不辞辛苦，走遍塞外高原、边防海岛、山区小镇、革命老区，常年奔波，居无定所，忍受了孤独与寂寞，克服了饮食、语言上的不习惯，赢得了用户的信赖和广泛的市场影响力。正当华为感觉销售有起色之时，前期苦心经营的客户网络以及口碑遭遇了沉重打击。其原因在于：有一块芯片更换了供应商，一打雷设备就容易出故障，甚至好几台使用中的JK1000都起火了，差点把机房烧掉。好不容易卖出去的JK1000变成华为产品质量不好的象征。“屋漏偏逢连夜雨”，在没有多少销售收入的情况下，又赶上央行实行财政紧缩政策，多次贷款计划被搁置，华为到了揭不开锅的境地。

七、合资公司，开拓市场

局用交换机这一战没打好，华为差点因此破产。好在华为人有先见之明，有备份计划。在JK1000还没面世的时候，曹贻安就申请开发数字局用交换机。他对任正非说：“你投资50万元，我给你做个2 000门的数字交换机。”任正非回答：“你研发出来以后，我把产品扔到海里去，你50万元能做成啥？我要的是一流的设备。人，我一个没有，你自己从全国招；钱，你不用操心，公司会想办法。”[①]就这样，1992年年底，华为启动了C&C08 2000门数字程控交换机（简称C&C08）的研发项目。对于C&C08的研发，华为押上了全部身家，胜败在此一举。

① 田涛. 华为访谈录[M]. 北京：中信出版社，2021：307.

研发局用交换机需要投入大量的资金，虽然每年大部分员工都将自己的收入投入公司购买内部股，但这只是杯水车薪。此外，任正非还要考虑产品研发出来以后如何销售。JK1000的销售失败，使任正非意识到，局用交换机市场不像用户交换机市场那么容易打开。用户交换机市场供不应求，只要有货就不愁卖。局用交换机市场虽然也是供不应求，但是门槛很高，邮电局很难接受小公司的产品。市场如果打不开，怎么办？

任正非想到了像贝尔公司等跨国公司一样，和邮电企业工会合资成立子公司，与客户形成利益共同体。任正非把一个边缘化产品——电源模块业务拿出来，找各电信局来投资。合作电源模块业务只是表象，华为的真正目的是与邮电公司形成利益共同体，并且解决资金问题。这种方式可谓一举两得，资金和市场同时都解决了。经过一番筹备，1993年4月，莫贝克电信股份有限公司（以下简称莫贝克公司）召开创立大会。经过半年的努力，1993年9月，莫贝克公司各股东的签章工作宣告结束。最终确定18家单位参股[①]，拟注册资金约9 000万元。莫贝克公司首期参股单位（包括华为）的第一期资金5 500万元很快到资。

尽管有了电信公司作为利益共同体，但任正非并未因此对销售放松警惕。他吸取了JK1000销售失败的教训，在C&C08刚开始研发时就紧锣密鼓地部署销售工作。尽管华为竭尽全力销售，还是没有客户愿意冒险使用华为这种小公司研发的新产品，没有人愿意吃第一只

---

① 莫贝克公司的18家股东单位分别是乌鲁木齐电信发展总公司、西宁市电信局电信工程公司、西安市大通电信科技公司、西安市电信综合服务总公司、北京讯发公司、太原市电信综合经营总公司、南宁通信发展总公司、广州天河高新科技开发区万通达信业开发公司、江西南昌市电信设备器材公司、重庆电信实业总公司、济南通信技术开发总公司、海口市电信工贸公司、武汉电信发展总公司、深圳华为技术有限公司、成都市电信局工程总公司、长沙通信发展公司、福建省福州电信服务公司、浙江南天邮电通讯发展集团股份有限公司。

螃蟹。

天无绝人之路，华为逮到一个机会。在杭州举办的一次通信展销会上，任正非遇到了义乌邮电局负责设备采购的王副局长。此时王副局长正在发愁交换机采购的事情，他们想订购贝尔公司的S1240交换机，却因为供不应求，一直订不到货。王副局长看了C&C08的技术参数，觉得符合需求，但是华为这样的小创业公司做出来的产品靠谱吗？王副局长很纠结：要是华为的产品有问题，自己要承担不小的责任；要是不采购华为的产品，似乎也没有更好的选择。任正非看到了他的纠结，抓住机会，各种说服。禁不住任正非的一再说服，王副局长冒险订了一台华为的C&C08。这样，华为总算有了第一个订购数字交换机的客户。不过令王副局长担心的事情发生了，华为接了订单后，却迟迟无法交货。

尽管华为的工程师们每天只睡四五个小时，还是无法如期开局，原定于1993年6月的开局一拖再拖。到了10月，任正非顶着巨大的压力，好像一下老了10岁。开发组的20多位研发人员带着开发工具去邮电局，等于是把开发的战场放到邮电局去了。所有员工一起讨论问题、修改程序，齐心协力地调测调试交换机。交换机只有一台，既要测试，又要调试，时间特别紧张，员工只好24小时两班倒。当时义乌天气很冷，凌晨气温不到0℃，机房里没有任何取暖设备，许多员工穿两层袜子、两件夹克。有时候电水壶坏了，员工连一杯热水都喝不上。有的员工实在累得顶不住了，就在机房地板上躺一会儿，再起来接着干活，经常清早才收工回旅馆。总工郑宝用亲临现场指挥，任正非也不远千里来看望员工，与员工住在一起，吃在一起，鼓励员工。全体人员如此苦战两个多月，到1994年1月才把交换机开通成功。这台交换机的开通浸透着整个公司从上到下所有员工的心血和汗水！[①]任正非事后回忆说：

想想毛生江在义乌开局，肩负着全体华为人的期望，率领几十个从来没有见过交换机、更没有开过局而研制成功C&C08的年轻研究人员，几个月在山沟沟里守着问题百出的试验局，而家里有数百名员工及家属等米下锅。这些人里面就毛生江看别人开过一次局，称“半瓶醋”，其他瓶子里还没有醋。[②]

任正非终于松了一口气，这个开局要是失败了，后果不堪设想。1994年2月2日，C&C08通过了邮电部的鉴定，取得了入网许可证。华为C&C08是最后一批取得入网许可证的交换机，要是再晚一点就没有机会了，因为市场上同类产品太多了。如果不是华为员工没日没夜地加班加点赶进度，那么C&C08就算研发出来，也拿不到出生证明。C&C08可谓华为人的惊险一跳。在全体股东的集体奋斗下，华为终于迎来了新生。

八、进军农村，包围城市

从技术方面来讲，C&C08使用了最新的芯片技术，不仅技术定位高，而且在附属功能上满足了中国电信局在话务统计、终端操作、计费等方面的特殊要求。从客户关系方面来讲，华为已经与18家邮电企业形成股东关系，形成了利益共同体。因此，C&C08受到了中

① 华为人报. C&C08局用数字程控交换机开局情况简报[EB/OL].（1994-01-28）[2021-07-26]. http://app.huawei.com/paper/newspaper/newsPaperPage.do?method=showSelNewsInfo&cateId=8388&pageId=9505&infoId=18009&sortId=1&commentLanguage=1&search_result=22.

② 唐东方. 战略选择：框架·方法·案例[M]. 2版. 北京：中国经济出版社，2015：78.

国农村邮电局的热烈欢迎。1994年4月，C&C08销售量达8.7万线，5月又创出销售量12万线的好成绩。

从1994年年初开始，莫贝克公司的工作重点是，将C&C08打入各个股东负责的地区市场，并以各地示范效应带动更多的地区加盟。[①]华为的交换机针对中国电信市场的需求，华为开发了交换机的各种贴心功能，而且华为的服务要比国外厂商好得多。在示范效应的带动下，华为的交换机迅速占领了很多三线以下城市以及县乡级市场。随着C&C08万门机的研发成功，华为进一步攻克了一、二线城市的电信市场。

莫贝克公司的成立，使得华为在局用交换机领域站稳脚跟，实现了农村包围城市的战略。莫贝克公司成立之后，华为的销售收入快速增长。如图1-2所示，1993年华为的销售收入仅有2亿多元，1997年增长到32亿多元，增长了15倍。电信公司通过与华为合资，不仅大大降低了采购成本，也获得了高额的回报。各地参股的邮电职工的年分红率最高时达到70%，真正实现了双赢。

华为凭借C&C08奠定了在局用交换机市场的江湖地位，从此走上大规模高速发展之路。C&C08的成功使任正非受到了极大的鼓舞。1994年，任正非想在全球通信业领跑的雄心壮志被员工们看在眼里，当时的员工们在心里嘀咕：任正非是疯了吧，刚发出工资，取得了小小的成功，竟如此痴心妄想。但任正非是认真的，因为他知道在电信行业不做大做强，只有死路一条。

1994年，华为销售收入达到5亿元，资金链大为改善，此后华为再也没有拖欠过员工的工资。员工没钱购买内部股，还可以向公司借款购买。1995年9月香港华为举行开业庆典。1996年华为与香港和记

---

① 莫贝克公司的具体经营情况，可以参见李玉琢所著的《我与商业领袖的合作与冲突》一书。

电信签订了3 600万美元的合同，实现了华为境外市场历史性的突破。同年，华为成立了海外市场部，建立了俄罗斯代表处、白俄罗斯代表处和南斯拉夫代表处。1996年华为还成立了华为北京研究所。当时，华为总部已有多个事业部，各地有30多个办事处和研究所。除此之外，有美国、中国香港分公司。华为员工人数达到6 000人。

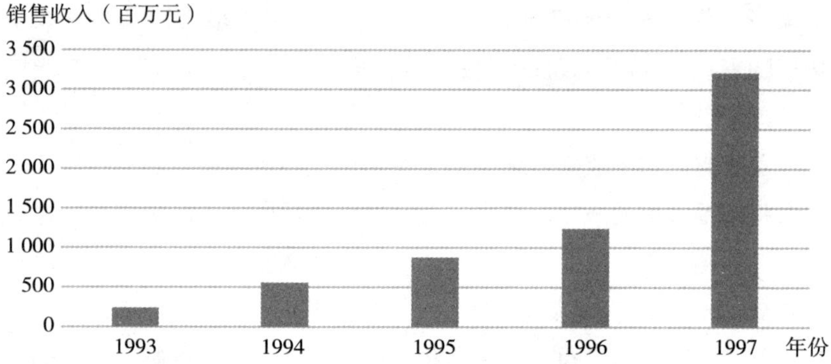

图1-2　华为1993—1997年销售收入增长图

数据来源：华为心声社区[①]。

从1987年成立至1990年，华为面临着生存危机，通过代理交换机，顺利渡过难关。1991—1994年，华为面临着研发转型危机，从一家代理商变成了一家自主研发的科技公司。1992年，用户交换机研发成功后，华为马上转型研发局用交换机。JK1000局用交换机虽然研发成功，但因为技术落后，无人问津。1993—1994年，华为面临着研发转型和市场危机双重危机，是华为史上异常困难的时期，甚

① 华为公共及政府事务部.《华尔街日报》补充问题答复[EB/OL].(2020-01-10)[2021-07-26]. https://xinsheng.huawei.com/cn/index.php?app=group&mod=Bbs&act=detail&tid=4538789.

至危及华为的生存。

1994年，C&C08的研发成功奠定了华为在局用交换机领域的江湖地位，华为真正转型成功，从代理商转型为自主研发的科技公司，从研发用户交换机转型为研发局用交换机。这个过程无比艰难，但内部股制度把全体骨干人员与公司紧紧地绑定在一起，形成了命运共同体。在全体持股员工的奋力拼搏下，华为研发转型终于成功。

通过内部股制度，华为将工资白条转变为股份，与员工形成了命运共同体。华为通过与电信企业创办合资公司的方式，与客户形成了利益共同体，解决了资金、员工与客户的问题。华为从电信设备行业的门外汉，仅用了7年的时间，就登上国内行业的王者宝座，员工持股创造的奇迹令人惊叹不已。

任正非通过内部股激励方式，使员工牢牢抱成一团创造出奇迹。内部股制度为何有如此魔力？1997年之前的内部股，购买价格为每股1元，但是年分红却常在1元以上，分红回报率超过100%。华为员工在为华为创造高效益的同时，也赚了很多钱，在实现梦想的同时也实现了个人财务自由。

如果员工不是股东，不是为了自己的事业而拼搏，那么这种“床垫文化”与奋斗文化很难落地。如果任正非不是通过员工持股构建了事业共同体与利益共同体，那么员工很难为了公司、为了老板而拼命加班。

因此，员工持股制度才是华为的根本，是华为的基因。任正非在此后开始完善并长期坚持员工持股制度。

第2节　内部管理危机——规范内部股

1994年度过生存危机后，华为快速扩张，高歌猛进，到1997年销售收入达到了32亿元。1997年，华为在深圳市龙岗区坂田村购买了1平方公里的土地，开始建设坂田基地，计划投入100亿元，用5年的时间建成生产中心、机加工中心、华电科研楼、百草园宿舍、IT（信息技术）中心、培训中心、中研中心、中试中心和行政中心。华为不再是一辆手推车，而是一列高速列车。但是，华为不满足于此，它将目光瞄准了全球市场，开启二次创业的历程。二次创业比首次创业更难，因为在国际市场上打拼的难度远高于在家门口做生意。

1997—2001年是华为国际化的起步期，也是华为成长为跨国公司的关键成长期。为了实现这种突破，华为实施了一系列改革，其中最深刻的改革当数股权改革。

一、股权改革，合法规范

1997年，华为对股权激励制度进行了规范和明确。当年有三个契机促成了华为股权激励制度的改革。

（一）三大契机，促成规范

1. 二次创业，挑战严峻

1997年是华为实现战略升级的关键一年，公司虽然快速发展，但面临着巨大的挑战。虽然产品已多元化，但经营尚未多元化，新的增长点长期未能突破。虽然市场总额在增加，但服务体系建设还跟不上，服务水平相对落后，公司全体干部的服务意识与国际水准还差很远。华为和国际巨头相比，实力仍然相差悬殊，要在国际市场上与国际巨头拼杀，困难太多。任正非认为，在这种形势下，如果队伍不保持高度的团结和统一，华为的挑战注定会失败。

在国内华为已经成为行业翘楚，任正非此时考虑的已经不是单纯地活下去，而是如何进一步发展壮大，在国际上立足。只有变得更强大，华为才能长久地活下去。任正非认为华为进入了二次创业期，二次创业的目标就是要走向国际市场。国际化路程甚至比第一个十年的创业期更为艰难。前十年，华为虽然面临着跨国企业的巨大压力，但是它在本土作战，具备很多本土优势。然而，走向国际，去他国开拓市场，对于当时实力还不强大的华为而言，可想而知有多么艰难！无论前途多么艰险，任正非总希望攀登下一个高峰。

任正非认为，从1990年开始的内部股制度是创始人对分享制的一种探索。在二次创业阶段，华为需要对员工持股制度进行规范梳理并上升到制度层面。只有这样，华为才能打牢根基。

2. 产权明晰化需求

从根本上讲，华为规范股权激励制度的目的是在股权层面明确企业的所有权人。

1997年之前，华为的股权是不清晰的、混乱的。对外而言，华为的产权不明。1988年，华为以集体所有制的名义挂靠在深圳市科技局创业中心名下。对内而言，华为没有明确员工股权的地位。因为外部产权没有明确，所以内部产权也就很难明确——有几千个内部员工持股，还有部分邮电员工持股。[①]

---

① 程东升，刘丽丽. 华为真相在矛盾和平衡中前进的“狼群”[M]. 北京：当代中国出版社，2003：146.

此外，华为还有5个创始股东，但这5个股东并不认同华为的发展模式。所以，借着股权改制的机会，华为派江西生去和这些股东谈判，让他们退股。经过长久的谈判，各股东陆续退股。2000年，这些股权全部清理完毕。

1997年，规范和明确的员工持股制度的确立，标志着华为员工持股从实践探索走向了制度化。

3. 股权激励制度合规性需求

1997年9月30日，深圳市发布了《深圳市国有企业内部员工持股试点暂行规定》。该规定指出，内部员工持股是指公司内部员工个人出资认购本公司部分股份，并委托公司工会持股会进行集中管理的一种新型的公有产权组织形式。任正非希望趁着深圳市新出的员工持股政策的时机对股权激励制度进行规范，并解决创始股东历史遗留问题。

（二）四大举措，规范股权

华为采取了四个策略对股权激励制度加以规范。

1. 明确公司性质

1997年7月25日，华为股东会通过了《深圳华为技术有限公司改制方案》。1997年12月4日，华为技术有限公司在深圳市工商局办理了变更登记手续，把“集体企业”变更为“有限责任公司”。这是华为产权明确的重要措施，将华为还原成民营企业。

2. 确立员工持股制度为公司的基本制度

1997年的《华为基本法》草案，确立了知本主义的分配理念和员工持股制度，1998年全体持股员工表决通过《华为基本法》。《华为基本法》对于华为员工持股制度意义重大，相当于在“宪法”层面确立所有权制度。《华为基本法》规定：

（价值创造）第十六条 我们认为，劳动、知识、企业家和资本创造了公司的全部价值。

（知识资本化）第十七条 我们是用转化为资本这种形式，使劳动、知识以及企业家的管理和风险的累积贡献得到体现和报偿；利用股权的安排，形成公司的中坚力量和保持对公司的有效控制，使公司可持续成长。知识资本化与适应技术和社会变化的有活力的产权制度，是我们不断探索的方向。我们实行员工持股制度：一方面，普惠认同华为的模范员工，结成公司与员工的利益与命运共同体；另一方面，将不断地使最有责任心与才能的人进入公司的中坚层。

（价值分配形式）第十八条 华为可分配的价值，主要为组织权力和经济利益。其分配形式是：机会、职权、工资、奖金、安全退休金、医疗保障、股权、红利，以及其他人事待遇。我们实行按劳分配与按资分配相结合的分配方式。

（价值分配原则）第十九条 效率优先、兼顾公平、可持续发展，是我们价值分配的基本原则。按劳分配的依据是：能力、责任、贡献和工作态度。按劳分配要充分拉开差距，分配曲线要保持连续和不出现拐点。股权分配的依据是：可持续性贡献、突出才能、品德和所承担的风险。股权分配要向核心层和中坚层倾斜，股权结构要保持动态合理性。按劳分配与按资分配的比例要适当，分配数量和分配比例的增减应以公司的可持续发展为原则。

《华为基本法》确定了华为的分配理念与分配制度，将员工持股制度作为一项长期坚持的制度。华为员工持股从实践探索走向了制度化，解决了为谁而奋斗的问题。

3. 确定工会代持员工股份的思路

根据当时深圳市的规定，内部员工持股应当委托工会持股会进行集中管理。于是华为决定由工会集中管理员工股份。在当时的法治环境下，工会持股既是合法选择，也是唯一合理的选择。

1997年1月13日，深圳市华为新技术有限公司成立，并在当年12月改制为股份有限公司，由任正非等777名员工发起。深圳市华为新技术股份有限公司持有深圳市华为技术有限公司的5.046 1%股权，深圳市华为新技术股份有限公司工会和深圳市华为技术有限公司工会分别持有深圳市华为技术有限公司33.086 2%和61.867 7%的股份，两家工会共持股94.953 9%。

此后，虽然华为的股权结构多次调整，但在员工的股权由工会统一持股作为政策确定下来后，持股结构无论怎样变化，都只是以工会名义的变化。2001年，华为的持股结构改成工会委员会持股，但思路不变。

在明确股权结构的情况下，华为内部股制度的改革也在同步进行。为了筹备股权改革，1997年任正非还专门约见了柳传志，咨询联想的股份制改造情况。

4. 确立规范性的员工持股制度

1997年7月25日，华为股东会通过了《深圳市华为技术有限公司员工持股规定》(以下简称《员工持股规定》)，规定了股权分配的依据、持股平台、入股和退股等各项操作细则。适逢深圳市出台《深圳市国有企业内部员工持股试点暂行规定》，虽然这个规定只适用于国有企业，却说明了市政府对内部员工持股制度的认可。华为将自己的员工持股方案上报了深圳市体制改革办公室(以下简称深圳市体改办)。当年11月，华为得到了批复，深圳市体改办原则上同意其改制方案并要求其依照相关规定依法执行。在得到深圳市政府的支持后，华为将《员工持股规定》在工商局备案，并在当年12月4日进行了股权变更登记。

此次内部股规范的意义重大，意味着华为员工持股制度的合法化，也意味着华为的员工持股从保密走向了公开，从混乱走向了规范。早在1994年，任正非就说过，现在的员工持股制度还是依靠创始人的个人品质在推动，未来需要规范化。《员工持股规定》正式出台并在工商局备案，说明华为员工持股从实践探索变成了一个长期可执行的制度，这对于保障员工的利益意义重大。规范的内部股制度进一步推动了华为的发展。

改革之后的内部股仍然保持着一贯的低定价、高分红的特点，每股分红虽然有所减少，但仍然非常可观。投资回报率往往可以达到70%以上，1元钱购买的股份经常可以分红0.7元。再加上公司给予员工的借款支持产生的杠杆效应，员工的回报率仍然在100%以上。

二、统一思想，走出混沌

快速成长的华为面临着野蛮生长带来的巨大风险。在当时华为的工作程序中，微循环中存在许多重复劳动，宏观程序没有投入更多的力量。每个部门的内部小循环虽然都搞得不错，但整个公司的大循环却不协调。大循环不协调大大增加了管理的难度和跨度，使工作流程不顺畅，从而极大地浪费了员工的时间和精力。员工工作效率很低，甚至低于国内同类厂家。市场部曾有人反映，外面客户的工作都好做，最难做的是公司内部的工作，部门之间业务流程的衔接不谐调，形成了不是有意识但确实客观存在的障碍。

IBM（国际商业机器公司）的顾问给华为诊断了若干问题：组织上存在本位主义，部门墙高耸，各自为政，造成内耗；没有跨部门的结构化流程，各部门都有自己的流程；部门之间的流程是靠人工衔接的，运作过程被割裂……

2000年9月1日下午，华为党委组织召开“研发体系发放呆死料、机票”活动暨反思交流大会，共6 000余人参加。华为将这些年由于工作不认真、物料清单填写不清、测试不严格、盲目创新造成的大量废料作为奖品发给研发系统的几百名骨干，让他们牢记。31岁的余承东也收到了人生中最难以忘怀的一个“奖品”——一块不合格的电路板。虽然会议是2000年召开的，但问题却不是2000年才出现的，而是1996—2000年积累而成的。比如，1999年之前，由于在设计上缺乏考虑，各种设备的直流电源口的防雷能力薄弱，成为雷击的“重灾区”。1998年的夏天，中国处于一个雷雨多发的季节，很多地方发了洪水。华为的设备遭雷击损坏严重，先是传输产品损坏，紧接着是交换机和接入设备成片损坏。没有专门的防雷团队，用户服务中心只好临时抽调工程师组成急救团队。工程师到现场，捧着被烧坏的单板，欲哭无泪。堵了这一个漏洞，堵不住下一个，华为的产品防雷设计实在太落后了。防雷击设计，从华为早期的亮点变成了当时的槽点，管理上存在较多的过失。管理混乱已经严重影响到产品质量和市场开拓。

任正非在《一江春水向东流》一文中回忆道：

到1997年后，公司内部的思想混乱，主义林立，各路“诸侯”都显示出他们的实力。公司往何处去，不得要领。①

可见，当时华为的思想和管理都处于一片混乱之中。如果不加强管理，华为无法管控各地甚至各国的分公司和办事处。一旦失控，华为就可能会分崩离析。

---

① 任正非. 一江春水向东流[J]. 军工文化，2020（6）：86-89.

任正非在1998年1月时说道：

历史给了我们机会，也给了我们前所未有的困难。我们从小公司演变发展而来，不良习气还在我们身上不断地散发，组织体系也从没有经历过如此扩张。管理的脆弱，一定会在高速膨胀中显现出来。我们的队伍太年轻，好奇心、兴趣点还没有转到做实上来，幼稚还是我们向日葵般面庞的写照。[①]

为了解决公司主义林立的情况，任正非决定统一公司的思想。只有思想上高度统一，才有行动上的统一。自1996年开始，任正非主导了《华为基本法》的全员讨论。历经三年，《华为基本法》终于在1998年得以正式出台。它是华为“宪法性”的文件，总结了华为发展的理念，确定了华为发展的方向与原则。《华为基本法》统一了华为人的思想，那些林立的山头主义悄然消失了。

明确了企业产权，规范了员工股权，统一了员工思想之后，任正非开始花重金实施管理改革。

三、管理改革，重建体系

（一）重塑流程，加强管理

为了与国际接轨，实现国际化，1997年圣诞节前，任正非率领高管们来到美国，在近距离地考察了休斯、朗讯和惠普三家世界级企业之后，将考察重点放在IBM这家最具美国特色的企业身上。1992年年底，78岁高龄的IBM像是得了阿尔茨海默病，一下子陷进亏损50亿美元的泥坑中，爬不起来，股价跌到49.74美元。郭士纳临危受

① 任正非. 狭路相逢勇者生[J]. 中国人力资源开发，1998（12）：21-22.

命，接下了IBM这个烂摊子。郭士纳在接手后进行大刀阔斧的改革，逐步取得了成效。1996年，市场已经普遍认可了郭士纳对于IBM的功劳以及他的努力，IBM的股票价格达到145美元。

IBM成功的关键在于集成产品开发研发流程。回国之后，任正非就开始摸索实施集成产品开发，组织了项目组，拿出了一套基于集成产品开发的研发体系变革方案，并进行推广实施。但这次变革却未如他所愿，以失败告终。任正非终于明白建立集成产品开发流程并不简单，于是他决定聘请IBM人员当咨询顾问，让IBM人员手把手教会华为集成产品开发。根据IBM方面的推算，70位顾问按级别分为三类，每小时收取的费用分别为300美元、500美元和680美元，为期5年。经过华为内部测算，要完成这次管理变革，华为要投入约20亿元。那时华为员工的工资每月才5 000多元，相当于1小时顾问费。因为顾问费用过高，很多华为高管不同意聘请管理顾问，他们认为IBM的管理制度不一定适合华为，华为应该有自己的特色。任正非问他们："你们想不想做国际市场？想的话，就要穿'美国鞋'。"高管们只好同意引进美国顾问，但又觉得应该砍砍价。任正非回答："你真傻，1小时680美元，人家把30年的知识教给你。你打个折扣，人家教你3个月的，哪个划算？"任正非没有砍价，而是要求IBM一定要派最好的咨询师。任正非知道，省钱不是他的目的，把制度真正建设好才是他的目的。如果因为省钱，建的制度不好用，最后变成邯郸学步，那就适得其反了。在这种情况下，任正非要求学习IBM的制度，要"先僵化，后优化，再固化"。

1998年8月10日，任正非召集了由上百位副总裁和总监级干部参加的管理会议，宣布华为与IBM合作的IT策略与规划项目正式启动，内容包括华为未来3～5年向世界级企业转型所需开展的集成产品开发、集成供应链管理、IT系统重整、财务四统一等8个管理变革项目。直到2003年，IBM顾问才全部撤场，前后历时5年，华为因此付出了约几十亿元的咨询费。IBM制度的引入，对华为的国际化确实起到非常重要的作用。欧美发达国家电信公司在审核华为的时候，发现一家中国的企业居然有着如此先进和规范的管理流程，纷纷被华为折服。

（二）人力资源管理变革

除了启动流程改革，从1997年开始，华为与合益咨询公司（Hay Group）合作进行人力资源管理变革。在合益咨询公司的帮助下，华为逐步建立了职位体系、薪酬体系、任职资格体系、绩效管理体系及员工素质模型。华为在此基础上形成了员工的选、育、用、留原则和干部选拔、培养、任用、考核原则。

经过统一思想、规范股权、管理改革三大举措，华为的管理逐步规范，员工的主人翁意识不断增强，一支非常有战斗力的队伍终于打造完成。

四、战略升级，扩大激励

华为二次创业，任正非在把视野放在国际市场的同时，也将产品从固话转向了无线。在1X的大哥大时代，华为没有赶上；在无线2G时代，华为不能再错过。1997年，华为组建了二十几个人的研发团队，开始研发全球移动通信系统，准备迎头赶上。一大群华为人在上海研究所，看《GSM通信原理》，啃协议，做测试，四处取经……大夏天，大家光着膀子在实验室调试，早晨再跑到卫生间去冲凉，累了就铺个床垫子往地上一躺。不舍昼夜的学习，快速敏捷的开发模式，让整个开发进程十分迅速。1997年10月，华为研发成功全球移动通信系统。接下来的几年，华为人为了抢占无线市场，费尽心力。

1998年，华为发现中国的2G起步太晚，远远落后于西方国家。

国外巨头的全球移动通信系统早已在商用领域成熟使用，中国市场的版图已经被摩托罗拉、爱立信等国外巨头垄断。延误“战机”的华为全球移动通信系统在市场上举步维艰，迟迟打不开局面。为了迎头赶上，华为提前在3G上布局。从1998年到2000年，华为用两年多的时间完成了从公式到模型仿真再到关键技术的验证。华为预计此项目需要投入200人，花3年做出产品来。实际上华为投入了近2 000人，参与人数远超预期。

为了激励员工更加努力，让股东队伍更加强大，华为在战略升级的关键时刻，加大股权激励的力度。

扩大员工入股的范围，增强员工的主人翁意识，为华为走向国际打下了良好的内部基础。前七年的高速成长与高额分红，使华为员工对股权的需求越来越大，更多的新员工希望能够入股。任正非扩大了入股对象的范围，让更多人加入了员工持股计划。

五、邮电合资，开拓市场

除了内部股权改制，华为对外也采取股权的方式开拓市场。在尝到与莫贝克公司合资的甜头后，华为在1997年开始大量与各地邮电局工会成立合资子公司。在两年多的时间内，华为先后建立了四川华为、天津华为、北方华为、上海华为、山东华为、浙江华为、沈阳华为、河北华为、安徽华为等多个合资公司。

全国各地的合资公司给华为提供了数亿元的风险资金，为华为的发展提供了源源不断的支持。成立合资公司，除了融资，更重要的是占领市场。当时，与华为合资的主要是三、四级市场邮电局，华为以这种“农村包围城市”的方式，站稳了脚跟。例如：华为在铁道系统的销售情况并不好，1998年华为与铁道系统的二七通信设备厂共同出资成立北方华为。这样一来，铁道系统的市场就打开了。华为投资仅300万元，北方华为1998年的销售收入竟达到了2.9亿元[①]。可见，合资公司给华为市场带来很大的帮助。这些企业其实就是华为的代理商，帮助华为销售产品，分包华为的工程安装和售后服务。华为通过让利使合资方获得良好的收益，促使合资方努力销售产品。如图1-3所示，在内外政策合力之下，1998—2000年华为高速发展。

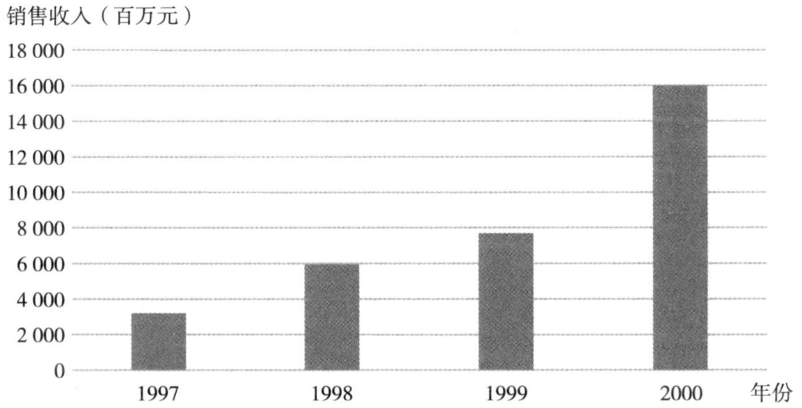

图1-3　华为1997—2000年销售收入增长图

数据来源：华为心声社区[②]。

华为从1996年开始开拓俄罗斯市场，一直颗粒无收，直到1999年才获得38美元的订单。可见，开拓国际市场多么艰难！这个阶段，华为面临的不仅是市场开拓难题，也面临内部管理混乱的困境。一个管理混乱的企业如何走向全球？或许国际市场打开了，华为却因为管

---

① 李玉琢. 我与商业领袖的合作与冲突[M]. 北京：当代中国出版社，2006：140.

② 华为公共及政府事务部.《华尔街日报》补充问题答复[EB/OL].（2020-01-10）[2021-07-26]. https://xinsheng.huawei.com/cn/index.php?app=group&mod=Bbs&act=detail&tid=4538789.

理不善倒下了。所以，1996—1998年，华为开始对以前野蛮生长的模式进行反思和修复，引进国际咨询公司对华为进行改革。在国际咨询公司的帮助下，华为从穿草鞋、布衣的农民变成了西装革履的精英，脱胎换骨。华为的内部股也从探索阶段发展到规范阶段，员工持股制度在《华为基本法》中得到最终的确立。

规范的内部股、管理改革和统一思想推动了华为的高速发展。华为由此度过了管理规范危机。2000年，华为的销售收入为160亿元，比1997年的32亿元，增长了4倍，华为进入了百亿规模行列。这是华为高速成长的阶段。

第3节　网络泡沫危机——虚拟股票期权

1998—2000年，管理不断完善的华为抓住了网络泡沫的尾巴快速发展，但2001—2002年遭遇了席卷全球的网络泡沫危机。这是华为首次遇上全球危机，面临着十分困难的外部环境。雪上加霜的是，华为在内部战略上连连失误，内忧外患，腹背受敌。这是华为史上的至暗时刻。

一、内忧外患，风雨飘摇

（一）泡沫破裂，冬天来临

2000年，网络泡沫破裂，互联网公司哀鸿遍野，很多网络股跌到每股几美分。有着100多年历史、在无线领域领先的世界500强企业英国马可尼公司负债42亿美元，股价跌到6先令。巨头们为了活下去开始大打价格战，华为不得不跟着降价。

网络泡沫危机的传导存在一个过程。2000年，华为还在快速扩张，招聘了几千个应届大学毕业生准备大干一场。等到这些新员工来报到时，华为发现形势不对，就淘汰了很多人。2001年2月，任正非写了《华为的冬天》一文，预警华为的冬天在未来2~3年到来。任正非认为当时还只是秋末冬初，真正的寒冬还没有到来。但到了2002年，全球IT业的泡沫已经吹破，IT业最严酷的寒冬已然来袭。被认为是世界上最有潜力市场的中国也遭遇困境，各运营商大幅削减投资，出现惜投现象。对设备制造商而言，堆积如山的“奶酪”突然不见了，支撑代表处销售的大项目寥寥无几，只剩下零零碎碎的小块“奶酪”供设备制造商们度过严冬。这对习惯了做大事业、满怀雄心壮志的华为人来说，无疑是巨大的反差。

2002年，华为产品价格降幅超过20%，销售收入首次出现负增长，净利润不到上一年度的一半。2019年任正非接受采访时回忆道：

> IT泡沫危机发生时，华为同样发生了巨大的危机，濒临崩溃，内外交困。从外部来说，我们对客户负责任的能力低。在IT泡沫时期，大公司把所有好零部件买光了，而我们只能买一些差的零部件，将其做成产品卖给客户。2002年，内部人偷走公司知识产权，挖走公司的人，去创办其他公司。[①]

（二）战略失误，发展困难

短期战略上的失误，使得2000年后华为业务发展困难。

---

① 华为公共及政府事务部．任正非接受德国电视一台纪录片采访纪要[EB/OL]．（2019-5-20）[2021-7-26]. https://xinsheng.huawei.com/cn/index.php?app=forum&mod=Detail&act=index&id=4438019&search_result=3.

2000年，中国移动和中国电信分别成立。中国电信因为缺乏移动业务，而大力发展小灵通业务。任正非认为小灵通技术是一种即将淘汰的落后技术，不应该花大力发展。JK1000的失败让任正非记忆犹新。因此，任正非决定放弃小灵通市场。但是，他万万没想到小灵通市场如此巨大，中兴依靠小灵通业务获得的利润占其整体利润的一半，中兴和华为之间的差距迅速缩小。

任正非不仅不做小灵通，而且还认为华为没有做消费者产品的基因，也不计划做手机。放弃了手机和小灵通市场的华为，将全部希望寄托在全球移动通信系统上。2000年，恰逢互联网泡沫破裂，国际巨头大打价格战。与1998年相比，全球移动通信系统降价幅度竟达80%，仅是1998年价格的1/5。质量比华为好，价格居然和华为差不多，这让华为如何销售？2000年左右，在夹缝中生存的华为全球移动通信系统开始重新定位市场方向，把目光投向广大的农村、乡镇等地区，再次开启农村包围城市的道路。

就在华为全球移动通信系统前进之路受阻之际，华为3G研发成功。大家欢欣鼓舞，满怀对国内3G的憧憬。然而天不遂人愿，全球IT业泡沫席卷电信业，电信厂家纷纷裁员，国内3G牌照迟迟不发。华为3G业务在三年内几近颗粒无收。

华为人天天期盼中国发3G牌照：2000年，他们认为2001年会发；2001年，他们预测2002年会发；2002年，他们预测2003年会发。上千人的研发队伍，每等待一天，就要多支出300万元，华为高层心急如焚。即便如此，华为决策层坚定地认为3G必定代表未来主流趋势，从未降低在3G上的大力投入——几千人的队伍，几年下来，研发成本达数十亿元。在此情形下，华为不得不将重点转到海外市场，但海外市场的开拓仍然无比艰难。

汪涛是最早一批开拓无线3G海外市场的“特种兵”之一，他说：

“卖3G太难了！西方电信巨头们虎踞龙盘，压得我们喘不过气来。”后来成为无线总裁的汪涛回忆早期市场拓展的艰辛时说：“做梦都想拿下一单，前赴后继，不放过任何一个机会。当时任总也很着急，只要听到任何一个地方有3G项目，马上就飞过去。”①

华为主动放弃小灵通市场成就了竞争对手，给自身带来了更大的竞争压力。华为斥巨资投入的3G业务，政府却迟迟不发牌照。华为一等就是8年，一直到2009年年初才等到3G牌照。任正非的痛苦可想而知，这几年就是任正非的抑郁期。任正非的抑郁不仅来自迟迟不来的3G牌照，还源于内部首次发生严重危机：人心不定，员工大量离职、偷盗技术，出去创业者抢占华为市场……这一切都源于那场始于2000年的内部创业运动。

（三）内部创业，人心浮动

内部创业还得从1998年说起。1998年，华为数据通信产品面世，面临着没有代理商愿意代理的尴尬局面。华为在路由器等企业数据通信市场毫无知名度，只有不成系列的低端产品，在企业网市场的销售业绩一直比较低迷。反观竞争对手思科，于1999年通过分销渠道在中国企业网市场实现了5亿美元的销售收入，华为与思科差距相当大。

知耻而后勇，任正非打算向思科学习，考虑构建自己的分销渠道。任正非认为当时市场形势一片大好，公司处在高速发展期，可以让公司沉淀下来的那些历史功臣去成立销售公司，成为华为的分销商。这样做一方面让这些员工可以赚到钱，另一方面又能让华为快速占领市场份额。

此外，经过10年的发展，老员工手中沉淀了大量的内部股，部

① 田涛，殷志峰. 厚积薄发[M]. 北京：生活·读书·新知三联书店，2017：184.

分老员工不努力工作，也能得到大量的分红，而新员工则无股可配，干劲不足。这种状况已成为制约华为发展的一大障碍。如何解决付出与收益不成正比的问题？任正非苦思冥想，终于找到一个突破口——内部创业。内部创业既能让部分老员工把位置让出来，又能把股票回购回来，可谓一举多得。

任正非认为华为老兵们身上有着华为人特有的艰苦奋斗精神和对华为的忠诚。内部创业，让他们代理华为的产品，从而建立起一个以华为为轴心、忠诚度极高的合作群体，互惠互利，共同做大企业网事业。

于是，趁着前两期内部创业的成功势头，任正非再次号召三年以上的老员工参与内部创业，成为华为企业网产品的分销商。

2000年8月，华为公布了《公司关于销售内部创业的管理规定》，鼓励员工创业：在2001年年底之前离职创业的老员工，公司除了按原价回购其股份，还可以额外赠送相当于股权价值70%的华为产品。若员工销售内部创业失败，半年内可回公司工作，重新经过考核，确定工作岗位、工资级别，不保留原职务、岗位及工资。

前有激励，后有保障，在这种政策激励下，很多员工离职创业。2000年年底，华为二号人物李一男率先离职创业。2001—2002年，华为共有上千人通过内部创业的方式离职。大量老员工离职，华为回购了大量的内部股。这在一定程度上解决了老员工股权太多的问题，但华为其实得不偿失。一方面，华为的分销体系并没有因此得以完善，这些员工大多数更擅长研发，并没有成为代理商的能力。不仅如此，创业员工为了活下去，和内部员工勾结，滋生了很多腐败问题。另一方面，离职的老员工并不是任正非希望离职的那些人，而是真正的骨干。有能力、有魄力的人才敢于离职创业，而那些沉淀人员反而将华为的大腿抱得更紧。大量骨干流失让华为受了严重的内伤。更要命的是，这些离职员工出去创业之后，不断回来挖人。以李一男为代表的港湾网络从华为的代理商变成了华为的竞争对手，抢走了华为的部分市场，更是挖走了华为的几百个骨干。这是华为没有预料到的情况。大量员工成批离职的同时也带走了一些华为的技术秘密。著名的“沪科案”就发生在2002年。任正非在华为收购港湾时与港湾员工的对话中谈道：

2001—2002年，华为处在内外交困、濒于崩溃的边缘。你们走的时候，华为是十分虚弱的，面临着很大的压力。包括内部许多人，仿效你们推动公司的分裂，偷盗技术及商业秘密。①

2002年，华为受到网络泡沫危机、短期战略失误、内部创业失败这“三座大山”的影响，销售首次出现负增长。辛苦打拼了15年，刚刚在国际市场上有所突破的华为，却在这时受到了致命的打击。任正非后来对外国媒体说：

当时华为处在很大的生存压力下，在那种情况下，我们还是聚焦做3GPP标准的产品，这个过程经历了8年。内部有很多人都在写报告要求做小灵通，他们是想多赚一点钱，觉得小灵通很简单，完全可以上。我每看到一次报告，内心就是一次折磨，痛苦得无以复加，可能抑郁症也是那个时候变得严重的。②

好在任正非每次都会给孙亚芳打电话，在孙亚芳的劝慰下，才得以负重前行。

---

① 华为. 任正非与港湾高层杭州谈话会议记录[J]. 中国企业家，2006（13）：44–45.

② 华为公共及政府事务部. 任正非接受美联社采访纪要[EB/OL].（2019-8-20）[2021-7-26]. https://xinsheng.huawei.com/cn/index.php?app=forum&mod=Detail&act=index&id=4460763&search_result=2.

（四）国内市场饱和

2001年年底开始的大规模宽带网络建设对IT产业几乎有致命的影响：第一，在宽带网络的基础上，网络建设基本不再需要更多的核心技术，技术停止导致各厂家开始争夺有限的市场，厂家利润直线下降；第二，宽带网络技术领先，覆盖全面，但是技术和设备成本却非常低。因此，宽带网络建设不仅不会给厂家带来销售收入的大幅提高，反而会影响相关产品的销售和利润。这直接导致那几年来华为的国内销售收入停止增长。

二、积极应对，逆势发展

面对内忧外患，华为没有惊慌失措，而是拟定了以下应对策略。

（一）反周期成长，扩张市场

在行业冬天，许多业界领袖公司减少了投入。任正非看到巨头大量裁员产生的不良后果：朗讯裁了将近一半的员工，丢失了将近80亿美元的市场；北电网络裁了2/3的员工，市场份额下降了一半以上。任正非没有选择同样的策略，而是实行反周期成长战略。所谓反周期成长战略，就是在经济大形势下滑时，公司反而加速成长。华为要趁大公司收缩的时候进行大肆扩张，抢占巨头丢弃的市场。反周期成长战略主要表现在两个方面。

1. 加大海外市场业务的开拓力度

任正非认为彼时正是华为进入欧美市场非常好的时机。任正非在2002年内部讲话时说：

由于巨大的财务泡沫对西方公司已产生了巨大的影响，它们自己已经乱了阵脚。此时我们做什么呢？乘胜追击，争取更多的市场、更多的机会，我们就能活到春天。①

要大力支持海外市场业务的拓展，必然要加大对海外市场的人员投入，比如，从非洲抽调一些英勇奋战的有经验的员工补充到欧洲、东太平洋地区，再从国内调一些人到非洲。

2000年年底，华为党委组织“欢送海外将士出征大会”，为300多位赴海外人员打气。任正非在会上做了题为“雄赳赳，气昂昂，跨过太平洋”的主题发言：

雄赳赳、气昂昂，跨过太平洋……当然还有大西洋和印度洋。英雄儿女，要挺身而出，奔赴市场最需要的地方。哪怕那里环境十分艰苦，工作十分困难，生活寂寞，远离亲人。为了祖国的繁荣昌盛，为了中华民族的振兴，也为了华为的发展与自己的幸福，要努力奋斗。奋斗总会有牺牲，牺牲青春年华，亲情与温柔……不奋斗就什么都没有，先苦才能后甜。②

2. 收购国外破产的公司

国外巨头在网络泡沫中破产时，以非常低的价格出售自己的公司，然而很少有公司愿意去并购，这就给了华为一个契机。

比如，在光传输技术领域处于世界领先地位的美国光通信厂商OptiMight公司宣布破产，华为以400万美元的低价买下了光传输技

① 程富广，杨愿诚，朱迪. 任正非内部讲话实录[M]. 杭州：浙江人民出版社，2013：124.

② 任正非. 雄赳赳 气昂昂 跨过太平洋——在欢送海外将士出征大会上的讲话[EB/OL].（2001-1-18）[2021-7-26]. http://app.huawei.com/paper/newspaper/newsPaperPage.do?method=showSelNewsInfo&cateId=3561&pageId=4101&infoId=7203&sortId=1&commentLanguage=1&search_result=1.

术。这使得华为在两年之内，成为光传输领域的世界第一。这就是反周期成长战略最典型的应用。

因为反周期成长战略，华为在海外市场上获得节节胜利。从2001年到2002年，华为在国际市场的营业额增长了一倍，达到近5亿欧元。①

（二）储备现金，度过寒冬

要实施反周期成长战略，就得有充分的现金流。任正非强调在过冬时一定要重视现金流，做到“家有粮，心不慌”。为了保证现金流充足，华为采取了以下三个策略。

1. 销售方面以回款为主

任正非强调，在销售方法和销售模式上，要改变以前的粗放经营模式，宁可降低一些价格，也要拿到现金。

2. 帮助代理商加强销售

任正非强调在困难时期要建立广泛的同盟军，帮助代理商和分销商进行销售，只要他们销售得好，华为的现金流就会更加充足。

3. 聚焦主业，出售子公司

为了获得充足的现金流，华为意欲出售发展状态良好的华为电气。华为电气就是1994年成立的莫贝克电源公司，以生产电源为主。它成立以来一直是中国这一领域里的领头羊，市场占有率较高。华为出售华为电气，除了获取资金，也是为了更加聚焦电信主业，以便更好地过冬。

---

① 樊尚·迪克雷. 华为传[M]. 张绚，译. 北京：民主与建设出版社，2020：52.

2000年下半年，华为将华为电气改名为安圣电气，并开始寻找买家。2001年1月，华为最终确定同美国艾默生公司进行谈判。安圣电气每年的利润都在4亿～5亿元，按照15倍市盈率的估值，双方谈妥公司估值60亿元。

为了顺利交接，美国艾默生公司要求安圣电气在4年内保持员工稳定。为了保持员工的稳定，华为只好和员工谈判。这些员工提出了公司以7倍价格回购内部股的条件。最终华为与这些员工达成一致，以4倍价格回购内部股，但要求员工在安圣电气稳定工作4年，在4年内逐步完成内部股兑现。经过这个事情，华为也认识到多年不变的原价回购内部股政策需要调整。

出售安圣电气给华为带来了大量的现金收入，这对于华为度过寒冬意义重大，给华为过冬准备了一件厚厚的棉袄。任正非在一次内部讲话上说道：

就算两年内一点销售收入都没有，卖安圣电气的钱也够华为支撑两年。”①

有了这笔现金，华为可以从容地调整股权政策与业务。在华为出售安圣电气后，原来与电信公司合资成立的莫贝克公司的股权关系也得到了彻底清理。

（三）谋求上市，加速发展

除了出售子公司，华为希望能够通过上市来快速实现大量融资，加速跑马圈地的进程。

2000年，华为再次开启上市计划，拟在境外上市。高盛进驻华

---

① 顾建兵. 华为二次裁员[J]. 计算机周刊，2002（Z5）：42-43.

为并给出了100亿美元的估值。当年根据高盛的估值，福布斯富豪榜将任正非排在内地富豪榜第三名，身家5亿美元。对此，任正非感到非常生气，认为自己连房子都没买，怎么就成为富豪了。华为和高盛的合作也因此终止了。2002年，在高盛撤出后，承销商摩根士丹利的人马进驻华为深圳总部，为华为在境外上市做准备。

（四）内部改革，激活组织

为了提高人均产值，度过寒冬，任正非采取了两项战术。其一，重新平衡公司内部的现有力量：自华为成立以来，营销和研发一直处于主导地位，这在一定程度上限制了横向部门的发挥空间。任正非在《华为的冬天》一文中指出：

> 公司从上到下都重视研发、营销，但不重视理货系统、中央收发系统、出纳系统、订单系统等很多系统。这些不被重视的系统就是短木板，前面干得再好，后面发不出货，还是等于没干。[①]

因此，要减少木桶的短木板，就要建立均衡的价值体系，强调公司整体核心竞争力的提升。华为因此制定了新的组织结构。很快，这项举措就让部门间的沟通变得顺畅起来，也让所有人得以更公平地参与公司的决策和活动。

其二，增强员工的责任感，突破“只执行命令”的“小士兵”角色。为了使员工在公司发展中更加活跃，华为建立了双通道晋升模式，员工可根据个人的才能和抱负，向管理和技术两个方向晋升。为了防止出现个别管理人员决定团队命运的现象，也为了确保晋升机制

---

① 任正非. 华为的冬天[J]. 竞争力，2010（4）：53-56.

的公平性，华为在内部设立了监管机构。[1]任正非如此操作，主要目的是通过激励员工奋斗从而激活组织。

三、股权改制，期权出台

为了激活组织，除了组织结构和晋升通道的改革，股权也需要重大调整。

（一）内部股制度走到尽头

利润下滑，分红就会减少，而分红减少会导致员工干劲不足。随着华为高速增长期的结束，以分红为全部收益的内部股制度难以持续。随着华为进入困难期，购买内部股的投资风险变高，员工购买意向变低。此外，华为若要上市，也需要对不符合上市规范的内部股制度进行改革。任正非在《华为的冬天》一文中吹响了股权改革的号角：

> 我们要以正确的心态面对变革。什么是变革？就是利益的重新分配。[2]

华为最大的改革就是股权激励制度的改革。华为改革内部股制度，一则希望增强对员工的激励性；二则希望增强合规性，符合上市标准。对于符合上市标准的股权激励制度，任正非认为华为内部不具备这个能力，于是聘请国际著名的人力资源咨询公司韬睿咨询公司对华为的内部股进行规范和改革。华为要上市，除了规范股权，很重要

---

① 樊尚·迪克雷. 华为传[M]. 张绚，译. 北京：民主与建设出版社，2020：52.
② 任正非. 华为的冬天[J]. 竞争力，2010（4）：53-56.

的就是规范财务。为此，华为聘请毕马威对财务进行重新审计。

韬睿咨询公司帮助华为设计了虚拟股票期权方案，以毕马威审计的每股净资产为基准，将原来的内部股改造成虚拟受限股，并将现权改成了期权。

（二）股权改制，期权出台

2001年7月，华为股东会通过了《华为技术有限公司虚拟股票期权计划暂行管理办法》（简称虚拟股票期权制度）。华为将该方案上报给深圳市政府并获得审批。[①]

此次改革，华为废除了运行11年之久的内部股制度，代之以虚拟受限股制度。华为明确员工所持的内部股并非法律意义上的股票，而是虚拟股票，在性质上做出了明确的界定，并且明确了这种虚拟股票的权利是受限的，故称为虚拟受限股。

此外，股权的发放方式也做了变更，即员工拿到的不是可以立即分红的股权，而是期权。在期权模式下，员工无须出资即可获得期权，所获得的期权分4年行权。行权时，员工可以选择按照授权时的价格购买虚拟股票，也可以选择直接兑现差价。韬睿咨询公司为华为设计的期权是国际通行的激励方案，但是华为的虚拟股票并非可流通的实股，而是虚拟的，故这种期权被称为虚拟股票期权。

经过梳理，华为的注册资本从10.6亿元调整为32亿元，股数界定为32亿股。由于采取了期权的方式，2001年华为并未新增虚拟股票总数，相反，因为大量老员工离职创业，华为还回收了不少虚拟股票。

从1990年到2001年这11年，华为都是以原价回购内部股，也就

---

① 明叔亮，胡雯，莫莉，等. 华为股票虚实[J]. 财经，2012（16）：62-71.

是以1元购买内部股。经过10多年，员工也是以1元价格将内部股卖给华为。为了激励员工，与员工长期共同发展，华为在2002年把回购方式改成了按净资产回购。也就是说以前以1元购买的内部股，从2002年开始可以按照当年的每股净资产价格（2002年是2.64元）被回购。2002年3月，华为将在职老员工手中持有的内部股以1：1的比例转换成虚拟受限股。签署股份转换协议后，内部股正式转换成虚拟受限股。对于转换后的虚拟受限股，在职员工不能申请所持股份一次性被回购，需要分4年被回购。这么一来，员工手中持有的虚拟受限股更值钱了。员工有了增值权，更愿意与公司共渡难关，共享长期发展的收益。

为了让员工与公司共渡难关，这一年的期权增发比例达到20%之多，大家都分到数量不菲的期权。员工无须花钱购买第一次获得的期权，同时可以直接兑现增值权。员工们都很开心，终于不用将大量的分红再重新滚动投入。再加上对公司可能会上市的预期，员工的积极性高涨，员工的稳定性有所增强。

为了走出危机，华为寻求上市，并将内部股制度改为虚拟股票期权制度。期权方案在2001年起到了较好的激励效果。到2002年下半年，华为逐渐走出严冬，成功保住了在中国市场的领先地位。

华为的反周期成长战略和虚拟股票期权方案起到了较好的效果。大家怀着上市的梦想，大力扩张海外市场。

2000年华为进入中东和非洲，海外销售收入达1.28亿美元。2001年，华为迅速将市场扩张到东南亚和欧洲等40多个国家和地区，海外销售收入达到3.28亿美元。2002年，华为开始挺进美国市场，并在得克萨斯州成立全资子公司Future Wei。这一年，华为海外销售收入达到5.52亿美元。

华为在困难时期不是采取加工资的方式留住员工，而是加大股权激励力度来留住员工。员工要享受股权的增值权收益，需要通过几年的努力逐步兑现，这就是用未来的钱来激励现在的员工。

第4节　思科阻击危机——虚拟受限股

2003年，网络泡沫危机仍在蔓延，朗讯濒临破产，北电网络财务造假，濒临倒闭。美国大公司的破产才刚刚开始，而华为在反周期成长战略指导下，大力向海外市场扩张。华为在国际市场上崭露头角，尤其是进入了美国市场，引起了北美电信霸主思科的高度关注。华为被思科认定为全球最大的竞争对手，在海外扩张之路上遭遇思科伏击。

一、思科阻击，仓促应战

2003年1月24日，还有一周就要过春节了，华为人正忙着准备过年，思科却在美国对华为提起了软件和专利侵犯诉讼。思科选择这一时间起诉，就是想打华为一个措手不及。

思科提交的诉状长达77页，罗列了华为20多项“罪状”，几乎涵盖了知识产权诉讼的所有领域。为了达到全面扼制华为发展的目的，思科不仅动用了法律手段，更是通过公关来引导舆论。思科在诉讼之前就在全球投放了1.5亿美元的广告。诉讼启动之后，思科在全球的近百位新闻发言人，在第一时间将不利于华为的信息发布给媒体，并警告华为的潜在客户不要购买华为的产品，以免带来连带赔偿。这一年，在欧美市场，很多客户出于谨慎都暂停了与华为的合作。

华为如果败诉，不但长时间无法进入美国市场，而且开拓多年的国际市场将全面陷入困境，甚至引发对客户的赔偿。华为国际化布局将全面崩溃！面对思科全面而充分的战争部署，华为则完全没有准备。一时间华为高层非常紧张，压力巨大。

除夕之夜，华为高层连夜开会，任正非定下“敢打才能和，小输就是赢”的战略方针。华为成立了由数位副总裁领导的，由知识产权、法律、数据产品研发、市场、公关等部门共同参与的“应诉团队”。时任副总裁的郭平临危受命，成为“应诉团队”总指挥。为了打赢这场没有硝烟的战争，华为制定了三个方面的应对策略。

（一）扭转不利的舆论局面

郭平亲赴美国指挥作战。到了美国，郭平发现舆论一边倒支持思科，没人相信华为是清白的。在美国公众眼里，中国公司根本不可能制造出高科技产品，如果有的话，一定是依靠侵权起家的。这种舆论对于采取陪审团制度审理的案件非常不利，不出意外，陪审团会判定华为侵权。郭平经过调查发现，华为委托的美国公关公司竟然也同时为思科服务。为了扭转舆论的不利影响，郭平马上着手更换公关公司，找到了擅长危机公关的爱德曼公司。然而爱德曼公司和华为委托的两家律师事务所也不相信华为是没有侵权的。郭平把律师团队请到中国，让他们参观华为的研发基地，了解华为的研发流程。这样，美国律师和公关公司相信了华为。

在公关公司的帮助下，华为与美国媒体主动沟通。当听到从1998年开始华为就聘请IBM作为顾问建立研发流程时，记者对华为有了重新的认识。华为揭开了思科利用专利诉讼垄断市场的面纱。华为声明：“思科的行为，除了遏制竞争，别无他图。”同时，华为在中国起诉思科不正当竞争的垄断行为。通过华为披露的信息，对垄断有着天然厌恶情结的公众认识到思科是市场的高度垄断者。这样一来，舆论逐渐变得有利于华为。

（二）完成法律上的举证

在律师的引见下，华为邀请斯坦福大学的专家来到深圳，请他参观研发流程，对思科和华为的平台进行对比分析，为华为的路由器及其源代码进行专业评估。分析的结果是华为的平台有200万行源代码，而思科的平台则用了2 000万行。“200万行源代码的软件，怎么可能去抄袭一个比自己运行体量大10倍的软件？”专家的证词让华为完成了法律上的举证义务。这对思科非常不利。

（三）用股权在美国寻找盟友

2003年3月20日，华为宣布与思科在美国的历史竞争对手3Com建立联盟。华为数据通信网络设备在美国的研发与销售主要由3Com公司负责，在中国的研发与销售则主要由华三公司负责。为此，3Com的老板出庭做证：“我们花了8个月的时间来验证华为的技术。他们的工程师能力超群，他们的技术和开发的软件都堪称精良。如果我们不能够确定华为没有侵犯知识产权，我们绝对不会冒险与华为结成联盟。”[①]这对诉讼的形势产生了重大影响。

在多方面努力下，2003年6月7日，法院驳回了思科申请下令禁售华为产品的请求，拒绝了思科提出的禁止华为使用与思科操作软件类似的命令行程序，但又颁布了有限禁令——华为停止使用有争议的路由器软件源代码、操作界面及在线帮助文件等。这是一个双方都可以接受的结果。思科虽然没有达到目的，但也保全了面子。华为已经达到了“小输即胜”的目标。2003年10月2日，双方达成初步和解

① 樊尚·迪克雷．华为传[M]．张绚，译．北京：民主与建设出版社，2020：54.

协议。华为通过与思科大战，认识到自身与思科之间还存在着很大的差距，开始加快赶超的步伐。

这次有惊无险的诉讼，让华为加强了知识产权的建设和布局。从2003年下半年开始，华为先后与爱立信、诺基亚、西门子、北电网络和阿尔卡特等电信巨头，签署了付费使用专利等许可协议，从而使华为提前获得了在国际上的竞争资格并以此拓宽了生存空间。此次华为能够获胜也与美国3Com公司的帮助有很大关系，此后华为加大了与国际友商之间的战略合作。

二、萌生退意，“卖身”转行

外部环境恶化、骨干流失、战略失误、销售困难、专利纠纷……2003年，华为内忧外患，任正非却无能为力。任正非萌生退意，决定将华为公司整体出售，然后改行从事其他行业。此时的任正非已经敏锐地意识到，继续往前走，前路艰险，因此，他考虑将华为股权出售给美国公司。这种选择虽然丧失了公司所有权，但是可以保住华为，让华为有更好的发展。摩托罗拉一直在和华为谈合资的事情，任正非希望直接以100亿美元把公司卖给摩托罗拉。摩托罗拉CEO（首席执行官）迈克·扎菲罗夫斯基和当时负责摩托罗拉中国业务的拉里·程与任正非签署了收购意向书，等待摩托罗拉董事会批准。任正非事后回忆这段灰暗的历史时对外国记者说道：

我当时有两个打算。第一，华为有一部分人想去做拖拉机。当时中国拖拉机厂正处于低速状态，我们想把洛阳等地所有拖拉机厂买下来。当时中国的拖拉机1 000美元一台，但是有问题，总漏油、发动机不耐高温。我们用向IBM学习的集成产品开发方法就可以解决这个问题，然后把拖拉机价格提到2 000美元。我们不可能颠覆汽车产业，但可以创造世界上最大的拖拉机王国。第二，绝大多数人继续走通信道路，戴着摩托罗拉的“帽子”，可以打遍全世界。这些计划都是光荣的，但是这件事情没有成功。[①]

三、临危受命，MBO虚拟股方案实施

2003年，尚未完全走出网络泡沫危机影响的华为，受到了思科的突袭，华为全体更加紧张。一场始于2002年中期由华为财经部管理层发起的中高层自愿降薪运动落地。2003年春，华为中高层领导率先垂范，以任正非、孙亚芳、洪天峰等高层领导为首，公司总监级以上干部主动自愿降薪10%，他们将454份申请书递到了人力资源部。

虽然10%的降薪对于华为的危机来说，只是杯水车薪，但它标志着华为的干部能升能降，工资也能涨能跌。自愿降薪行为，其深层次的意义在于，公司中高层管理者在当时的行业环境下对公司面临困难的一种认知态度，表达出与公司同舟共济、共渡难关的信心和决心。只有干部队伍亲身表率，共同分担公司的风险，才能带领全体员工渡过难关。中高层管理者自愿降薪纵然与华为人追求梦想，不甘于失败有莫大关系，但我们也绝不能忽视干部都是主要股东，收益主要源于分红的事实。很难想象，脱离了员工持股制度，华为中高层管理者是否还能如此团结一致地开展自愿降薪活动。

在国内市场痛失小灵通和手机业务、拿不到3G牌照，在国际市场开拓3G业务困难重重……华为面临内忧外患的冬天，市场疲软，摩托罗拉的并购案迟迟未能确定。仅靠员工自愿降薪实属杯水车薪，

---

① 华为公共及政府事务部．任正非接受BBC故事工场纪录片采访纪要[EB/OL].（2019-7-23）[2021-7-26]. https://xinsheng.huawei.com/cn/index.php?app=forum&mod=Detail&act=index&id=4419413&search_result=6.

华为要走出困境，还需要加大激励力度，通过员工持股让更多员工与公司共渡难关，共克时艰。

（一）虚拟股票期权，激励力度不足

虚拟股票期权的激励力度在此时显得非常有限。从员工收益方面来看，2001年的期权收益还不错，但2002年授予的期权，因收益大幅下降，吸引力大不如前。2001年员工行权价格为1.65元，2002年的股价为2.64元，意味着员工每股获得的增值为0.99元。2003年员工行权价格为2.64元，2003年的股价为2.76元，意味着每股增值0.12元，与2002年的每股增值0.99元相比，差距太大，增值权的收益大幅下降。因此，自2002年开始，华为期权的吸引力大为下降。因为思科诉讼，华为已经暂缓上市计划，所以期权显得更加没有吸引力。通过直接兑现增值权的方式，华为无法再通过原来发售内部股的方式来融资。在上市融资受阻的情况下，华为虚拟股票期权制度停止实施。华为再次开启虚拟股融资模式。

（二）MBO虚拟股，员工忧心忡忡

华为实施MBO[①]虚拟股方案，欲留住管理层，让其与公司共渡难关，同时达到大量融资的目的。通过MBO虚拟股方案，任正非拟向管理层大规模增发虚拟股。《21世纪经济报道》记者调查显示[②]，在该方案下，高管人均配股达100万股。本期所配虚拟股需要锁定三年，三年之内不得兑现。如果员工在三年之内离职，所配虚拟股不予回购，直接作废。

---

① MBO的传统含义是管理层收购，但华为的MBO并不是指管理层向持股员工收购股权，而是指本次配发的股权主要面向管理层。

② 丘慧慧. 华为再施员工持股魔棒意欲再写冬天神话[N]. 21世纪经济报道，2003-08-21.

2002年，华为在境外上市计划不顺，但仍然没有放弃上市。为了更好地上市，华为对股权结构进行了规范。2003年3月14日，华为设立了控股公司——深圳市华为投资控股有限公司。如图1-4所示，经过股权结构的调整，华为的股权更加规范（如图1-4）。

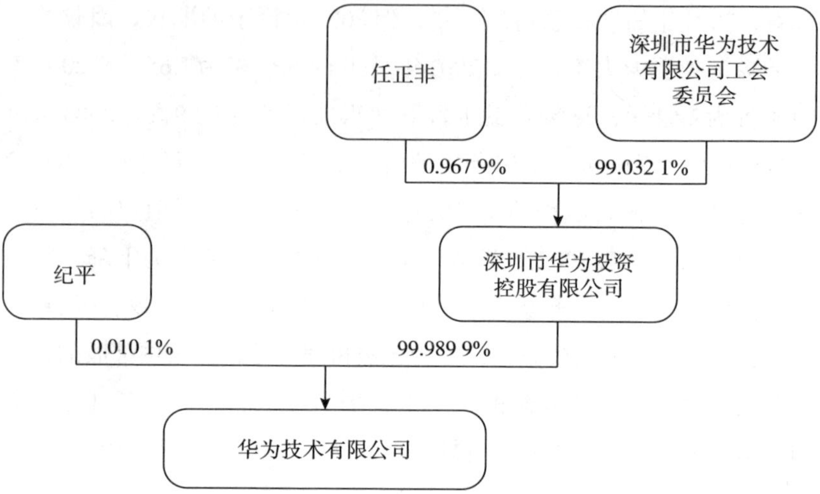

图1-4　2003年华为股权结构图

对于MBO虚拟股方案，核心员工表现出两种不同的反应：少部分人觉得这是上市之前的最后一次配股，是一次“千载难逢”的发财机会；大部分高管认为，虽然这次配股的数量很大，但是风险同样也很大。如果华为在未来三年的经营中出现问题，他们前期所有的投入可能都会打水漂。特别是公司的高层领导，他们已有的股权收入已经足够一辈子享用，几乎没有人再愿意冒如此之大的风险。当时一位常务副总裁听说要贷款购新股，就放弃了，他跟田涛说：

我在公司的股票价值一两千万元，一旦公司出事，我哪儿有能耐

承担？这辈子就完了……[1]

那时公司比较困难，投资风险比较大，高管们不愿意接受这个方案。在征求意见的过程中，任正非明显感觉到了高管购买意愿不强。

（三）MBO虚拟股方案，变相实施

在老员工不愿意购买更多虚拟股票的同时，华为发现新员工在抱怨虚拟股票太少。一方面，高管持有虚拟股票过多，怕承担风险；另一方面，新员工持有虚拟股票太少，收益不高。于是，华为改变了配股策略。2003年9月，配股对象发生了重大改变：将原来仅面向中高层核心骨干配股改成了面向绝大多数员工，即面向超过1.6万人（约占员工总数的80%）。

华为最后实施的MBO虚拟股方案仍然保留了偏向管理层和核心骨干的特点，使得这一次的MBO虚拟股方案与以后的虚拟受限股方案有所区别。

这是华为历年配股中最难的一次。公司内忧外患，很多员工对公司信心不足、忧心忡忡。不少员工转投了当时风头正劲的BAT（百度、阿里巴巴、腾讯）的怀抱，而留下来的员工则心烦意乱，在买与不买之间犹豫不决：买的话，担心行情不好，可能亏损；不买的话，又担心错过发财的机会，因为历年的股权收益证明了华为的虚拟股票收益是非常诱人的。在休闲之余，员工谈论最多的就是要不要买虚拟股票，许多人不断向一些可能了解内情的高层领导或人力资源部的员工征询意见。

公司经常可以看到三五个人聚在一起，讨论购买虚拟股票的利弊，但大家对虚拟股票、上市等资本市场问题都是一知半解，得不出比较一致的结论。

---

① 田涛. 理念·制度·人[M]. 北京：中信出版社，2020：57.

好在当时华为面临的形势有所好转。首先，2003年7月，华为的路由器和交换机等数据产品，通过3Com公司的销售渠道进入美国市场，占有了一定的市场份额。其次，可能给华为造成灭顶之灾的思科之战告一段落，双方已初步达成和解协议，这给华为员工和客户吃了一颗定心丸。原先对华为产生怀疑而暂停合作的欧美客户，通过诉讼案深刻认识了华为，愿意与华为开启深度合作。再次，华为在国际市场上的销售有了很大的进展，当年海外销售收入为10.64亿美元，同比增长90%。最后，经过两年多的艰难开拓，2003年华为终于得到命运之神的垂青，中标了阿联酋的3G网络，无线3G产品终于实现零的突破。华为高层因势利导，对员工进行宣导，鼓励员工。这些信息与信心的逐层传递，增强了华为员工的信心。

由于现金流紧张，华为无法再向员工提供内部贷款。华为与银行达成合作方案：由员工自己出资15%，其余部分以员工个人名义向银行贷款，由华为提供担保。[①]这种方式大大降低了员工购买虚拟股票的资金压力。

银行贷款对于促进员工购买股权起了较大的作用，这意味着员工可以以少量的投入获得大量的收益。以2003年为例，股价2.76元，如果员工出资15%，那么他仅需要投入自有资金0.41元，就能获得高达0.50元的分红，扣除6%的贷款利息0.14元，每股现金收益0.36元，现金收益率达88%。此外，还有0.45元的增值，总体投资回报率接近200%。

当然，害怕风险的员工，也担心贷款政策，担心企业发展不好还不上贷款，最终还是没有购买虚拟股票。华为拟增发25%的股权，最终只增发了11%的股权。即便如此，此次股权增发规模还是略高于通常年份10%的股权增发规模。

通过MBO虚拟股方案的实施，华为解决了当年现金流的危机问

---

① 丘慧慧. 华为再施员工持股魔棒意欲再写冬天神话[N]. 21世纪经济报道，2003-08-21.

题，同时绑定了很多员工，让员工为自己而奋斗。

由于员工购买的股权有三年锁定期，为了取得股权收益，除非公司出现重大的经营问题，否则华为员工的离职率在2007年之前不会大幅上升。此外，员工也切实认识到，未来三年华为的经营状况将直接影响到每个人的股权收益：如果效益好，此次投资可以获得数倍的回报；如果效益不好，不仅赚不到钱，可能连银行的贷款都还不上。仅从个人利益出发，持股员工也会尽力干好本职工作，使企业获得更好的经营效益。

股权激励方案将华为的员工凝聚成一体，为华为顺利度过危机奠定了坚实的基础。如图1-5所示，在改良后的MBO虚拟股方案实施之后，华为实现了V形反转。

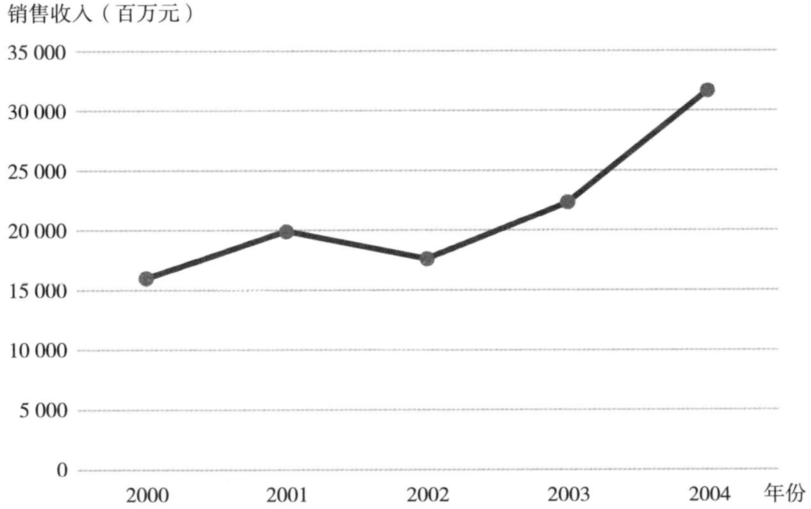

图1-5 华为2000—2004年销售收入增长图

数据来源：2000—2001年数据来自华为心声社区[①]，2002—2004年数据来自华为历年年报。

---

① 华为公共及政府事务部.任正非接受《华尔街日报》采访纪要[EB/OL].（2019-12-27）[2021-07-26]. https://xinsheng.huawei.com/cn/index.php?app=group&mod=Bbs&act=detail&tid=4538789.

四、股权定位，虚拟受限

2004年是华为发展史上关键的一年。这年元旦刚过，就传来了摩托罗拉收购华为一事被摩托罗拉董事会否决的消息。因为扎菲罗夫斯基退出了摩托罗拉管理层，新上任的摩托罗拉高管认为：像华为这样一家“不知名”的外国公司，100亿美元的售价太贵了！是该另寻买主继续出售，还是继续负重前行？华为内部进行了一次深度的讨论。当时少壮派人数较多，他们大多出身于通信专业，不愿意改行，要坚定地走下去。最终，他们坚持不卖的意见占了上风。

（一）坚定前行，积极备战

鉴于与思科的诉讼经验与教训，任正非认为，如果继续前行，华为必将面临一场大战，必须做好大战的准备。2004年10月，华为将创建于1991年的集成电路设计中心独立出来，成立一家公司——海思半导体有限公司。从这年开始，华为每年投入大量人力、物力，就为了预防美国打压的情况出现。任正非回忆道：

> 我对何庭波说，我给你每年4亿美元的研发费用，给你2万人。何庭波一听吓坏了。华为一定要站立起来，适当减少对美国的依赖。[①]

（二）面对挑战，积极应对

1. 广泛结盟，利益共享

任正非认为，当时的形势是信息产品过剩，业界还没有找到任

① 华为总裁办. 任正非与2012实验室座谈会纪要[EB/OL].（2012-8-31）[2021-7-26]. https://xinsheng.huawei.com/cn/index.php?app=forum&mod=Detail&act=index&id=4507637&search_result=1.

何解决的措施。新技术壁垒不易形成，靠技术产生的附加价值已不容易取得。因此，信息产业未来的竞争会更加残酷与激烈。面对这种形势，要清楚地认识到活下来是不容易的。华为要通过大公司之间的整合来减少供应，从供过于求的现实状况中摆脱出来。在任正非整合战略的指导下，华为借鉴与3Com合资的成功经验，与西门子、摩托罗拉、NEC等公司展开了积极有效的合作，广泛与竞争对手结成利益共同体。以前在欧美高端项目的招标中，只要有华为参与，电信巨头便会联合起来通过各种手段把华为排挤出局，再分享价值链利益。然而随着与华为合作关系的日趋紧密，欧美电信巨头不仅不排挤华为，甚至与华为联手投标，彼此提供OEM（授权贴牌生产）产品和服务。

2. 调整战略，打压对手

华为为了弥补小灵通市场的失误，终于推出了小灵通，将价格拉到了底部，虽然赚钱不多，但扼制了中兴和UT斯达康的疯狂成长。UT斯达康利润尽失，从此一蹶不振，丧失了与华为竞争3G业务的能力。

华为放弃手机业务给了TCL一个大好时机。TCL于1999年开始研发手机，2002年，它的手机销量达到623.6万部，实现销售收入83.8亿元，超过华为当年销售收入的1/3。2003年，TCL手机销量更是达到966万部，市场占有率排在第二位。凭借手机市场的良好业绩，2004年年初，TCL准备上市。任正非没有料到手机市场规模竟如此之大。2004年，华为为了推广3G基站，不得不开始为运营商定制3G手机。于是在2004年6月，华为在上海研究所组建了手机终端开发团队。2004年年底，手机终端开发团队从无线部门分拆，开始独立运营。华为进入手机市场的方式是和电信运营商合作定制机。

为了打压港湾网络，华为成立了“打港办”，专门针对港湾网络进行阻击，并且投入了巨大的人力和金钱，不惜一切代价。

3. 管理改革，集体领导

2000年以来华为战略方面的失误，使得任正非深深认识到个人决策的局限性。李一男创业、郑宝用生病、自己多次想自杀，这让任正非意识到企业对个人依赖性太强将导致巨大风险。任正非认为不能把企业的生命寄托在企业家的生命基础上。

在2004年决定继续前行的同时，华为建立了集体决策机制。在美世咨询公司帮助下华为成立公司经营管理团队，作为公司日常经营的最高责任机构。当时美世咨询公司的设想是由任正非担任公司经营管理团队主席即COO（公司首席运营官），但是花甲之年的任正非不愿意担任公司经营管理团队主席。因为如果他担任公司经营管理团队的主席，就失去了这场变革最大的意义——实现集体领导。最终，华为采取了轮值的方式来实现集体领导——由公司经营管理团队成员轮流担任，每人半年。公司经营管理团队轮值主席开启了华为最高领导实行轮值的先例。这一做法经过完善升级后，形成轮值CEO制度，进而形成轮值董事长制度。

4. 与思科和解，获取信任

2004年7月，华为与思科最终和解，双方打了一个平手。华为能和思科打成平手震惊了世界。华为的知识产权经过了法律的考验，华为的公关也产生了相应的宣传效果，这些因素使得华为赢得了欧洲各国的信任。如图1-6所示，华为的海外销售收入一路上升。“那些杀不死我的，终将使我更强大。”思科的阻击充分验证了这句名言。

可见，2004年是华为发展史上具有决定性的一年。华为通过思科大战的胜利，打开了欧洲市场，迎来了新生。同时，华为决定不再出售自己，坚定走自己的路。

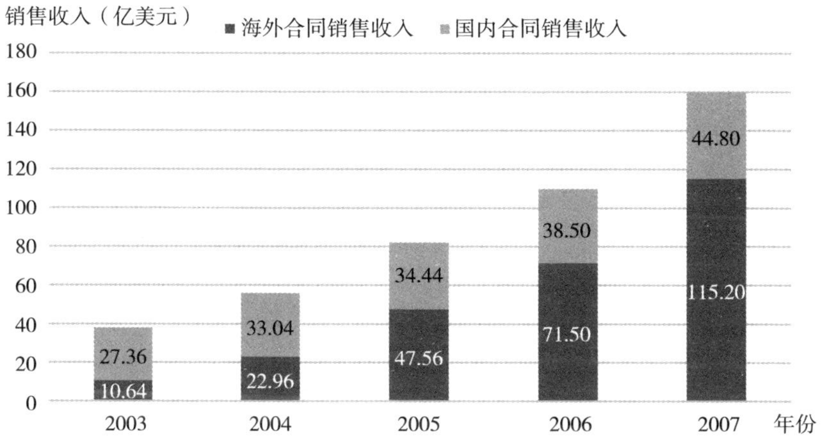

图1-6 华为2003—2007年海外合同销售收入增长图

数据来源：2007年华为年报。

（三）虚拟受限股三大举措

为了凝聚人心，华为的股权激励制度于2004年再次进行重大变革。华为股权激励制度的变革主要体现在以下三个方面。

1. 虚拟受限股成为主导

由于MBO虚拟股不被接受，华为最后变相实施的MBO虚拟股方案实际上是普通的虚拟受限股制度。因此，2004年华为直接实行了广大员工普遍持股的虚拟受限股制度，以团结最多的员工共同作战。2004年，华为正式将员工持股制度命名为虚拟受限股制度。此后，虚拟受限股制度就变成了华为股权激励制度的主导。

2. 大量发行虚拟股票

海思芯片的研发需要投入大量资金：2003年，华为在研发上的投入是21.10亿元，占当年销售收入的9.46%；2004年，华为在研发上的投入增加到38亿元，占当年销售收入的12%。为了大量融资和激励更多的员工，2004年，华为大量发行虚拟股票，增发规模为史上最高，达到了19%，共发行虚拟股票将近7亿股。按照当年股价3.21元计算，投资规模达到22.47亿元。

3. 退休保留虚拟股票

华为虚拟受限股体系的一个特点就是员工离职虚拟股票被回购，这保障了华为员工与股东的一致性，避免了离职员工躺在股权上睡觉。但这也产生了一个问题，就是员工的短期性。因为员工一旦离职，公司的利益就和他没有关系，所以从个人利益的角度来说，员工不会为公司考虑他离职后的事情。另外，离职兑现虚拟股票的收益并不大，因为公司每年基本把利润分光了，离职可兑现的虚拟股票增值很少。这就让员工觉得虚拟受限股的风险较大，但收益却有限，从而导致购买动力不足。在2003年配股的时候，这一现象就体现得非常明显。

为了解决上述问题，激励大家关注长期，2004年，华为通过了《关于退休保留虚拟受限股的理事会决议》，开始实施提前退休政策。该决议规定工龄满8年、年龄45岁以上并符合其他相关条件的老员工可以办理内部退休手续。2007年，华为又规定老员工患了重大疾病，可以提前至40岁退休。

退休保留虚拟股票制度的出台，是虚拟受限股体系的一个重大发展，弥补了原有体系的不足，使得华为的虚拟股票更加接近于实股。这种制度产生了积极的效果：一是员工积极购买虚拟股票，尤其是有希望达到退休条件的老员工和中高层员工；二是优秀员工都会争取干到内部退休，而不会随意跳槽。这是因为退休保留虚拟股票制度对于员工的影响非常大，意味着员工只要达到内部退休条件，就可以保留虚拟股票，凭借华为丰厚的分红收益，完全可以后半辈子无忧。很多达到退休条件的员工，都可以保留几十万股虚拟股票。以40万股测算，每年的分红收益为50万~100万元，收益不可谓不高。一名员工45岁退休，80岁死亡，可享受35年的分红收益，收益总额将达到上千万元。对于持股员工，尤其是中高层，诱惑非常大。

五、海外扩张，跨国成长

在虚拟受限股及退休保留虚拟股票制度推出后，员工尤其是中高层反映良好，华为由此凝聚了人心，内部团结一致，集体奋斗。在员工的共同努力下，华为取得了关键性成长。2004年，华为的销售收入从2003年的221亿元提升为317亿元，其中海外合同销售收入占41%。2005年，华为海外合同销售收入第一次超过中国市场，中国市场重组为中国地区部，成为全球市场的9个地区部之一。华为海外员工创纪录地达到10 000多人，华为成为拥有海外员工最多的中国企业，成为真正意义上的跨国公司。

这种成长的意义并不止于业务的增长，更在于华为在国际上建立了品牌，获得了行业先锋的地位。华为从一家中国公司成长为一家真正的跨国公司，实现了艰难的突破。华为实现了很多中国巨头无法实现的跨越。

当然，这样的成长有管理改革的功劳。此时集成产品开发改革已经成功，正在逐步释放出其改革成果，这使得华为的管理效益有了很大的提升。股权激励制度改革始终是凝聚人心的内核，激发了员工集体奋斗的决心、勇气和坚持。

第5节　市场饱和危机——饱和配股制度

2006年是华为命运转折的一年，任正非走出了抑郁，确立了为全人类服务的梦想，一心只想往前飞，却遇到电信行业市场饱和的危机。

一、树立理想，勇攀高峰

2005年，华为的海外收入超过国内收入，标志着华为的国际化达到了一个新高度。2006年，华为以17亿元将港湾网络收回麾下，结束了始于2000年的内部创业运动。快速发展解决了前几年积累下来的危机。

华为更换了商标，以新的面貌出现，向世界第一发起挑战。但是，此时快速奋进的华为却遭遇电信行业市场饱和的危机。

二、行业饱和，财务危机

经过多年苦心经营，全球移动通信系统成为华为公司的重要产品。但是2006年伊始，全球移动通信系统却遭遇一个又一个丢单，盈利能力急剧下滑。根本原因在于，与巨头相比，华为的基站成本高，产品性能和可服务性不能满足高端市场要求。

全球移动通信系统遇到困境，终端业务部自成立以来举步维艰。当初任正非不愿意做手机，后来不得不做手机是为了配合无线设备的销售。那时手机市场已经是一片红海，华为作为后进者又没有什么技术优势，因此，终端业务部连续三年因为亏损而到处找别的部门借钱发奖金。除了手机，其他终端产品也收效甚微，华为终端人员士气低落，内忧外患。

好在华为在3G市场终于开始收获。2006年7月，华为大份额中标Vodafone西班牙3G网络，由此撬开了欧洲市场的铁幕，同时在拉美、欧洲、独联体国家、亚太地区等市场遍地开花结果。尽管2006年华为销售收入增长率不如2004年和2005年，但在3G的发力下，2006年还是实现了超过1/3的增长。

虽然业绩尚在增长，但净利润却下降了28%，2006年比2005年少赚了15亿元。任正非此前预见的市场趋向饱和、利润不断降低的年代已然来临。2006年4月，西门子通信季度财报显示其利润下滑19%，中兴2006年利润比上年下降32%。

任正非在公司经营管理团队办公例会上做了题为"全流程降低成本和费用，提高盈利能力"的讲话：

华为面临着很困难的局面，全行业毛利率下降，客户对价格有完全的话语权，说降价我们就只能降价。即使送产品也很难，一些业界喊得很响的战略市场几乎没希望赚钱。不能被销售规模的增长迷惑了，以为形势一片大好，其实近几年的经营性净利润率在不断下降。①

如表1-1所示，2003—2006年，华为的销售收入虽然不断增长，但销售净利润率确实出现大幅下滑。

表1-1　华为2003—2006年销售净利润率统计表

年份	销售收入（百万元）	净利润（百万元）	销售净利润率（%）
2003	22 297	3 178	14
2004	31 674	5 165	16

① 黄继伟. 华为内训[M]. 北京：中国友谊出版公司，2016：86.

（续表）

年份	销售收入（百万元）	净利润（百万元）	销售净利润率（%）
2005	48 272	5 519	11
2006	66 365	3 999	6

数据来源：销售收入数据源自华为心声社区[①]，其数据与华为历年年报有差别，本表以华为心声社区数据为准。2005年和2006年净利润数据源自华为2009年年报，2003年和2004年净利润数据源自华为2005年英文版年报，其原始数据为384亿美元和624亿美元，本章按照当年汇率统一换算成人民币。

销售净利润率下降得如此厉害的原因是电信市场需求趋于饱和，各大厂商抢夺有限的资源，竞争过于激烈。华为的对手不仅有国际巨头，还有老对手中兴。华为、中兴两家正面交锋，在亚、非、拉市场进行着一场谁都输不起的消耗战。

2003年，在印度MTNL公司的工程竞标中，华为以34.5亿卢比的竞标价格而中标，这个竞标价格低于中兴出价。随后，中兴通过研究标书，发现这个价格太低了，还对此表示质疑。

2005年4月底，中兴在华为多年经营的尼泊尔市场上，成功获得尼泊尔电信100万线全球移动通信系统网络建设合同。这是尼泊尔通信史上最大的全球移动通信系统网络建设项目。华为的开标价是1 200万美元，中兴中标价居然仅为390万美元。华为认为这已经低于成本价竞标，涉嫌不正当竞争。[②]

华为与中兴的价格战如此惨烈，以至外国运营商都学聪明了，每

---

① 华为公共及政府事务部. 任正非接受《华尔街日报》采访纪要[EB/OL].（2019-12-27）[2021-07-26]. https://xinsheng.huawei.com/cn/index.php?app=group&mod=Bbs&act=detail&tid=4538789.

② 郭健. 互为压价棋子 中兴华为海外血斗[J]. 英才，2006（6）：54-55.

逢招标就叫上华为、中兴，将它们作为压价的棋子。

任正非认为：鉴于研发、市场都必须持续高投入的行业特点，经营性净利润率低于6%就很难支撑。如果华为现在还不学会勤俭节约，那么将来的日子是过不下去的。[①]任正非还认为：未来3～5年是整个产业最困难的时候，公司全体上下一定要勤俭节约。

在激烈竞争之下，电信巨头开始相互合并。阿尔卡特与朗讯合并，并收购北电网络的WCDMA业务；不堪亏损重负的西门子先是将手机业务卖给了台湾明基，2006年又将其他大部分电信业务剥离出来与诺基亚成立合资公司。于是，全球的电信设备市场只剩下爱立信、阿尔卡特－朗讯、诺基亚－西门子、思科和摩托罗拉五大巨头。在变得越来越强大的巨头面前，华为感到了新的压力。2006年，华为党委、华为公司人力资源委员会在《天道酬勤》一文中写道：

通过一点一滴锲而不舍的艰苦努力，我们用了十余年时间，终于在2005年，销售收入首次突破了50亿美元，但与通信巨头的差距仍有好几倍。最近不到一年时间里，业界几次大兼并——爱立信兼并马可尼，阿尔卡特与朗讯合并，诺基亚与西门子合并，一下子使我们与巨头之间缩小的差距又陡然拉大了。我们刚指望获得一些喘息，直一直腰板，拍打拍打身上的泥土，没想到又要开始更加漫长的艰苦跋涉……[②]

总之，经过20年的高速发展，电信行业市场上的产品供大于求，

① 黄继伟．华为内训[M]．北京：中国友谊出版公司，2016：86.

② 华为公司党委，华为公司人力资源委员会．天道酬勤[EB/OL]．(2006-7-21)[2021-7-26]. http://app.huawei.com/paper/newspaper/newsPaperPage.do?method=showSelNewsInfo&cateId=8467&pageId=9756&infoId=18845&sortId=1&commentLanguage=1&search_result=1.

卖方市场悄然变成了买方市场，客户掌握了定价权，使得行业的毛利润大幅下降，华为再次受到挑战。如果成本无法下降，那么华为将面临持续亏损的风险。如果华为持续亏损，那么依靠分红为主的员工持股制度可能会被瓦解，从而危及华为的生存。

三、以岗定薪，提高人效

从经营方面来看，毛利率下降的问题只能通过提升内部管理效能来解决。华为通过以下两个手段来激活组织。一是大力宣导奋斗文化，华为党委、华为人力资源委员会发表《天道酬勤》一文，回顾了华为的奋斗历程，并要求全体员工学习奋斗精神。全公司上上下下开展学习《天道酬勤》的活动，《华为人》内刊发表系列文章提倡在新时代大力发扬奋斗文化。任正非希望员工能够发扬奋斗精神，提高效益。

二是进行人力资源管理体系改革，提高人力资源管理效率，激励优秀员工，激活沉淀层，淘汰惰怠员工。任正非希望以此来提高人均效益。2005年，任正非把吕克调到人力资源部工作，要求其对整个薪酬管理体系进行改革。经过一年多的努力，2006年，华为出台了定岗定薪的制度，即“以岗定级、以级定薪、人岗匹配、易岗易薪”的制度。实行基于岗位责任和贡献的报酬体系，为更多新人的成长创造空间，这是华为人力管理资源体系的一项重大改革。通过定岗定薪，大部分人的工资得到了一定的提高，这一举措稳定了军心。同时，华为对所谓的“沉淀层”进行一定的清理，在华为混日子越来越难了。

四、饱和配股，拒绝惰怠

这次定岗定薪制度其实还应当加上“定股”——“以岗定级、以级定薪、以级定股、人岗匹配、易岗易薪”，“以级定股”即饱和配股制度。饱和配股是指每个级别的员工所获授的虚拟股票数量具有不同等级的上限。员工持有的虚拟股票总量上限，称为饱和配股线，例如：级别为13级的员工，持股上限为2万股；级别为14级的员工，持股上限为5万股。每个级别员工持股数量达到饱和配股线后就不再配股。以级定股，定的不是每期所配的股份，而是某个级别所获得的最高虚拟股票数量。

华为为何推出饱和配股制度？由于多年持续的大量配股尤其是2003年和2004年大量发放股权，一大批老员工持股数量较多，出现躺在股权上睡觉的现象。那些持股几十万股甚至上百万股的老员工，无须努力，坐等分红就可以获得上百万元的收入。这种情况使得持股员工开始惰怠，不再奋斗，而是追求享受。那些持股较少的新员工或者没有股份的员工，对此抱怨颇多，认为自己干活多、收入少，自己的收入都被那些老员工给剥削了，没有什么干劲。华为由此产生了“食利阶层”。华为必须扼制这种趋势，控制老员工的配股数量，加强对新员工的激励。控制股份过多的办法就是实行饱和配股制度。

任正非关于饱和配股的想法由来已久。在1998年制定《华为基本法》时，任正非就已经提出饱和配股的思想，他说：

> 股金分配到一定阶段，要分层分级进行饱和配股。否则，一方面会出现两极分化，另一方面价值分配机制也起不到激励作用，还会妨碍内部人才竞争机制的发挥。[①]

如何设计饱和配股制度，任正非一直没有具体的方案。2006年，以岗定薪制度的建立为饱和配股制度奠定了基础，饱和配股的思想顺

---

① 黄卫伟. 走出混沌[M]. 北京：人民邮电出版社，1998：106.

利落地。

因为实行饱和配股制度，所以已经达到甚至超过饱和配股线的老员工就无法配股了。很多员工疑惑优秀人才怎么没有配股，这是因为优秀员工配股数量早就饱和了。因为老员工无法多配股，所以大量的股份面向新人配发。

华为拟通过饱和配股制度，避免只要在华为待的时间足够长，就容易积累更多虚拟股票的问题。在饱和配股制度之下，员工要想多配股，就要努力晋级升职，从而激励老员工更加努力奋斗。2006年，饱和配股制度的推出，在很大程度上解决了老员工躺在股权上睡觉的问题。

华为饱和配股制度实际上是以级定股的制度，这是虚拟受限股制度的一个重要改进，标志着虚拟受限股制度基本完善。

五、出售股权，大量融资

在利润下滑的过程中，为了防止现金流出现风险，华为需要准备更充足的现金。2006年11月，华为以8.82亿美元的价格出售H3C公司49%的股份，这笔资金比华为2006年当年的净利润40亿元还要多。显然，任正非为渡过难关、发起进攻准备了充足的“弹药”。出售股权，除了融资，也有收缩战线、聚焦核心业务的作用，即聚焦于固网和无线业务，集中资源对准一个“城墙口”冲锋，为来年国际市场的继续拓展和可能的并购打下一个良好的基础。

六、大量配股，再激活力

为了加大投资，华为再次大手笔配股。2006年11月，华为向员工增发7亿股虚拟股票，增发比例达到15%。而平常年份，华为正常的增发计划是10%，2006年的增发比例超出平常的50%。当年股价为3.91元，股权融资超过27亿元，相当于当年净利润的68%。

这次配股是在饱和配股制度的前提下实行的，老员工因为股份已经饱和无法再配股，这次的虚拟股票主要配给新员工。此外，这次配股面向的员工范围广，具有普遍性。除了股份已经饱和的员工、工作未满1年的员工、业绩在末位10%的员工，大部分员工在这次配股过程中都得到了较多的配股。

大量发放虚拟股票，一方面为企业融到了大量的资金，另一方面让持股员工得到了大量股票分红，提升了员工的薪酬竞争力，有利于华为留住人才。同时，大量发放股票也大大提高了员工的主人翁意识和积极性，从而增强了人均效益。

虚拟股票分红大大降低了华为的人力成本。2006年实行的定岗定薪、人岗匹配的改革，在不考虑虚拟股票分红的情况下，员工的薪酬标准其实不高。在进行人岗匹配后，原来职级薪酬比较高的一些人在新的薪酬框架下职级薪酬反而低了很多。一些老员工不仅降薪，而且至少未来两三年不可能涨薪。历史因素导致他们工资过高，但他们并没有因为未来不会涨薪而离职，因为他们手头还有大量的虚拟股票。相对而言，虚拟股票收入才是他们收入的主要来源，职级薪酬只是零花钱。而新人，虽存在着涨薪的情况，但薪酬标准不高，涨薪幅度也不大。对于新人来说，除了涨薪，收入增长更多地要依靠虚拟股票数量的增长。

七、突飞猛进，领先世界

2006年，华为全年销售收入达到664亿元，海外合同销售收入所占比例突破65%。2006年，为了挽回全球移动通信系统败局，华为研发了一款全球移动通信系统产品——新双密度基站。从开发部长、产品研发团队经理、版本经理到普通员工，都以一种奋不顾身的态度向前狂奔。经过大半年夜以继日的攻关鏖战，2007年新双密度基站如期推出，其领先的架构和性能，让全球移动通信系统产品有了质的飞跃，并迅速展现出强大的竞争力。2007年，华为无线又突破了多载波技术这一世界性难题。不久之后，以多载波技术为基石的SingleRAN解决方案问世。该解决方案通过复杂的数学算法，实现单一基站将2G、3G、4G以及未来所有制式融合在一起，极大地降低了运营商的投入成本，为移动产业带来了革命性的进步，一举奠定华为无线领域的优势地位。华为核心通信设备也因此进入了欧洲所有主流运营商，包括西班牙电信、英国电信、法国电信、沃达丰、意大利电信。

经过2006年的股权激励制度调整、管理改革和技术突破，2007年，华为销售收入超过922亿元，在欧洲、北美和日本市场取得突破，海外合同销售收入超过70%，国际市场发展迅猛。2007年，华为的销售净利率从2006年的6%增长到14%，净利润更是增长216%，[①]从近40亿元增长至近126亿元。可见，以上改革取得了显著的成果，对华为未来产生了长远的积极影响。

华为通过股权激励制度调整和内部管理改革，重新激发了内部活力，度过了此次行业饱和危机，迎来了新发展阶段。

---

① 需要说明一下，2007年华为的净利润数据有多个版本，在2007年年报中，华为未披露当年净利润。到2009年年报披露5年财务概要时，2006年的净利润为39.99亿元，2007年则为75.78亿元，按照这个数据测算，销售净利率为8.2%；2010年年报维持2009年年报的数据；到2011年年报披露5年财务概要时，2007年的净利润突然被调整为126.41亿元，两者相差50多亿元。各种财务数据存在前后差异的，本书均以后披露的数据为准。但不论采用哪个数据，2007年的净利润和销售净利率都有较大增长。

第6节　全球金融危机——大量配股

2007年，华为凭借2006年的业绩，跻身全球五大设备运营商。通过股权激励制度和内部管理改革，华为人均效益也有了很大的增长。员工人数从2005年的44 000人，猛增到2007年的70 000多人，短短两年内增加了超过50%的新员工。2008年3月，员工人数增加至83 000多人。正当在国际市场上大展拳脚之际，华为却遭遇席卷全球的金融危机。这场危机的影响持续了三四年时间。

一、金融危机，席卷全球

2008年的金融危机，对全球经济产生了重大影响。全球电信运营业受经济危机影响，市场需求锐减。全球金融危机造成融资困难，电信运营商不得不大幅缩减开支。电信设备行业大受影响：一方面，业务减少，产品价格下跌；另一方面，融资更加困难，陷入萧条。例如：阿尔卡特-朗讯与北电网络连续数季度亏损。

任正非经过对企业内部和外部实际情况的调查、分析、研究，认为国际市场形势和经济周期将出现下滑趋势，再次发出“华为的冬天”的预警，要求员工“对经济全球化以及市场竞争的艰难性、残酷性做好充分的心理准备”，并告诫大家“也许2009年、2010年还会更加困难”。

在全球金融危机下，华为在国际市场上面临着更加激烈的竞争。一方面，电信运营商缩减开支，拼命压价；另一方面，激烈的市场竞争使国际巨头也开始将研发、生产基地向中国、印度等低成本区域转移，海外市场低价竞争日益盛行。在巨大的竞争压力下，华为的销售净利率不断下降，从2007年的14%下降到了2008年的6%。

在净利率下滑的同时，华为的资产负债率和应收账款却在节节攀升：2005年资产负债率为58%，2007年达到67%，接近业内公认的75%的临界点；应收账款从2004年占总资产的24%上升到2007年的逾50%，导致巨大的资金占用成本和融资费用。按照通信业一般情况，下半年是回款集中时期，仅12月单月回款就可能高达全年回款的30%～40%。然而这样一个收获期却遭遇全球金融危机，银行保理操作风险加大，现金状况堪忧。①

电信设备行业对资金需求非常大：一方面，需要源源不断的研发投入，以保证产品的领先；另一方面，签订销售合同后，一般两三年后才能全部回款，有时甚至还要给运营商提供贷款或担保。

华为为香港前运营商Sunday提供3G全套设备订单，更是双方在卖方融资和“对赌协议”基础上达成的。华为的融资包括：（1）华为向Sunday提供8.59亿港元贷款，以实现覆盖全港的3G移动电话网络设备的供应、铺设与开展；（2）华为向Sunday提供无抵押贷款5亿港元（后者随即将其全数用于偿还原设备供应商——北电网络以及若干银行的贷款）；（3）华为还将为Sunday提供一项约10亿港元的3G履约保证书信贷，而Sunday将其附属8家子公司及手中的2G和3G牌照抵押给华为。②

这意味着只要企业不断扩张就需要不断追加投入，扩张得越快追加的投入越多。

这种形势在金融危机之下变得更加严峻。首先，华为为了抢占高

① 李志军. 财务危机笼罩华为[EB/OL].（2008-07-26）[2021-07-26]. https://it.sohu.com/ 20080726/ n258397521.shtml.

② 时岩. 华为：光环下的隐痛[J]. 首席财务官，2006（9）：16-17.

端国际市场，不得不大量增加研发投入，2008年研发投入达到104亿元，比2007年增加了18亿元；其次，产品价格下跌，毛利减少；最后，回款周期变得更长，一些已经到期或者临近到期的应收账款被要求延长。

屋漏偏逢连夜雨，华为在国家开发银行的100亿美元融资额度即将到期，而且国家开发银行正向商业银行转型，日后从其获批贷款也非易事。[①]在这种形势下，华为面临着巨大的资金压力。

总之，在全球金融危机之下，华为面临着业绩下滑、利润减少、回款困难、资金压力增大等诸多困难。从年终数据来看，华为2008年确实比2007年困难得多。2008年华为的净利润虽然由2007年的126亿元下降到79亿元，但2008年大量发行虚拟受限股，增加了约46亿元的投资。2008年，投资增加了20%，净利润却下降了37%，每股收益大幅下降，从2007年的1.80元下降到1.03元，每股现金分红从2007年的1.70元下降到1元。

二、转危为机，逆势成长

任正非认为2008年往后的3～5年是华为的一个重要转折时期，即新生或毁灭。

任正非认为要转"危"为"机"，就必须重启反周期成长战略，趁国际巨头疲弱之际，大肆扩张。

任正非在2008年的内部讲话中就指出：

回想IT泡沫破裂时的情景，当时的传输技术从"白马王子"跌

① 朱姝. 华为发力趁虚突破北美"短板" 资金吃紧海外扩张稳中亦忧[J]. IT时代周刊，2008（22）：56-57.

落到一文不值，许多业界领袖公司减少了对传输技术的投入。而我们反周期成长，在财务极度困难时没有减少投入，使我们今天能成为世界第二。我们不要太封闭，不要以自我为基础，而要继续加大开放的力度、合作的力度。8年前我们用400万美元，收购了一家美国濒于崩溃的小公司，从而使我们的长距离光传输技术成了世界第一。[①]

任正非认为第一次反周期成长战略取得了良好的效果，在金融危机再次席卷全球时，华为要启动第二次反周期成长战略。

在反周期成长战略的指导下，华为不惜代价抢占市场。2008年8月中旬，华为在中国电信CDMA网络招标中报出6.9亿元的低价，拿到30%以上的份额。这个报价大大低于竞争对手如阿尔卡特-朗讯（140亿元）、中兴（70多亿元）。实现反周期成长战略，低价抢占市场，需要充足的现金流支撑。

三、大量配股，共渡难关

为此，华为采取开源、节流两大策略。一方面，厉行节约，严格控制成本，包括：内部宣传“控制成本”口号，压缩销售人员的费用，取消海外人员“安家费”；加大上游供应商控制，强制压缩采购成本。另一方面，再次开启融资计划。华为拟出售华为终端49%的股权换取40亿美元[②]，目标锁定美国战略投资者和私募基金。除了大量融资，业界普遍认为，华为此举旨在通过结盟关系帮助其加强同美

① 任正非．让青春的生命放射光芒（任正非在网络产品线奋斗大会上的讲话纪要）[EB/OL].（2008-6-13）[2021-7-26]. http://app.huawei.com/paper/newspaper/newsBookCateInfo.do?method=showDigestInfo&infoId=13121&sortId=8.

② 许丽萍．华为再打迷踪拳[J]. 经营管理者，2008（7）：112-113.

国服务提供商的联系，借机打开美国市场。[1]但因美国金融界是金融危机的重灾区，华为的出售计划没有完成。终端出售计划执行不顺打乱了华为战略资金的运用。外部融资受阻，华为只能依靠持股员工来加大投资，实现战略扩张。

2008年11月，华为员工陆续收到配股邮件，此次配股几近全员配股，涉及范围包括所有工作时间一年以上的员工，除了已经持股饱和的和业绩特别差的员工，即便是2007年新入职的员工也可以得到配股。这次的配股对象主要是2005年到2007年入职的新员工。2008年，在华为8万多名员工中，竟然有一半左右是2005年后新入职的。工作2～5年的新员工获得了大量的股权，比如某华为员工在海外一线工作4年，此次拿到的股权比他之前几年拿到的总和还要多。[2]这极大地调动了新员工的积极性，为华为度过全球金融危机打下了坚实的内部基础。2008年的配股总量非常大，新增的股份总量达到20%。这是自虚拟受限股实施以来增发比例最高的一年，数量相当于平常年份的2倍。新增的股份数量超过11亿股，按每股购买价4.04元计算，华为当年员工投资约45亿元。这样既绑定了员工，激励了员工，也给公司投入了更多的发展资金，使得华为能够顺利度过全球金融危机。

四、奖励配股，突破配额

华为的快速成长给2008年入股员工带来了巨大的回报：2009年华为每股收益2.95元，接近2008年的3倍；2010年每股收益达到2.98元，基本维持了2009年的水平。2008年华为员工入股的价格是4.04

---

① 朱姝. 华为发力趁虚突破北美“短板”资金吃紧海外扩张稳中亦忧[J].IT时代周刊，2008（22）：56–57.

② 马晓芳. 华为发期权内部融资或达70亿[N]. 第一财经日报，2008–12–15.

元，2008年入股的员工在2008年、2009年、2010年的投资回报率分别达到了25%、73%和74%，三年累计回报率达到172%，年平均收益率超过了50%。加上银行贷款的杠杆效应，持股员工的虚拟股票投资收益超过了100%。从投资收益的角度来看，我们就能理解华为员工为何如此拼命了。

虚拟股票制度在不断激活华为组织的同时，也导致持股员工惰怠的问题。华为在2006年推出了饱和配股制度，这一制度在解决老员工累计虚拟股票过多的问题上起了很大作用。在职级不升的情况下，员工持有的虚拟股票数量饱和后不再被配股，这限制了老员工凭借资历就可以源源不断地积累虚拟股票数量，扼制了老员工的惰怠情绪。饱和配股制度也存在一定弊端，对于持股已经饱和的员工来讲，再努力也不能配股，这显然是一件令人失望的事。2006年和2008年的大量配股，让很多新员工也拥有了不少虚拟股票，但是对于那些持股早已达到饱和线的优秀员工，则显得不公平。为了鼓励这些持股已经饱和但仍然在奋斗的优秀员工，2009年华为在饱和配股之外，设立了奖励配股机制。奖励配股不受饱和线的约束，不需要计入饱和配股数量。有奖励配股的员工可以比同级别的员工获得更多的虚拟股票。当然，奖励配股并不是需要等到虚拟股票饱和之后才可以配股。优秀的员工当年可以获得一定数量的饱和配股，同时也会有少量的奖励配股。例如：某员工2009年获得饱和配股3万股，奖励配股5 000股。持股已经饱和的优秀员工，可以单独被配奖励股。可见，奖励配股是饱和配股制度的一个补充和调节机制。

五、战略生效，国际扩张

2008年，华为大量发行的虚拟股票，团结和激励了更多的员工，同时获得了大量的资金，使得华为得以在全球金融危机中贯彻落实反周期成长战略，而不是被迫收缩战线。这种战略很快就取得了实效，华为实现了转危为机的目标，突破了欧美等主流市场。2008年华为年报显示，海外市场合同销售收入占了75%，比上一年度增长了52%。2009年，美国电信运营商Cox选中华为的CDMA移动网络解决方案，这是华为第一次成功打入北美电信市场；拉丁美洲顶级移动运营商美洲移动在巴拿马正式商用全球首个基于SDR技术的2G/3G融合网络，其中采用了华为SingleRAN解决方案；在欧洲，比利时最大的运营商Belgacom宣布采用华为SingleRAN解决方案和软件无线电技术，将其全部2G/3G网络升级为面向未来平滑演进的HSPA+网络，同时部署一张覆盖比利时全境的LTE商用网络；葡萄牙电信运营商Sonaecom携手华为在葡萄牙将其WCDMA网络升级为HSPA+网络。

除了在国际市场上高歌猛进，华为在国内市场上也杀了一个回马枪。2009年年初，华为等待了8年之久的3G牌照终于发放了。已经在国外有多年3G项目建设经验的华为，在国内的3G市场上所向披靡，拿下了3G市场的大部分份额，国内市场合同销售收入增加了近100亿元。

2008年，华为以183亿美元销售收入，在全球通信设备市场上超越了阿尔卡特-朗讯、北电网络、摩托罗拉，与爱立信、诺基亚-西门子三分天下。华为用了14年时间实现了三分天下的梦想。2009年，华为超越诺基亚-西门子，成为全球电信设备行业的第二名，首次进入世界500强。当年华为的销售收入为1 491亿元（超过200亿美元），爱立信为270亿美元。华为离全球第一仅有一步之遥！

第7节 员工惰怠危机——TUP

2010年，华为凭借2009年的业绩首次进入世界500强，排名第397位，是榜单中唯一的非上市公司。华为重新梳理了业务定位——"云管端"战略，将业务由传统的电信行业拓展至信息技术行业，客户类型也由电信运营商进一步向企业级客户和消费者延伸。这意味着华为的定位产生了重大升级，华为将朝着信息和通信技术领域前进。这种定位极大提升了华为的生存空间，因为它的企业业务市场空间每年近1万亿美元，消费者业务市场空间每年5 000亿美元，而且这两个市场空间还在不断增长，定位调整后的市场空间是原来的10倍以上。为了扩大市场，向世界第一发起挑战，华为第三次开启反周期成长模式。2011年，华为招聘新员工接近3万人，招聘规模为华为史上最大员工人数达到了14万人。

在战略升级之后，华为终端市场取得明显发展。2010年，华为终端发货1.2亿台，实现消费者业务市场销售收入307亿元，同比增长25%，在美国、日本等高价值市场的销售收入均实现超过100%的增长率。智能手机业务快速发展，全球出货超过300万台，迅速打入包括日本、美国和西欧在内的70多个国家和地区。有分析人士指出，作为"云管端"战略的重要一员，终端市场对华为整体发展的重要性日益凸显，成为带动华为整体增长的发动机。①

2011年，华为实现消费者业务市场销售收入446亿元，同比增长45%；华为终端发货近1.5亿台，同比增长超过30%。终端系列明星产品的上市，引发了市场的强烈反响。2011年10月，华为召开终端

---

① 梁辰. 华为终端：进可攻退可守[J]. 通信世界，2011（14）：16.

战略会议，关于华为手机的定位，到底是面向企业端还是面向零售端，会上争议激烈。做消费者市场才能真正走向高端市场，才能建立华为品牌形象，做出自己独立的价值。但华为一直以来的产品是面向企业端的，和电信局的关系也好，华为人能够做好面向零售端的产品吗？当时全世界还没有一家公司在企业端和零售端同时取得成功。这种担忧不无道理，但华为终端掌门人余承东素来以勇猛著称，他主张："一旦进入一个领域，就要成为该领域的王者"。这种追求世界第一的决心和勇气让他战胜了恐惧和担忧。让余承东底气十足的，不仅仅是华为人敢打敢拼的奋斗基因，更是华为数十年在无线通信领域的雄厚研发实力。

2012年华为开启了终端业务的高端化进程。华为终端业务正式开启从承接设计制造业务的制造商白牌到华为自有品牌、从低端智能手机向中高端智能手机、从运营商转售市场向公开市场的三大战略转变。与此同时，华为痛下决心研发操作系统——鸿蒙。因为美国对中兴和华为两家公司发起了调查和国会听证，这触动了华为的敏感神经，所以华为下定决心构建自己的操作系统。

一、胸怀梦想，超越美国

自思科危机之后，面对复杂的外部环境，华为一直保持着韬光养晦的策略，尽量回避与美国公司正面竞争，能让就让一把。经过8年的努力，华为在很多领域已经领先于美国公司，2011年任正非提出了在信息领域"全面超越美国"的目标。

虽然华为制定了目标，但华为持股员工却因过往的成功开始惰怠。很多员工开始享福，奋斗文化受到挑战，业绩增速放缓。华为首次遭遇内部员工惰怠危机。

二、行业低迷，利润下滑

2011年是动荡之年。新年伊始，任正非关于2010年丰收不会持续的担忧很快变成了现实。这一年全球经济仍然处于低迷状态，需求疲软、资产泡沫破灭、欧洲主权债务危机蔓延、通货膨胀压力加大、汇率波动风险增加，再加上部分地区政局动荡以及地缘政治等因素，国外电信运营商普遍收入锐减、利润下滑，电信设备商也纷纷出现各种指标下滑情况。例如：2011年，思科的毛利率已经连续四个季度萎缩；2011年，中兴的利润率比2010年下滑了36%，2012年第二季度，中兴的净利润再度下滑85%。

华为不仅面临全球经济低迷，还面临着发达国家贸易保护主义抬头问题，形势更为严峻。2010年6月30日，欧盟委员会宣布对从中国进口的无线网卡同时发起反倾销和保障措施调查，涉案金额达41亿美元，涉及千余家中国企业，受影响最大的当数华为和中兴。7月中旬，华为竞购摩托罗拉无线网络资产遭美国政府拒绝。7月底，尽管华为的出价高于竞争对手，但其竞购美国私有宽带互联网软件提供商2Wire的行动却仍然无法成功。华为进入市场空间广阔的北美仍然困难重重。2012年8月，《华为人》内刊登出：

进入2012年的通信行业，已然又走到了十字路口。仿佛人到中年，肩上的担子越来越重，而脚下的路却越来越难走。抬眼看身边的世界，人们对经济下行的忧虑始终挥之不去，地缘影响、汇率波动、行业竞争白热化……风萧萧兮易水寒，华为能独善其身吗？当我们每月的账户上还有稳定的工资流入，是否已经感知到2012年已经逝去了一半？在这个盛夏的时节，我们是否感受到寒冬的来袭？[①]

从销售收入来看，2011年，华为的销售收入虽然增长了10.13%，但增长率不到2010年的一半。从净利润来看，问题更加严重。如表1-2所示，2011年净利润下滑，跌幅高达51.00%。

表1-2 华为2009—2013年销售收入和净利润变化统计表

年份	销售收入（百万元）	销售收入增长率（%）	净利润（百万元）	净利润增长率（%）
2009	149 059	19.04	18 274	133.00
2010	185 176	24.23	23 757	30.00
2011	203 929	10.13	11 655	-51.00
2012	220 198	7.98	15 624	34.00
2013	239 025	8.55	21 003	34.00

数据来源：所有数据均源自2013年华为年报，2013年华为年报数据与2012年华为年报数据略有差异。

三、惰怠危机，效益低下

任正非认为：外部环境虽然困难，但并没有严重的危机，发展缓慢的根本原因是员工惰怠。在2011年前后，华为员工过惯了好日子，开始惰怠，新老员工都没有干劲。

老员工经过多年的配股，累计的股份数量过多，股权收益过高。

① 《华为人》编辑部．“微观”效率：开栏语——我们向谁要效率？[EB/OL].（2012-8-8）[2021-7-26]. http://app.huawei.com/paper/newspaper/newsPaperPage.do?method=showSelNewsInfo&cateId=4581&pageId=5301&infoId=9504&sortId=1&commentLanguage=1&search_result=1.

华为前员工披露，工作10年以上的老员工持有虚拟股票数量平均为40多万股[①]，按2010年每股分红2.98元计算，老员工平均分红高达百万元以上。即使在分红较少的2011年，每股分红1.46元，老员工平均分红也高达六七十万元。高额的股权收益反而让大部分老员工出现了工作热情下降的情况，甚至有部分老员工主动申请降职。他们认为工资只是“零花钱”，股权收益才是大头。这些干活不多但收入不少的老员工，在华为被新员工称为“华为金混混”。可见，华为新员工对之意见很大。老员工“少劳多获”“不劳而获”的现象引起了很多新员工的不满和抱怨。

2012年华为内部《管理优化报》刊登了一篇名为《我们眼中的管理问题》的文章，内容为华为心声社区网友对华为公司管理提出的一些有益观点。员工反映了股权激励模式中存在的三大问题：老员工持股太多，不想奋斗；年轻骨干持股太少，不想奋斗；基层员工拿到的薪酬偏低，没有干劲。

老员工躺在股权上睡觉的现象比较严重，使得华为开始谨慎授予虚拟受限股。因此，虚拟受限股的授予条件越来越严格，授予数量越来越少（虽然股份总量没有变少，但员工总数增长很快，每人分配到的股份非常少），新员工只能“望股兴叹”。与BAT等互联网新贵相比，扣除股权收益之后，华为的工资并不具有竞争力。老员工的待遇好是靠着股权收益，新员工缺乏股权收益，与行业相比薪酬待遇没有优势。但很多工作还得依靠新员工来做，新员工非常辛苦，收益却一般。这就出现了“坐车人”（历史贡献者）比“拉车人”（当前贡献者）获得更多回报的不合理现象。付出与收获不成正比，不仅影响了新老员工的斗志，还影响了新员工的留存率。新员工离职的主要原因

① 张运辉，赵国璧. 华为你将被谁抛弃：肌体三要素模型分析华为兴衰[M]. 北京：知识产权出版社，2013.

是长期激励与短期激励无法有效结合。既然无法像对老员工一样通过配股方式对新员工给予激励，那么就应该在短期激励上想办法。实际上，华为也确实做过很多尝试，甚至有过特例：如果应届毕业生确实能力突出，那么他的入职级别可以定在15级及以上。但是，由于华为每年都有大量的应届生，这种特例可能造成更大的不满。此外，因为国家政策的限制，外籍员工不能成为华为的持股员工，无法与华为形成利益共同体与命运共同体，所以优秀人才留不住。

可见，无论是中国员工还是外籍员工，无论是新员工还是老员工，高层员工还是基层员工，各类员工普遍都不愿意努力奋斗。2016年，任正非接受新华社专访时说：

> 华为公司三年前快垮了。为什么？因为大家有钱了，怕苦了。我们往海外派人都派不出去。大家都想在北京买房、陪小孩，都想在好地方待。[①]

2011—2012年，华为员工惰怠问题确实比较严重。除了员工惰怠，华为还面临着人浮于事、决策缓慢、效率低下、服务质量下降等大企业通病。2010年的马来西亚电信（以下简称马电）事件，非常典型地揭示了华为染上了大企业病，昔日的奋斗文化渐行渐远，华为又遭遇内部危机。

> 2010年8月5日，华为董事长孙亚芳接到来自马电CEO的投诉邮件："……在过去的几个月中，华为的表现并没有达到我们对于一个国际大公司专业标准的期望……多个问题引起我们管理团队的高度关

---

① 赵东辉，李斌，刘诗平等. 任正非：华为28年只对准一个城墙口冲锋[J]. 商业文化，2016（16）：77-83.

注和忧虑。”客户投诉信发出5天以来，没有一个能代表公司解决问题的人。

在此期间孙亚芳被告知“有一封马电邮件，我们正在处理”。直到5天后，孙亚芳从国外回来，感觉还是有些不妥，就自己去找邮件来看，一看大吃一惊。她认为客户把邮件写到这个程度，实际上是到了他们的底线！”①

在孙亚芳的推动下，华为公开反思马电事件，找出了公司存在的各个问题。从复盘呈现的结果可以看出，华为染上了典型的大企业病。（1）重合同轻交付。5年前华为的份额顶不上马电份额第一厂商的1/10，到2009年年底华为是那家厂商份额的10倍。华为已成为马电最重要的整体解决方案提供商，但却没有按解决方案交付的流程工作，导致交付过程漏洞不断。（2）部门墙林立，各自为政，出现问题时互相推诿。（3）为了签订合同，对客户乱拍胸脯。产品交货期跟不上，又向客户隐瞒真相，在客户那里已没有信用可言。（4）文牍主义。问题发生后，不是第一时间去现场，而是来来回回发邮件，相互扯皮。（5）高层的麻木与官僚主义。从马电项目中标到项目实施的1年多时间里，华为副总级以上的高管最少有10位直接或间接参与，不可谓不重视，但高层之间缺乏沟通，导致资源匹配不到位。由于问题不透明，导致两次项目割接失败、设备错发等。（6）报喜不报忧，对客户如此，对上级也如此，人人寄望于“侥幸过关”，或者延迟“地雷爆炸”时间……②

---

① 徐直军，徐文伟，丁耘等. 我们还是以客户为中心吗？！——马电CEO投诉始末[EB/OL].（2011-01-28）[2021-07-26]. http://app.huawei.com/paper/newspaper/newsPaperPage.do?method=showSelNewsInfo&cateId=2421&pageId=2821&infoId=5121&sortId=1&commentLanguage=1&search_result=1.

② 田涛，吴春波. 下一个倒下的会不会是华为：故事、哲学与华为的兴衰逻辑（珍藏版）[M]. 北京：中信出版社，2016：266-267.

很显然，马电事件并非个案，反映了华为在成为一家员工人数超过10万人的“领先企业”之后存在的某些大企业病。

四、七大改革，激活组织

面对全球经济下行、市场饱和、员工惰怠、内部大企业病的情况，华为除了在股权机制上进行改革，在薪酬制度、组织结构和决策机制方面都进行了相应的改革。

（一）增加考勤，杜绝惰怠

为了激活组织，拒绝员工惰怠，自2011年开始，华为在员工配股条件中增加了考勤要求。此前华为发现大量员工长期休假却还能得到配股，这不符合奋斗者的标准。因此，从2011年开始，华为规定两年内各类休假超过60天、事假超过5天的员工，不予配股。其实，就考勤情况来定配股并非任正非的本意，任正非希望大家自觉遵守相关规定，该休假就休假，当奋斗则奋斗。将考勤要求加入配股条件，说明员工的惰怠现象已经到了让人忍无可忍的程度。

马电事件为何没有得到及时处理？孙亚芳给5个高管打电话，询问处理结果，结果发现有2个高管正在休假。

亚太片区总裁：“孙总，我回国探亲了。探亲期间爷爷病重，我现在在老家。”

全球技术服务部总裁：“孙总，我爸爸腿摔了，我回家看一看。我已经派了我的助手Leroy和地区部主管交付的万××去了解情况。”

马电事件也从侧面反映出当时休假甚至休长假的人不少。基于这种情况，华为出台了休假影响配股的制度。

（二）饱和配股，提高上限

虽然华为2009年推出了奖励配股制度，但奖励配股的额度不大，无法从根本上解决饱和配股存在的问题。为了激励持有虚拟股票数量已经饱和但仍然努力奋斗的员工，华为在2011年修改了饱和配股制度，提高了饱和配股的上限标准。2011年，任正非在关于如何与奋斗者分享利益的座谈会上指出：

> 我们这次提高了饱和配股的上限，其目的是，让优秀的奋斗者按他们的贡献获得更多的配股机会。①

提高饱和配股上限之后，原来持股数量饱和的员工又得到了配股的机会，这极大提高了他们的积极性，让持股饱和的员工重新焕发出活力。

（三）大量配股，再激活力

2011年，为了获得反周期成长战略所需要的大量资金，华为增发了17.34亿股的虚拟受限股，增发比例高达21%，比2008年还高1%。按照2011年股价5.42元计算，华为员工投入资金达到94亿元。

经过此次增发，股东人数仅增加了417人。即使考虑到有些持股员工离职的情况，本次配股新增的股东人数仍然较少，这说明新增的股份主要配给了那些老股东。原来持股饱和的人员，经过这次上调饱和配股线，又有了配股资格。原来配股数量不多的员工，在这次配股后，持股数量大大增加。

在20世纪90年代的内部股时期，华为持股员工比例曾高达70%。进入2000年后，华为持股员工比例也常常保持在60%以上。以2009

---

① 冠良. 任正非：以奋斗者为本[M]. 深圳：海天出版社，2018：53.

年为例，华为持股员工比例为65%。因2008年的大量配股，华为自2009年开始减少股权的发放，虽然持股员工总数在增加，但持股员工比例却在不断下降，2011年，持股员工比例不到50%。这对于长期依靠虚拟股票进行员工深度激励的华为来说并不利，许多新员工的积极性不足。

2012年8月，华为为了激励员工，加大投入，挑战世界第一，再次对员工进行大量配股，大面积发放虚拟股票。从表1-3可以看出，2012年和2013年，华为将虚拟股票大量配给了原来未持股的人员，持股员工较上年新增将近1万人，持股员工比例从2011年的47%上升到2013年的56%。

表1-3　2009—2013年华为员工持股人数表

年份	员工总数（人）	员工持股人数（人）	员工持股比例（%）
2009年	95 000	61 457	65
2010年	110 000	65 179	59
2011年	140 000	65 596	47
2012年	150 000	74 253	50
2013年	150 000	84 187	56

注：（1）员工持股人数源于华为2009—2013年年报；员工总数实际上是一个动态的数据，每天都不一样，本表格中的员工总数源于《华为2009—2013年可持续发展报告》；持股员工比例根据两者计算。

（2）截至2010年，华为退休持股员工人数为901人，2011—2013年退休持股员工人数有所增加，但华为未披露该数据。因退休持股员工人数较少，暂且忽略不计。考虑到退休持股员工人数的问题，在职员工的实际持股比例较表格中所统计的数据略有下降。

退休持股员工人数算在员工持股人数中，但却不在员工总数中，退休员工有几千人，故在职员工持股比例低于表1-3中数据。但从表1-3中依然可以看出持股员工人数变化的趋势。2011年，确实是前后几年中员工持股比例最低的年份。与其他企业相比，这个数据虽然非常可观，但对于华为来说，则属于偏低数据。

随着持股员工人数的增加，新员工的干劲也被逐步调动起来。不过新员工持股比例仍然不足，新持股数量也不多。新员工需要进一步激励，但是华为不想发放更多的虚拟受限股，因为员工长期持有虚拟受限股，可能导致其躺在股权上睡觉。

华为在采取上述股权改革措施之后，取得了较好的效果，但还是没有根本上解决员工躺在股权上睡觉的问题。华为迫切需要一个新的激励模式来解决这一问题。华为迎来了员工持股制度第四次重大变革，推出了类似分红股的激励模式——TUP。

（四）TUP出台，分层激励

2012年，华为正式推出针对非中国籍员工的长期激励措施——TUP，在海外子公司率先对当地外籍员工实行。TUP是Time-based Unit Plan的英文首字母缩写，译为时间单位计划，是一个以5年为周期的利润分享计划。员工无须出资购买TUP，在5年内可获得与虚拟受限股同等的分红值和增值权。5年到期结算后，TUP权益归零。

2013年12月19日，胡厚崑在华为年度干部工作会议上指出，要逐步在全公司范围内实施TUP。华为开始扩大TUP方案适用范围，拟对全球68个国家优秀的非中国籍员工实施激励。2014年1月，华为持股员工代表会正式通过了TUP激励计划，在全球范围内对全体员工实行TUP，加强对全体员工的中短期激励。截至2014年年底，华为发行超过10亿份的TUP。

华为推出这种非终身制的激励方案。员工如果不努力，就不能参加下一期计划，其股权将被稀释，分红就会逐渐减少。这样一来，既让新员工有了进入的空间，又让老员工不能坐享其成。如今的华为已经不是当年的华为，利润丰厚、现金流充裕，完全可以做到不需要员工出资。可以说，TUP是非常巧妙的激励方案。

TUP实施之后，很多人猜测原来的虚拟受限股制度可能会逐步取消，但是事实上华为并没有取消虚拟受限股制度，因为TUP和虚拟受限股制度各有利弊。目前两者并行，对于13级、14级的员工主要实行TUP激励，对于15级及以上的员工既实行TUP激励，又实行虚拟受限股激励。TUP的实施使华为不再像以前大力度发放虚拟受限股，标志着华为的股权激励由单一股权激励方案走向了多层次股权激励系统，对于不同条件下的不同对象采取不同的股权激励方案。

（五）薪酬改革，获取分享

华为在奖金的分配上也想了很多办法，2007年试过年中奖，2010年开始尝试季度奖，但是固有利益阶层的存在已经让华为走到相对尴尬的境地，这些举措的效果都不太明显。2012年，为了激励员工获取利润，华为再次在奖金发放上进行了改革，将长期以来实行的授予制改革成获取分享制。

华为获取分享制是指任何组织与个人的物质回报都来自其创造的价值和业绩。前方团队根据经营结果获取奖金，后台支撑部门（团队）通过为前方团队提供服务获取奖金。

2012年，任正非在华为“2012诺亚方舟实验室”专家座谈会上的讲话中对授予制和获取分享制进行了阐述：

我们的利益机制要从授予改成获取。授予就是我们上面来评，该你多少钱，该他多少钱，大家都希望多拿钱。以后我们改成“获取”“分享”，就是整个考核机制要倒过来，以利益为中心。①

---

① 成海清. 华为傻创新——持续成功创新企业的中国典范[M]. 北京：企业管理出版社，2016：43-45.

在我们看来，授予制就是公司根据员工的表现来定奖金，而获取分享制则是根据员工的贡献来定奖金。从授予制改成获取分享制，发生了两个方向性的变化：一个变化是从自上而下发放变成了自下而上分配，另一个变化是从后端往前端分配变成了前端凭借业绩获取奖金，而后端则依靠对前端的支持获取奖金。获取分享制是一种导向经营成果的分配模式，大大激发了员工创造业绩的动力。TUP是一种利润分享机制，属于奖金分配的范围，因此，它也遵循获取分享制的理念。

2014年，华为更进一步提出，薪酬激励的对标分析要提高合理性，要管理好拉车人和坐车人的分配比例，让拉车人比坐车人拿得多，拉车人在拉车时比不拉车的时候要拿得多。要管理好员工人力资本所得和货币资本所得的分配结构，货币资本所得保持合理收益即可，其他收益全部给人力资本所得。人力资本所得与货币资本所得的比例维持在3∶1左右，要切实保障作战队伍获得大量的机会。

（六）组织变革，三驾马车

2011年，为了更好地服务客户，创造佳绩，华为打破了过去按产品分类的方式，按照面向客户的类型将公司业务分为三大块——运营商网络业务、企业业务、消费者业务。华为组织结构也相应地重组为三大运营中心，分别为运营商网络业务运营中心、企业业务运营中心、消费者业务运营中心。华为从过去的单一大平台运作模式走向多业务运营中心运作模式，这使公司决策清晰、流程缩短、机构精简、运营效率提升。

（七）加快决策，权力下放

2011年，华为将推行了6年多的轮值COO制度升级成了轮值

CEO制度，轮值CEO也由8人变成了3人，提升了决策效率。

2013年之前华为的大企业病越来越明显，组织越来越大，决策效率越来越低。虽然任正非在2009年就提出要让一线听得见炮声的人呼唤炮火，希望能够授权下去，但推行了几次改革都没有成功。2013年轮值CEO胡厚崑和干部部部长吕克亲自在广州办事处（以下简称广办）实行改革。改革自下而上进行，吕克回忆了授权改革的经过：

我们对广办的人说，公司把这个业务给你们，你们告诉我们要什么权力。广办就输出几百项的权力清单，我们拿回来跟机关部门讲："你们告诉我们哪些权力可以授，哪些不能授，不能授的原因是什么。"然后我们再拿到变革总体技术组去讨论为什么不能授。所有人都知道如果不授权，就要到许多大领导面前去讲为什么不授权。因为公司的导向就是要授权，所以大家被逼无奈也就只好授权，这样一来权力就授下去了。①

权力授下去了，责任也跟着授下去。得到授权的部门更紧张了，如果再做不好，就没话说了。广办改革成功之后，其他办事处也对照进行改革。改革之后，华为整体工作效率得到很大的提升。授权前，一个月600单的合同，广办能自己决策的不到5%，需要一个半月处理完。授权后，广办自行处理70%～80%的合同，10%～20%的合同由地区部处理，整个处理时间缩短了3～5天。当然，2013年能够授权成功，和华为已经健全的财务管控体系有很大关系，与办事处领导都是持股员工也有很大的关系。授权后，会存在两种情况：若决策人没有主人翁心态，则权力的执行会变样；若没有财务管控体系，则容

① 田涛. 华为访谈录[M]. 北京：中信出版社，2021：24-25.

易产生财务风险。

五、组织激活，华为登顶

华为在2010—2013年实施的各种改革，包括“云管端”战略升级、反周期成长、集体领导、权力下放、薪酬改革和股权改革等，激活了组织，极大调动了新老员工的积极性，华为再次爆发出强大的生命力，再次进入高速成长期。

2013年之前华为往海外派人都派不出去，2014年后派去非洲的员工都不想回来。从都不想出去到根本不想回来，为什么会发生180度转弯？原来大家都想在好地方待着，因为好地方收入更多，生活又好又轻松。2014年，华为开始落实获取分享制，全面推行TUP制度。员工在非洲工作有相应的薪酬、配股标准，而且有艰苦补贴，还有艰苦TUP。员工在非洲工作收入更高，更容易升职，当然就不愿意回来了。

2014年，华为终端Mate7研发团队为了使大屏高质量定型，决定把物料放在120℃的烤箱里烤两个小时。为了赶进度，工程师们直接进厂房，戴专用手套取物料。若干个高温烤箱让整个厂房像一个桑拿房，异常闷热。就在这种情况下，工程师们一天还要进去好几次，等到手机出厂的时候，这些工程师都瘦了一圈。

经过5年的努力，华为终端业务终结硕果。华为自主研发的Kirin麒麟芯片2012年投入商用，从起初不被看好，到成为华为产品独特竞争力；华为全球品牌知名度从转型初期在中国不足3%，提升到2017年全球的86%，这意味着全世界每10人中有9个知道华为品牌。2014年，华为成为Interbrand发布的“全球最佳品牌100强”中首家中国内地上榜品牌，排名第94位，随后几年提升至第70位。自2015年以来，华为稳坐全球Top3智能手机厂商阵营，目前4 000元以上高档手机仅剩华为和苹果两家公司在竞争角逐。2017年，华为“荣耀”品牌以中国销量和销售收入双冠纪录，登顶中国互联网手机第一品牌。华为终端业务成为近几年华为销售收入增长的主要来源。

从图1-7可以非常明显地看出，2013年是一个明显的分水岭。2013年，华为超越爱立信，首次在全球通信设备行业排名第一，完成了任正非在通信设备行业登顶的梦想。

在获取分享制和TUP的激励下，华为人仍然奋力前行。2018年，华为一骑绝尘，销售收入超过千亿美元，比排在第二名的诺基亚、第三名的爱立信和第四名的中兴三家加起来的总额还要多。

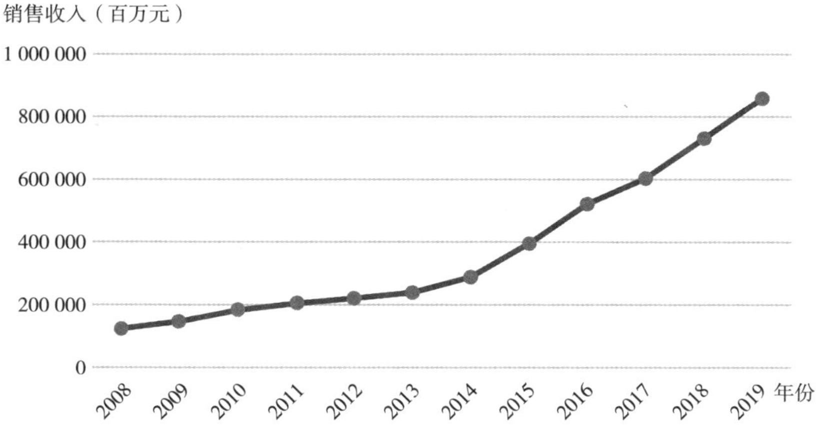

图1-7　华为2008—2019年销售收入增长图

数据来源：华为历年年报。

第8节　美国打压危机——ESOP1

2018年，华为业绩稳健增长：实现全球销售收入7 212亿元，同比增长19.5%；实现净利润593亿元，同比增长25.1%，首次进入千亿美元企业行列。随着各国5G商用进程的加快，华为5G技术的优势地位突显。2018年，华为在运营商领域迎来一个高速增长的阶段，消费者业务高速发展和企业业务稳步增长。华为的高歌猛进引发了美国政府的深度担忧。

一、美国打压，华为受困

一方面，美国限制华为进入其国内市场。先是华为的合作伙伴美国电报电话公司单方面取消与华为的合作，之后华为又失去了零售商百思买的支持，接着美国国防部又禁止华为在美军基地销售华为手机……另一方面，美国向其他国家施压。澳大利亚、英国、日本等国家的运营商纷纷终止或拒绝了与华为的5G合作。

美国在中兴事件之后将矛头对准了华为。2018年4月，美国司法部调查华为是否违反伊朗出口禁令。2018年12月1日，华为CFO孟晚舟在温哥华转机时遭到加拿大无端拘押，华为面临巨大的危机。

2019年5月15日，美国总统特朗普签署了一份行政命令，要求美国进入紧急状态。在紧急状态下，美国企业不得使用对国家安全构成风险的企业所生产的电信设备。5月17日，华为被列入了美国商务部工业和安全局（BIS）的实体清单（Entity list）。美国公司被禁止在未经政府许可下向华为销售软硬件产品和技术，包括美国制造产品及一部分含有美国技术的外国制品，且仅给予华为及其合作伙伴90天的临时许可。

风暴最终还是来了，来得那么快、那么猛烈。此消息一出，各种坏消息也纷至沓来。之后几天，多家企业发表声明，停止和华为的合作。2019年5月20日，路透社报道，谷歌已经暂停与华为之间的软硬件业务。华为只能使用安卓开源系统，凡涉及谷歌服务，诸如YouTube、Google Play等均无法使用。相关数据显示，2018年，华为手机全球销量为2.06亿台，其中海外销量的占比达到了48%，将近一半的份额。无法使用谷歌的全球移动通信系统，对华为的海外市场来说无疑是致命的打击。继谷歌之后，英特尔、高通、赛灵思、博通等美国芯片厂商也宣布停止与华为合作。为华为提供芯片架构的ARM公司，也在这个时候“抛弃”了华为。

黑云压城，四面楚歌，华为似乎已经到了最危急的时刻。2018年，中兴在美国的经营活动受到严厉打压。不少人以为，华为会为求生存而卑躬屈膝，然而它挺直了脊梁。

2019年5月19日凌晨，华为海思总裁何庭波在华为心声社区发表的《致员工的一封信》，一时间在网上疯传，信中华为永不屈服的意志和必将战胜困难、实现科技自立的决心让所有心系华为的人无不心潮澎湃。

今天，是历史的选择，所有我们曾经打造的备胎，一夜之间全部转“正”！多年心血，在一夜之间兑现为公司对于客户持续服务的承诺。是的，这些努力，已经连成一片，挽狂澜于既倒，确保了公司大部分产品的战略安全，大部分产品的连续供应！今天，这个至暗的日子，是每一位海思的平凡儿女成为时代英雄的日子！

同时，任正非接受日本媒体的采访时更是明确表示，华为和中兴是完全不同的公司，华为绝不会走中兴的路。华为面对如此困境，如何破局？任正非认为，只要华为人还在，华为人的信心还在，华为就能战胜美国的打压，很好地生存下去。2019年5月21日，他在接受中国媒体采访时说：

我讲两个故事，关于第二次世界大战时的德国和日本。德国因为不投降，最后被炸得片瓦未存。除了雅尔塔会议场地被留下用于开会，其余地方全被炸成平地。日本也受到了强烈轰炸，如果不投降，美军也要将其全部炸平。最终日本采取了妥协的方法，保留天皇，投降。日本没有被完全摧毁，但是大量的工业基础被摧毁。当时有一个著名的口号："什么都没有了，只要人还在，就可以重振雄风。"没过多少年德国就振兴了，所有房子都修复得跟过去差不多。日本的经济也快速恢复，这得益于他们的人才，得益于他们的教育，得益于他们的基础。所有一切失去了，不能失去的是"人"，人的素质、人的技能、人的信心很重要。①

那如何才能留住人才、树立员工信心，让员工众志成城、共渡难关呢？关键时刻，华为在股权激励上做足了文章，给足了诚意。华为特殊时期的股权政策主要分为以下三个方面（详见二、三、四）。

二、高额分红，增强信心

2020年3月31日，华为发布的2019年年报显示，华为2019年销售收入为8 588亿元，同比增长19.1%，其中：运营商业务销售收入

① 《华为人》编辑部. 任正非接受中国媒体采访纪要[EB/OL].（2019-5-21）[2021-7-26]. http://app.huawei.com/paper/newspaper/newsPaperPage.do?method=showSelNewsInfo&cateId=12549&pageId=15806&infoId=39423&sortId=1&commentLanguage=1&search_result=3.

2 967亿元，同比增长3.8%；企业业务销售收入897亿元，同比增长8.6%；消费者业务销售收入4 673亿元，同比增长34.0%。在近乎全年都处于美国打压的情况下，华为还能够保持如此好的成绩，交出一份如此喜人的答卷，其未雨绸缪的备胎计划、软硬件层面完善的部署以及“财散人聚”的股权机制可谓居功至伟。

美国的打压使华为遭遇危机，华为员工预期2019年的股权收益可能不佳。但2020年4月，华为对2019年的收益实行全额分红的政策，每股分红高达2.21元。这是自2011年分红达到2.98元后，最近八年最高的分红了。

2020年的高额分红大大超出了员工的普遍期待，再次激励了全体员工，也在网上引起热议，让其他公司的员工羡慕不已。华为实行全额分红的目的有两个：一是为了回报2019年入股的员工，他们在2019年10月底出资，不到半年即获得了丰厚的回报；二是为了向全公司乃至全社会传递华为的信心，华为并没有因为美国的打压而坐以待毙。

三、普惠股权，留住人才

随着美国打压力度的不断加大，2020年，华为面临更多的困难。为了留住员工，2020年4月，华为推广了一项股权激励方案——ESOP1制度。ESOP1可称得上是普惠版的虚拟受限股。在华为，虚拟受限股也被称为ESOP，ESOP是员工持股计划的英文简称。获得ESOP1，员工即可享受与虚拟受限股同样的分红权和增值权。ESOP1与虚拟受限股相比，留住人才的意图非常明显。此前虽然已有ESOP1制度，但ESOP1发行量甚少。此次则大量发行ESOP1，数量超过20亿股。

其实，ESOP1并非2020年的新政策，2017年华为在试点从低职级员工的总收入中提取20%去购股。员工只要干得好，就可以多拿奖金，以总收入的20%购虚拟股，相当于通过股份支付的方式兑现20%的工资，这一做法后来就演变成了ESOP1制度。有的员工前几年就获得了ESOP1，并在2020年退休时被保留，但ESOP1进入普通员工的视野则是2020年的大规模授予。

首先，从准入门槛来看，ESOP1比虚拟受限股对工龄的要求更高，而对考核的要求更低。虚拟受限股要求3年以上工龄，而ESOP1却要求5年以上工龄。对于考核来说，虚拟受限股需要业绩优秀的员工才可以配股，而ESOP1则是只要不是业绩最差的、不是排在末尾的员工就可以配股。ESOP1的准入条件设计，明显更侧重于留住员工。

其次，ESOP1比虚拟受限股的受众面更广。除了考核，ESOP1不对级别作出要求，不像虚拟受限股那样需要15级及以上员工才可以获得。只要满5年工龄，不论级别，均可获得数量不等的ESOP1。这种条件的设计，就是希望更多的老员工与公司形成命运共同体。关键时刻，华为需要上下同心。

最后，ESOP1的保留条件更加宽松，对于员工的吸引力更大。无须等到45周岁退休，只需要工龄满8年的员工所获得的ESOP1即可终身保留。工龄满8年并非难事，因为授予的基本条件是已经满5年工龄，所以员工最多再工作3年即可。宽松的保留条件让员工享受未来几十年的长期收益，对持股员工来说是一种巨大的回报，同时也是一种巨大的压力。华为员工必须齐心协力共渡难关，否则保留的虚拟股票又有何意义？此外，ESOP1允许长期获取分红，这也是为了弥补困难时期分红不可避免下降的情况。

可以发现，华为一反常态，不看考核，不看级别，只看工龄，而且给予宽松的保留条件，留住员工的意图十分明显。很多员工也认为华为此举在于绑定员工，因此，老员工们都非常乐意购买ESOP1，很少有员工不愿意购买的。

值得一提的是，购买ESOP1和发放虚拟受限股分红都是在4月，华为先发放分红，再让员工购买股份，诚意十足。若让员工先买ESOP1，再进行分红，员工就会觉得分红的钱是拿自己的出资款分的。而先分红再投入，员工就会感觉分红是去年的盈利，而投入则是拿盈利再投入，即既感觉赚了钱，又感觉新股票不用花钱买。先后顺序一颠倒，效果相差十万八千里。可见，在实施股权激励时，细节十分关键。

2021年4月，华为继续实施ESOP1激励，此次增发数量达到24亿股，增发比例达到7%左右。可以预见在这关键的两三年中，华为仍将继续发放ESOP1，与更多华为“战士”结成命运共同体。只要员工为华为奋斗，扛过这艰难的三五年，华为就会为员工保留ESOP1，让他们终身享受华为成长带来的收益。如果你是华为员工，是会坚守，与华为并肩作战，还是会离开？在华为的奋斗文化和股权激励制度以及长期形成的使命感下，大部分员工选择了坚守。

四、大量配股，深度绑定

2018年，华为为了让更多的人加入命运共同体，更倾向于配股给没有持股的员工，持股员工人数因此增加了15 950人。华为在分红时对已持股员工做了大量的送股，送股比例高达23%，即每股送0.23股。因此，2018年的股份总数增加58.0亿股，总的增发比例高达35%。这种增发数量和比例是史无前例的。

2019年4月分红时，华为按照1：0.2的比例进行送股，即每5股派送1股。这样，增发股份数高达44.5亿股。2019年10月，华为再次发行26.7亿股，由年轻骨干进行认购。2019年全年增发股份数量超过71.0亿股，增发比例达到32%。华为此举主要不是为了融资，因为任正非认为股权融资的成本非常高，而债权融资的成本很低。2019年9月，华为公开发行三年期债券30亿元，利率仅为3.48%，相比华为股权的投资回报率36%来说，连零头都不到。华为大量增发股份，更重要的是想与员工形成命运共同体。

2020年10月，华为照例进行虚拟受限股配股，即使上半年已经发行过大量的ESOP1，这次虚拟受限股的配股数量仍然不少，总数达到25.5亿股，占总股数的比例为7%。加上4月发行的ESOP1，华为全年共发行的虚拟股票数量接近47.0亿股。按照每股7.85元计算，内部融资额度达到369亿元。

2018—2020年，华为这三年间配股总量共计176.2亿股，超过了华为从1990年到2017年27年间发行的股份总量。按照每股7.85元计算，华为融资1 383亿元。这就是危机下的华为股权激励方案。

在应对美国5G危机中，任正非信心满满、坚决不屈服的底气来自哪里？正是全体持股员工作为华为坚强的后盾，保障华为打赢这场战争。在美国实体清单出台后，很多微信群里转发了以下内容。

我和我的同事们从上周末开始都已经进入战时状态，这一仗，华为不能输也不会输，我们这十八万人一定会改写世界科技发展史。

经过两天的思考，我非常抱歉地告诉您，我决定放弃此次阿里的录用机会。我在华为工作了15年，如果在这个时候离开，我觉得自己像一个逃兵。也许明年甚至未来几年没有年终奖和分红，我大不了陪公司白干几年，人生又有几次机会能亲历这种战争呢？

华为和阿里巴巴都是非常伟大的公司，希望以后我们还有机会见面互相探讨业务。而此时，我需要站好我的岗。祝福华为，祝福阿里，祝福中国所有实干的高科技企业！

2020年7月1日微博上有这样一条消息：

刚才跟一位在华为工作的朋友吃午饭，我问他你们这么累为什么不与美国人合作？他回答说：老板有强烈的家国情怀，现在华为上下都铆足了劲要打赢这场战役。内部已到45岁退休年龄的人纷纷申请延迟退休，很多已经退休离开华为的人申请不要工资回华为做贡献，很多来华为应聘的人也表示愿意降薪来华为，只为了不错过这样一辈子难得一遇的重大战役，这是一生的骄傲。听到内部人讲到这个情况，我还是很震惊的。①

华为退休员工为何不要工资也要回来？一方面，退休员工对华为存有炙热的感情，那里有他的青春和梦想，他不希望华为倒闭。另一方面，退休员工每年还依赖华为生生不息的发展来享受大量的分红。一旦华为倒闭，他坐享分红的日子不复存在。为什么内部员工到了退休年龄还要继续奋斗？因为只有华为安然无恙，持股员工才能安心退休。

可见，在危机来临之时，若华为没有这么多的持股员工，员工们必定人心惶惶，绝不会像现在这般众志成城，共渡难关。中国上市协会会长宋志平在接受采访时也曾说过：

华为有这种"财散人聚"的机制，使得它众志成城。假定华为没有这种机制，在高压下可能已经溃不成军。

除了"财散人聚"的机制，华为还有股权机制所孕育的合伙人

① 飞翔的小乌龟（雪球网用户）网贴. [EB/OL].（2020-07-01）[2021-07-26]. https://xueqiu.com/ 6410129477/152709123.

文化、奋斗文化。正如世界上没有两片完全相同的树叶，每个人的理想也各不相同。但华为巧妙地通过股权机制，承载和包容了员工的个人理想，并最终汇聚成华为为全人类服务的理想。由此，每个个体在华为这样的机制和平台之下都能拥有金钱和成就。在此基础之上孕育的合伙人文化和奋斗文化，也正是华为几十年来“在几百人时对准同一个‘城墙口’冲锋，在几千人时仍然对准同一个‘城墙口’冲锋，现在几万人、十几万人时还是对准同一个‘城墙口’冲锋”①的原因所在。

五、华为突围，指日可待

华为虽然面对巨大危机，但生机尚存，未来可期。中国拥有世界第一大市场。半导体产业链虽然相对落后，但相对完整——设计端有海思半导体、豪威科技、汇顶科技、紫光展锐等，制造端有中芯国际、长江储存等，原材料端有沪硅产业、安集科技等……这些企业虽然在很多环节上较为落后，但在国家大力扶持半导体行业的政策下，获得了较好的成长环境。通过一定量的订单和资金的不断输送，良好的生态就能形成。这些企业的技术水平和产品质量也会不断提升，甚至在未来可堪大用。在国际市场上，截至2020年9月，华为已经获得了92个5G订单，其技术能力在国际市场上依然广受认可。

正如在美国宣布打压升级之后，华为于心声社区发布的文章所说的一样：“没有伤痕累累，哪来的皮糙肉厚，自古英雄多磨难。”2021年，华为比2020年更加困难，但我们相信华为在以任正非为首的管理层的带领下和全体员工的努力下，一定能够走出困境。

---

① 华为公共及政府事务部. 采访实录第五册[EB/OL].（2019-8-15）[2021-7-26]. https://www-file.huawei.com/-/media/corp/facts/interview/caifang-zhongwen/inhisownwordsdialogueswithren%20cn5.pdf?la=en.

本章小结

华为成长至今，历经九九八十一难，时时充满危机。1987年，任正非筹集1.6万元成立了华为。华为一出生就面临着生存危机，任正非一直想的事情就是华为如何活下去。任正非一直以来都有很强的危机意识，而这种危机意识来自华为成长中的现实。

1990—1994年，研发转型危机。

1996—1998年，管理规范危机。

2000—2002年，网络泡沫危机。

2003—2004年，思科阻击危机。

2005—2006年，市场饱和危机。

2008—2009年，全球金融危机。

2011—2013年，员工惰怠危机。

2018—至今，美国打压危机。

除了八大危机，华为还有很多不为外人所知的各种危机。

华为历经危机，却总能转危为机，依靠的是全体持股员工团结一致和共渡难关。华为员工持股30余年的历程，用实践诠释了什么是命运共同体。每到危急关头，华为总是运用股权的力量，让更多的员工加入华为命运共同体中，以共渡难关。

30余年来，华为不断成长壮大，一路上也遇到了超出想象的艰难险阻，几乎每隔几年都会遇到一个大的发展危机。而每到危急时刻，华为总是加强激励力度。通过修改员工持股制度，华为加大员工股权激励力度，以适应当时的发展情况。虽然华为每次的转折与发展是各种因素共同成就的，但华为的股权激励制度却是激励员工或者不让员工惰怠的关键因素，是华为发展的根本动力，股权改革对于华为度过危机来说至关重要。

在八次危机当中，华为的股权激励制度随之不断变化与调整。在1990年至2020年30年的股权激励历程中，华为员工持股制度共经历了五个发展阶段，即内部股阶段，虚拟股票期权阶段，虚拟受限股阶段，虚拟受限股与TUP并行阶段，虚拟受限股、TUP与ESOP1并行阶段。虚拟受限股又历经了MBO虚拟股、虚拟受限股、退休保留虚拟股票、饱和配股、奖励配股等各种配套机制的变革。通过八次危机的介绍，我们可以理解华为每一次股权调整的背景、目的，从而理解华为股权运行的基本原理与机制。

第2章

奋斗者动力之源

本章导读

我创建公司时设计了员工持股制度，通过利益分享，团结起员工……这种无意中插的花，今天竟然开放得如此鲜艳，成就华为的大事业。①

——任正非

华为从1.6万元起步到年销售收入近万亿元，短短30余年，从草根成长为世界电信行业的领头羊，成为中国人心中的骄傲，可谓企业发展史上的奇迹！这一奇迹是如何创造的，引发了无数人的好奇和探究。

有人说，华为成功的秘诀在于任正非的战略正确。诚然，任正非是一个伟大的战略家，然而，他也有失误甚至重大失误的时候。从1998年到2002年，任正非的战略连番失误，内忧外患之下，华为差点崩溃，幸而“骨干们在茫茫黑暗中点燃自己的心，照亮前进的路程，不然公司早就没有了”。当他战略失误时，有人出来纠正，所以后来华为也做了小灵通，做了手机；当他战略失败，公司陷入困境

① 任正非. 一江春水向东流[J]. 军工文化，2020（6）：86-89.

时，有人挺身而出力挽逛澜。而很多企业家战略失误时，员工眼睁睁看着公司往水里跳，从而陷入困境。两者的差别是什么？任正非的魅力在哪里？

有人说，华为研发投入多，连续30余年共8 000多亿元的巨额研发投入成就了华为这个科技巨头。华为的研发资金从何而来？华为为何能够连续30余年如此大规模地投入研发？在美国打压之下，华为的研发投入不降反升？

华为的管理很健全，这是华为领先于国内其他企业之处。然而，在1998年邀请IBM做咨询之前，华为也是野蛮生长。华为凭什么成为国内同行业翘楚？IBM教会了华为什么？华为管理的根基到底是什么？

有人说，华为的文化是以客户为中心，以奋斗者为本，长期坚持艰苦奋斗，这是华为成功的根基。这种观点完全正确，连任正非也如此认为。然而，华为文化的范围太广太深，说起来终究有含糊之处。华为的员工为什么能够长期坚持艰苦奋斗？为什么能够以客户为中心？以奋斗者为本的核心机制又是什么？

我们发现这与华为的普遍员工持股制度密切相关。华为员工持股制度是其奋斗者动力之源。任正非坦陈：

> 我为什么要把股权分给大家？华为是科技企业，要更多的聪明人、有理想的人一起做事，所以就只能一起抱团，同甘共苦。越是老一代的创业者和高层领导干部，越要想到自觉奉献。只有不断地主动稀释自己的股票，才能激励更多的人加入华为的事业中一起奋斗……①

① 田涛，吴春波．下一个倒下的会不会是华为：故事、哲学与华为的兴衰逻辑（珍藏版）[M]. 北京：中信出版社，2016：88.

本章为您揭开华为成功的秘密，并剖析员工持股制度如何让华为生生不息。

第1节　华为股权激励制度的地位

1987年9月，怀揣3 000元复员费的任正非好不容易找了5个人，集资1.6万元，成立了华为技术有限公司。从1988年开始代理香港的小型交换机，到自主研发小型交换机，再到进军程控交换机市场，华为每一步都异常艰难。20世纪90年代初，中国电信市场被跨国公司全面垄断，从“七国八制”发展到“八国九制”，华为站在通信设备市场上，环顾四周，感觉自己就像一只蚂蚁站在一群大象（跨国公司）中间，生怕一不小心被大象踩死。但谁曾料到，25年后，这只小蚂蚁竟然成长为最大的大象！

一、华为创造奇迹

华为是一家全球领先的信息和通信技术基础设施和智能终端提供商。华为不仅是一家手机厂商、电信设备提供商，而且是一家综合实力强的科技巨头，是当前中国科技领域最强的跨国公司。

华为30余年成长史堪称企业发展史上的奇迹，其表现如下：

首先，华为的成长速度之快世所罕见。营业收入从1988年的553万元到2020年的8 914亿元，年复合增长率为42%，30余年增长了16

万倍之多！而且，华为始终保持高速成长。

华为仅用20年的光阴，从2G时代的跟随者、3G时代的挑战者，到4G时代的领先者、5G时代的领导者，书写了一段难忘的传奇！

其次，华为服务范围之广令人叹服。华为服务170多个国家和地区，全球每天有超过30亿人用华为建设的网络接通电话，实现互联互通。华为手机畅销全球，几乎有人的地方就有华为手机。

再次，华为先进产品之多令人刮目相看。在高手如云的情况下，华为在很多领域都名列前茅。

最后，华为成长难度之大令人惊叹，从1.6万元起家，没有任何资源与背景，要对抗3家颇有底子的国企和9家国际巨头。华为与巨头竞争，犹如蚍蜉撼大树！但谁曾料到，30余年后，华为拥有的巨大能量。

在语音通信领域，华为的竞争对手如今从九家变成了两家，一家是爱立信，另一家则是由AT&T、摩托罗拉、北电网络、阿尔卡特、西门子、诺基亚合并而成的联合公司。在5G时代，华为已经成为语音通信领域的绝对领导者。在互联网数据通信领域，华为的竞争对手是思科；在终端硬件领域，华为的竞争对手是苹果和三星；在终端软件领域，华为的竞争对手是谷歌和微软；在集成电路领域，华为的竞争对手是高通和三星；在产业互联网和云服务领域，华为的竞争对手是通用电气、谷歌、微软、亚马逊和IBM。因此，很多人说，华为一家干了美国谷歌、苹果、思科、高通、微软、英特尔、IBM的活。

华为在信息和通信技术领域从巨头的包围圈中突围，其难度之大，简直无法想象，但华为做到了！30余年、上千亿资金、20万人，才实现这样的伟大梦想。

正是因为华为创造了如此奇迹，美国才蓄意打压。我们希望探寻华为的成功基因，复制传播这种成功基因，让中华大地上诞生千千万万个“华为”。

二、华为成功基因

华为为什么能够成功，为什么能够创造这样的奇迹？我们认为，创造华为奇迹的正是任正非率领的长期艰苦奋斗的员工。奇迹的背后，是一代代匠心逐梦、薪火相传的年轻人。他们怀着改变世界的渴望，纵然千磨万击不改其志，不断探索、创造，厚积薄发，将梦想一点点变为现实。无论是遥远的西伯利亚，遍布险阻的非洲乞力马扎罗山，8 000米之巅的喜马拉雅山珠穆朗玛峰，零下40摄氏度极寒的南极、北极，还是巴黎、伦敦和悉尼等顶级商业中心，都遍布华为人的足迹。

2006年，华为党委、华为人力资源委员会写下一篇文章——《天道酬勤》，回顾了华为人的艰苦创业历程。

创业初期，我们的研发部从五六个开发人员开始，在没有资源、没有条件的情况下，秉承60年代“两弹一星”艰苦奋斗的精神，以忘我工作、拼搏奉献的老一辈科技工作者为榜样，大家以勤补拙，刻苦攻关，夜以继日地钻研技术方案，开发、验证、测试产品设备……没有假日和周末，更没有白天和夜晚，累了就在垫子上睡一觉，醒来接着干，这就是华为“垫子文化”的起源。虽然今天垫子只是用来午休，但创业初期形成的“垫子文化”记载的老一代华为人的奋斗和拼搏，是我们需要传承的宝贵精神财富。

……

中国是世界上最大的市场，因此，世界巨头都在中国云集。公司创立之初，我们就在自己家门口碰到了全球最激烈的竞争，不得不在市场的夹缝中求生存。当走出国门拓展国际市场时，我们放眼一望，所能看得到的良田沃土，早已被西方公司抢占一空。只有在那些偏远、动乱、自然环境恶劣的地区，他们动作稍慢，投入稍小，我们才有一线机会。为了抓住这最后的机会，无数优秀华为儿女离别故土，远离亲情，奔赴海外，无论是在疾病肆虐的非洲，还是在硝烟未散的伊拉克，或者海啸灾后的印度尼西亚，以及地震后的阿尔及利亚……到处都可以看到华为人奋斗的身影。有的员工在高原缺氧地带开局，爬雪山，越丛林，徒步行走了8天，为服务客户无怨无悔；有的员工在国外遭歹徒袭击，头上缝了30多针，康复后又投入工作；有的员工在飞机失事中幸存，惊魂未定又救助他人，赢得当地政府和人民的尊敬；也有员工在恐怖爆炸中受伤，或几度患疟疾，康复后继续坚守岗位；我们还有3名年轻的非洲籍优秀员工在出差途中因飞机失事不幸罹难，永远地离开了我们……

18年的历程，10年的国际化历程，伴随着汗水、泪水、艰辛、坎坷与牺牲，我们一步步艰难地走过来了，面对漫漫长征路，我们还要坚定地走下去。①

可见，华为人长期艰苦奋斗创造了华为奇迹。然而，支撑华为人长期艰苦奋斗以实现梦想的机制又是什么？很多人说，华为员工之所以努力奋斗，是因为任正非分钱分得好。华为的股权激励制度也是一个重要的分钱机制，持股员工通过虚拟股票分红获得不少收益。

我们认为，股权激励制度绝不仅仅是一个分钱机制，如果仅是钱分得好，不足以让员工和企业同舟共济、共渡难关。股权激励制度是一个共筑梦想、共享权力、共担责任、共享利益的机制。华为的员工持股制度不仅实现了让员工共享利益，而且让员工实现了企业的梦想、个人的梦想。任正非在权力分配上也做了共享的安排，即集体领导

① 华为公司党委，华为公司人力资源委员会. 天道酬勤[EB/OL].（2006-7-21）[2021-7-26]. http://app.huawei.com/paper/newspaper/newsPaperPage.do?method=showSelNewsInfo&cateId=8467&pageId=9756&infoId=18845&sortId=1&commentLanguage=1&search_result=1.

机制与授权机制。员工投入大量的资金，自然形成了共担责任的结果。

以普遍持股制度为核心、以奋斗者为本的机制才是华为成功的基因。正是这种机制保障了一代又一代华为人前赴后继，一点一点打下华为的江山。

2011年，任正非发表《一江春水向东流》一文，回顾华为的创业历程，并总结了华为成功的基因。

> 我创建公司时设计了员工持股制度，通过利益分享，将员工团结起来。那时我还不懂期权制度，更不知道西方在这方面很发达，有多种形式的激励机制。仅凭自己过去的人生挫折，我感悟到与员工分担责任，分享利益。公司创立之初我与我父亲商量过这种做法，得到他的大力支持，他学过经济学。这种无意中插的花，今天竟然开放得如此鲜艳，成就华为的大事业。①

任正非所说的“这种无意中插的花”便是指员工持股制度。创业初期设计的员工持股制度，经过30余年运行，持股员工人数超过12万人，持股比例超过99%，任正非仅有不足1%的股权。作为一家民营企业的创始人和实际控制人，任正非持股比例竟然不到1%，而且近几年还在不断稀释，这是个例。正是任正非的付出成就了华为的大事业。如果当年不分股权出去的话，华为又会怎样呢？任正非的回答是：

> 当年如果不分股份给大家，我们可能就是一个小公司，干一干就散了，重新又去干一个行业。②

---

① 任正非. 一江春水向东流[J]. 军工文化，2020（6）：86–89.

② 华为公共及政府事务部. 任正非接受《华尔街日报》采访纪要[EB/OL].（2019–12–27）[2021–7–26]. https://xinsheng.huawei.com/cn/index.php?app=forum&mod=Detail&act=index&id=4538789&search_result=1.

可见，在任正非看来，员工持股制度成就了华为的大事业，是华为成功的基因，没有员工持股就没有如今的华为。华为的高管也认为员工持股制度是华为成功的核心要素。华为轮值董事长徐直军在回答瑞士记者提问时说道：

很多人问，华为为什么能够走到今天？我也一直在思考这个问题。我认为华为成功的核心要素是利益分享机制，也就是员工持股机制。公司是员工的，员工既是劳动者，又是所有者，员工的利益跟企业的利益紧密结合在一起。因此，公司有一个积极进取、追求商业成功的文化氛围，公司成功对大家都有益。①

孟晚舟在答记者问时也提到了员工持股制度是华为成功的原因。她说：

我个人认为华为的员工持股制度是激励方式。1987年，华为创办时只有不足2万元，一无所有，如果没有员工持股制度，华为是发展不到今天的。只有把员工利益与公司长远利益绑定在一起，华为才能走到今天。华为就是一个合伙制的公司，只不过“伙”多了点，它解决了公司发展中力出一孔（聚焦、合力）、利出一孔的问题。②

不仅任正非、徐直军认为员工持股制度是华为成功的根本原因，在华为顾问田涛教授对华为100多位高管的访谈中，多数人也都认为

---

① 华为公共与政府事务部. 华为高管媒体发声实录第五册 [EB/OL].（2019-9-2）[2021-7-26]. https://www.huawei.com/cn/download?rid={8E0242E6-0016-4167-B96F-4821B86149F8}.

② 丘慧慧. 华为CFO孟晚舟浅笑解密家族和华为真相[EB/OL].（2013-01-22）[2021-07-26]. http://www.mnw.cn/news/digi/278628.html?ivk_sa=1024320u.

“人人做老板，共同打天下”的普遍持股制度才是华为的“核聚变效应”。[①]华为员工持股制度最大的特点就是持股人数众多——超过12万人。正是“工者有其股”的员工持股制度，促使员工集体奋斗，30余年朝着一个“城墙口”冲锋，最终成就华为的大事业！

第2节　华为股权激励制度的作用

任正非和高管们将华为成功的根本原因归结于华为股权激励制度。那么华为股权激励制度又是如何促进华为成功的呢？

我们认为华为股权激励制度从四个方面产生了深层影响：一是普遍员工持股使公司与员工形成利益共同体，促进了企业利润增长；二是普遍员工持股使公司与员工形成命运共同体，风雨同舟、患难与共；三是普遍员工持股提升员工管理参与度，促进华为管理改革，提高生产效率；四是普遍员工持股成为华为集体奋斗文化与集体领导制度基础。

一、扩大投资规模，提升企业利润

（一）不断扩大投资，大量投入研发

2020年，为了与员工共渡难关，华为两次发行虚拟股票，总数

① 田涛，吴春波. 下一个倒下的会不会是华为：故事、哲学与华为的兴衰逻辑（珍藏版）[M]. 北京：中信出版社，2016：89.

量接近47亿股，按照每股7.85元计算，内部融资额度达到368亿元，超过了大部分上市公司首次公开募股的融资额。中国主板上市的公司平均市值为200多亿元，首次公开募股融资额也不过几十亿元。华为员工2020年投入的资金就可以收购两家中等规模的上市公司。

截止到2021年8月，华为共发行388亿股虚拟受限股，按照历年股价推算，员工投资总额接近2 000亿元。这种投资力度，少有企业可以与之匹敌。仅股东投资的规模而言，华为已经超越了国内99%的企业。

正是员工不断大量投入发展资金，华为才能每年投入大量研发资金，不断攀登科技高峰，引领行业潮流。而在华为发展早期，贷款无门的华为更是依靠员工的大量投资才活了下来，并借此得到快速发展。

华为财经管理部总裁方唯一在《实事求是的科研方向与二十年的艰苦努力》一文中，回忆道：

> 公司创业之初，根本没有资金，创业者们把自己的工资、奖金投入公司，每个人只能拿到很微薄的报酬，绝大部分干部、员工常年租住在农民房。正是老一代华为人先生产后生活的奉献，才挺过了公司最困难的岁月，支撑了公司的生存、发展，才有了今天的华为。①

华为员工持之以恒的不断投入是华为能够生生不息的强大物质支持。没有员工的大量投资，华为早已失去发展的源泉，更不可能有如今这番大事业。

---

① 方唯一. 实事求是的科研方向与二十年的艰苦努力——在国家某大型项目论证会上的发言[EB/OL].（2006-11-30）[2021-7-26]. http://app.huawei.com/paper/newspaper/newsPaperPage.do?method=showSelNewsInfo&cateId=8450&pageId=9748&infoId=18773&sortId=1&commentLanguage=1&search_result=1.

（二）节约用人成本，提高企业利润

20世纪90年代，华为的工资待遇还不错，但也仅是相对于一般民营企业而言。华为的工资和爱立信、西门子等外企相比，存在不小差距。

任正非回忆，公司创建之初，员工每月工资200多元，后来才升到300多元。华为前副总裁、人力资源部总监张建国回忆，作为通信专业的硕士毕业生，他1990年进入华为工作，当时的工资是300元。①华为前高管曹贻安回忆，他1991年入职的时候，作为懂交换机的稀缺工程师，后来带头研发出数字局用交换机，当时入职的工资也就350元。②

1997年前后，华为才开始在薪资水平上向国外公司看齐。2000年以后，华为总体薪资水平逐步提高，但比同行高的也不多，甚至有不少部门或岗位低于同行。薪资不是特别有竞争力，华为靠什么招聘员工、留住员工、激励员工？正是员工持股制度所带来的丰厚分红。华为依靠丰厚的分红来提长升薪资竞争力。正因为员工持股制度，华为才在与跨国公司的人才争夺战中没有长期处于明显下风。

假设华为没有员工持股制度，那么为了招聘员工、留住员工和激励员工，其人力成本必然大幅上涨。由于华为的虚拟股票分红的本质是一种股份支付行为，所以如果还原华为真实的人力成本，其利润必然大幅减少。

比如，某工程师的待遇是30万元工资、30万元年终奖、30万元的虚拟股票分红。如果改成30万元工资、60万元年终奖，那么对于员工来说，同样是90万元的收入，但是对于华为来说，利润就少了

---

① 张建国．我是命中注定做人力资源的[EB/OL].（2019-3-27）[2021-7-26]. https://www.sohu.com/a/304044561_11609.

② 曹贻安．在华为打拼杂记[EB/OL].（2019-8-28）[2021-7-26]. https://mp.weixin.qq.com/s/Z8kUILiMSbRH0VrFruEPgw.

30万元。假设有10万个这样的工程师，利润就会减少300亿元。华为通过让员工享受虚拟股票分红的方式大大提高了利润，同时降低了公司的经营风险。如果员工待遇不是部分用分红支付，而是刚性的工资，那么某些年份华为账面上其实是亏损的。

用分红方式支付用人成本，对于企业来说更加安全，因为利润是浮动的：利润高，员工分红就多；利润低，员工分红就少；如果没有利润，员工也就没有分红。2014年担任华为某产品线副总裁的邱恒说：

> 我们不像一般领薪水的打工仔，公司运营得好不好，到了年底我们会感同身受。我们拼命的程度，直接反映在薪资收入上。

从1987年成立至2020年，华为经历了数次危机，比如：2000—2002年，网络泡沫危机；2008—2009年，全球金融危机；2018年至今，美国打压危机。在快速增长或放缓增长阶段，华为的利润从没出现过负值。即使在最为艰难的2002年，销售收入首次出现负增长，利润大幅下滑，华为仍然实现了8.9亿元的净利润。纵观全球大企业，有几家公司在竞争激烈的行业能够做到33年持续赢利，从不亏损？华为持续赢利的秘诀就在于以奋斗者为本的机制。任正非在关于如何与奋斗者分享利益的座谈会上指出：

> 以奋斗者为本，就是你只分享你贡献的一部分，也总要交一点出来。因此，公司不管如何提高员工收入，都不会出现财务风险。[①]

员工分享利润总要给公司留下一部分，所以公司是不可能亏的。

---

① 王京刚. 华为人力资源管理（活用版）[M]. 北京：中国铁道出版社，2017：307.

而发放奖金则相对刚性：奖金少了，员工可能会离职或没有动力干活；奖金多了，公司可能会亏损。员工持股制度让员工分享企业利润，在节约人力成本的同时降低了公司的经营风险，让公司与员工形成利益共同体。员工要想收入高，就要为企业多创造利润。在这种情形下，华为员工主动放弃加班费和年休假，为公司不断奋斗，为公司创造利润。

有观点认为，华为成在普遍员工持股带来的普遍激励，将来也会败于这一股权设计。花无百日红，万一哪天华为发展缓慢了、停滞了，乃至亏损了，员工分红少了或者无红可分了，公司的凝聚力和战斗力就会出现问题。华为顾问田涛教授认为，什么样的制度安排可以确保一家企业在出现大幅、持续的经营危机时，大多数的管理层和员工不动摇、不懈怠、不溃散？上市公司可以做到吗？结论大概是相同的。根本还在于：发展是硬道理，企业唯有健康发展，才有持久的对团队和个人的凝聚力；反过来，发展的前提又是富有普遍激励意义的人力资源政策和良性的组织文化。[①]

我们认为，田涛教授看到了问题的本质。恰恰是普遍员工持股，才避免了华为长期亏损的局面。因为全体持股股东都担心华为出现亏损，所以大家都艰苦奋斗不懈怠。任正非发现，华为日子好的时候员工容易懈怠，危机一来员工反而都提起精神艰苦奋斗。这次美国打压华为，反而激活了华为的组织力。原因就在于，日子好的时候，分红都不会少，而一旦出现危机，员工就可能亏损甚至血本无归，持股员工高度紧张，也就不敢懈怠。任正非经常对员工进行危机教育，提醒员工注意危机，使得华为员工的危机感特别强。为什么其他企业不会像华为这样经常讲危机呢？这是因为华为的员工大部分都是股东，讲

---

① 田涛，吴春波. 下一个倒下的会不会是华为：故事、哲学与华为的兴衰逻辑（珍藏版）[M]. 北京：中信出版社，2016：89.

危机能够激发股东的斗志。若员工不是股东，老板经常讲危机，只会让员工跳槽。可见，正是大规模的员工持股制度保障了华为的长期发展，使华为没有陷入长期亏损境地。

（三）挖掘员工潜力，增强研发实力

《华为基本法》写道：华为没有可以依存的自然资源，唯有在人的头脑中挖掘出大油田、大森林、大煤矿……任正非在北欧媒体圆桌论坛上提到员工持股制度时说：

> 我们是高科技公司，财富在每个人脑袋里，不能都在我的脑袋里。如果把利益都给我，大家都跑光，公司实际上什么都没有了。[①]

要把员工头脑中的财富挖掘出来，除了激励员工，别无他途，而员工持股则是最根本的激励。员工持股制度使华为骨干员工都成为股东，从而有效地激励员工挖掘自身潜力，极大地提升工作效率和工作质量。有些员工为了赶项目进度，常常加班加点、不眠不休。华为能够在市场上获得客户的信任，与华为的项目进度快、售后服务响应快有很大关系。

1996年春节，使用国外设备的河北张家口电信局突然出现网络瘫痪。由于春节期间技术人员都已放假，情况紧急之下该电信局人员向华为河北用户服务中心发出求助。得到这个消息后，华为技术人员立刻冒着大雪出发，半夜赶到张家口紧急救援。通话很快恢复正常，该电信局人员非常感动。两家公司由此结下了深厚的友谊。后来，河

---

① 华为公共及政府事务部. 任正非接受北欧媒体采访纪要[EB/OL].（2019-10-15）[2021-7-26]. https://xinsheng.huawei.com/cn/index.php?app=forum&mod=Detail&act=index&id=4471315&search_result=2.

北省邮电管理局也逐渐以华为的设备取代了其他国外设备。[①]

春节期间，外资企业的员工已经休假了，而华为员工仍在坚守岗位，并且愿意冒着大雪为还不是客户的用户服务，如何不让人感动！华为售后服务的响应速度快，这在华为早期开拓市场时，起了至关重要的作用。华为董事会秘书江西生回忆说：

当时我们的产品质量不稳定，但西方企业的产品相对来说更稳定。它们的产品几个月坏一次，要一两个月才能修好。我们的产品一两个月坏一次，但我们的工程师随叫随到，客户的体验不一样。[②]

华为正是通过员工持股制度，激发了员工的潜能，使员工在研发方面不断取得突破，在销售方面不断取得客户认可，最终引领了市场。

二、形成命运共同体，实现长期发展

知识分子思想活跃、个性独立，要领导、团结和凝聚他们相当困难，但华为却团结了十几万名知识型员工，打造了一支战无不胜、攻无不克的强大铁军，可谓是一个奇迹！其秘诀就在于通过员工持股制度，让老板、公司与员工形成命运共同体。彭剑锋教授在《华为基本法》的辅导报告中写道：

华为通过全员持股及利润分享制建立起具有华为特色的智力劳动

① 杨少龙. 华为靠什么：任正非创业史与华为成长揭秘[M]. 北京：中信出版社，2014：029.

② 田涛. 华为访谈录[M]. 北京：中信出版社，2020：8.

合作制，形成命运共同体。这就从根本上结束了劳动与资本的对立，同时大大减少一般企业出现的内耗，最大限度地激发人的智慧，并使企业内部劳资关系变得和谐，从而推动企业向前发展。①

华为与员工形成命运共同体，体现在以下两个方面。

（一）留住核心骨干，形成中流砥柱

华为能够度过历次危机，在美国打压下，还能屹立不倒，其关键就在于始终有一批核心骨干不离不弃，成为公司的中流砥柱。任正非在1995年的总结大会上讲道：

由于资金的不平衡，公司一次又一次地面临危机，一次又一次被推到危险的边缘。是谁挽救了公司，是什么神暗中保佑？是集体奋斗之神，是数千员工及家属之魂托起的气场保佑了公司。②

2002年，华为成立15周年，这一年却是华为最为艰难的一年。公司业绩首次出现负增长，步入了冬天。2019年，华为受到美国打压，不仅没有动摇军心，反而使华为人众志成城，共渡难关，这得益于员工持股制度。徐直军接受媒体采访时解释说：

那时我们挣的钱全部购买公司股份了。这也是“516”③以后华为战斗力如此强，而且还能稳定发展的原因。如果说所有的员工在华为就是一个打工者，仅仅把自己定位为给老板或雇主打工，那么有可能

① 黄卫伟. 走出混沌[M]. 北京：人民邮电出版社，1998：233.
② 张笑恒. 华为内部讲话：你的奋斗终有回报[M]. 北京：民主与建设出版社，2017：50-51.
③ 2019年5月16日，华为被美国政府无端纳入实体清单。

很多员工都会离开华为，谋求其他工作。①

很多员工的简历上只写着华为这一项，从毕业开始就一直在华为工作，有的员工甚至已经在华为工作二三十年了。例如：现任董事会秘书江西生1989年毕业进入华为，到2021年32年工龄；轮值董事长郭平1988年研究生毕业进入华为；公司高级副总裁陈黎芳1995年本科毕业加入华为……这样的人还有很多。还有很多人虽不是一毕业就去华为，但到华为之后便没有离开，上万人在华为干到内部退休。

支撑华为屹立不倒的中流砥柱正是大量持股员工。他们将青春和未来都投注到华为的事业中，没有人愿意华为倒闭。如果华为真的倒下，很多员工不仅梦想破灭，经济上也会受到极大损失。华为顾问田涛教授说：

任正非在把利益分享出去的同时，也把责任和风险分散给了9万多人，从而使得这9万多人只能在一条船上结成命运共同体，一起拼命划桨，不然船沉了众人一起完蛋。②

正因为持股员工对华为注入大量资金、梦想和感情，所以危难之际，大家能够同舟共济，共克时艰。徐直军对瑞士记者说：

由于骨干员工都是公司的所有者，一生的收益绝大部分投入公司。在这种情况下，只要公司存在，那么大家一辈子的心血都存在；如果公司不存在，那么大家一辈子的心血就没了。

---

① 华为公共与政府事务部．华为高管媒体发声实录第五册[EB/OL].（2019-9-2）[2021-7-26]. https://www.huawei.com/cn/download?rid={8E0242E6-0016-4167-B96F-4821B86149F8}.

② 田涛．理念·制度·人[M]．北京：中信出版社，2020：134.

在这种情况下，大家更团结、更加努力工作，我们一定要让这个公司生存下来、发展下去，而且发展得更好。[①]

2000年之前，华为给予员工的报酬只是微薄的基本工资，他们的奖金和分红都重新投入公司发展。任正非也没买房，和太太租了一间30多平方米的西晒房子。《财经》记者采访的大多数华为员工表示在拿到分红后，他们会立即将红利投入购买新的虚拟股票，“因为虚拟股票收益增长的幅度要比工资增长的幅度高得多”。[②]这样，公司利润虽然经过名义上的分配，但实际上已最大限度地积累到公司的运营资金里。在这种高额投资回报之下，员工每年都将赚到手的钱再滚动投入。

正是这种不断发行虚拟股票的方式，让核心骨干人人持股，同呼吸，共命运。1998年出台的《华为基本法》明确规定：我们实行员工持股制度：一方面，普惠认同华为的模范员工，结成公司与员工的利益与命运共同体；另一方面，将不断地使最有责任心与才能的人进入公司的中坚层。

总之，华为员工持股制度，把员工变成股东，形成命运共同体。在发展过程中，华为也有大量的持股员工离职，如今在职员工接近20万人，离职员工超过16万人。大浪淘沙始见金，经过多年的淘汰，留下的核心骨干成了华为的中流砥柱。只要砥柱不倒，华为就会安然无恙，无惧风雨。

---

① 华为公共与政府事务部. 华为高管媒体发声实录第五册[EB/OL].（2019-9-2）[2021-7-26]. https://www.huawei.com/cn/download?rid= {8E0242E6-0016-4167-B96F-4821B86149F8}.

② 明叔亮，胡雯，莫莉，等. 华为股票虚实[J]. 财经，2012（16）：62-71.

（二）关注企业未来，实现长期战略

在企业发展过程中，投资人、员工与公司之间总是或多或少存在长期利益与短期利益的矛盾。普通员工考虑的是短期利益，而作为公司的管理者则要考虑公司的长远利益，如何化解这一矛盾？任正非讲道：

公司考虑的是企业的长远利益，是不断提升企业的长期竞争力。员工主要考虑的是短期利益，因为他们不知道将来还会不会在华为工作。解决这个矛盾就是要在长远利益和短期利益之间找到一个平衡点，于是我们实行了员工股份制。员工从当期效益中得到工资、奖金、退休金、医疗保障，从长远投资中得到股份分红，这避免了员工的短视。①

员工入股成为股东，年年都可以得到股份分红，因此，员工关心企业的长远发展和长期利益，而不是短期利益。这就是华为能够30多年来对着一个“城墙口”冲锋，从而领跑世界通信领域的根本原因。华为员工邱恒说：

一个领死工资的员工，不可能主动去帮客户想出创新的解决方案。华为的员工把自己当成老板，待得越久，领的股份与分红越多，因此，大部分人不会为了追求一两年的短期业绩目标而牺牲客户利益，而是会想尽办法服务好客户，让客户愿意长期与之合作，形成一种正向循环。②

任正非认为，投资人比员工股东更追求短期收益。他在2019年

① 黄卫伟. 以奋斗者为本[M]. 北京：中信出版社，2014：76.
② 王增强，林俊劭. 华为人人是股东[J]. 企业文化（上旬刊），2014（2）：21-26.

的国际媒体圆桌上讲道：

大家都看到，资本至上的公司成功的故事非常少。资本是比较贪婪的，它有利益就赶快拿走，失去对理想的追求。正因为我们是一个私营企业，所以我们才会对理想有孜孜不倦的追求。我们从几百人开始就对准一个“城墙口”冲锋，几千人、几万人、十几万人还是对准同一个“城墙口”冲锋。对着这个“城墙口”，我们每年研发经费的投入已经达到150亿～200亿美元，未来五年总研发经费会超过1 000亿美元。资本公司看好的是一个漂亮的财务报表，我们看好的是未来的产业结构，因此，我们的决策体系是不一样的。我们很简单的，为人类进入信息社会而奋斗。①

任正非在2014年接受英国媒体采访时回答道：

华为把股东、创造者绑在一起，形成长远眼光，不忙于套现，形成了战略力量，造就了华为的今天。②

只有华为持续发展，才能给持股员工带来持续回报。尤其是对于要退休的员工来说，更是如此。因为退休后可以保留虚拟股票终身分红，所以退休员工更希望华为能够长期发展，而不是昙花一现。华为老员工李建国说：

我已经在这个领域干了十五六年，现在已开始找接班人。我们会

---

① 华为家事．任正非接受国际媒体采访纪要[EB/OL].（2019-1-15）[2021-7-26]. https://xinsheng.huawei.com/cn/index.php?app=forum&mod=Detail&act=index&id=4155679&search_result=1.

② 张继辰．华为的绩效管理[M]．深圳：海天出版社，2016：15.

退休、会死去，退休之后公司会保留我们的股票。从自私的角度想，我就要选个好的接班人，保证我们的股票持续升值。[①]

可见，核心高管的大量持股，加之没有外部投资人，使华为能够关注未来，实现长期战略。正是这种压强原则，使华为在十分弱小的情况下，一点一点地赶上并超越了竞争对手。

三、改善管理，增强组织活力

华为能够成为世界500强，成为中国真正意义上第一家跨国公司，离不开其强大的管理体系和财务体系的支撑。华为为何在IBM帮助下建成了国际化的管理体系？我们认为是普遍员工持股制度促进了华为的管理改革，使其建立了先进的管理体系，为其走向全球打下了坚实的基础。员工持股制度对华为管理具有两大意义。

（一）培养大量管理干部，提升员工主动性

华为现在的管理制度很健全，但早期其实和其他小企业一样，管理很松散。任正非在《一江春水向东流》一文中写道：

华为成立之初，我是听任各地“游击队长”们自由发挥的。其实，我也领导不了他们。前十年我几乎没有开过与办公会类似的会议，总是飞到各地去，听取他们的汇报，他们说怎么办就怎么办。我理解他们，支持他们。听听研发人员的发散思维，乱成一团的所谓研发当时简直不可能有清晰的方向，像玻璃窗上的苍蝇，乱碰乱撞。他们听到客户一点点改进的要求，就奋力去找机会……更谈不上

① 田涛. 华为访谈录[M]. 北京：中信出版社，2021：223.

如何去管财务，我根本就不懂财务……1997年，公司内部的思想混乱，主义林立，各路诸侯都显示出他们的实力，公司往何处去，不得要领。[①]

华为在1995年之前没有健全的考核机制，主要依靠模糊评价的方式评价员工。在价值创造、价值评价与价值分配这三个环节中，价值评价的难度最大，但因为华为在价值分配方面做得比较好，分享到位，所以促进了员工的价值创造。价值评价没有科学的机制，只好依靠拍脑袋方式进行模糊评价。早期华为每月都在涨工资，有的员工一年涨了七八次，表现优秀的员工甚至一年涨了12次。直到1995年11月，任正非提出要用3年的时间逐步完善考核机制。1997年，华为引进合益咨询公司，开始建立任职资格评价体系。

1997年，IBM对华为当时的管理现状进行了全面诊断：缺乏准确、前瞻的客户需求关注，反复做无用功，浪费资源，造成高成本；没有跨部门的结构化流程，各部门都有自己的流程，部门之间的流程是靠人工衔接的，运作过程割裂；组织上存在本位主义、部门墙，各自为政，造成内耗；专业技能不足，作业不规范，依赖英雄，这些英雄的成功难以复制；项目计划无效，项目实施混乱，无变更控制，版本泛滥。[②]1998年，华为给IBM顾问介绍组织机构时，连组织图都画得有点乱。[③]

为何管理如此混乱，华为却没有分崩离析或者蛀虫横生，还能取

---

① 任正非. 一江春水向东流[J]. 军工文化，2020，(6)：86-89.

② 程富广，杨愿诚，朱迪. 任正非内部讲话实录[M]. 杭州：浙江人民出版社，2013：35.

③ Arleta Chen. 点燃激情 全身投入到新的变革之旅[EB/OL]. [2021-9-26]. http://app.huawei.com/paper/newspaper/newsPaperPage.do?method=showSelNewsInfo&cateId=8406&pageId=9689&infoId=18599&sortId=1&commentLanguage=1&search_result=4.

得这么好的成就？这得益于两个方面：一是以客户为中心的文化，不管管理如何混乱，山头如何林立，各路诸侯都能以客户为中心，做各自的业务且业务还能快速发展；二是百分之七八十的员工在华为持股，员工持股对华为的发展起了巨大作用。内部股制度让华为的主要骨干和领导成为华为的主人，形成命运共同体。虽然管理混乱，但大家并无私心，为了企业发展全力以赴。有了员工持股，大家才能自觉地以客户为中心。因为不以客户为中心，客户就不会给钱，那么持股员工就没有分红。

华为员工持股制度调动员工主动性，激发员工主人翁精神，降低管理难度，在华为创业阶段起到了弥补管理不足的作用。

此外，员工持股制度培养大量管理干部，提高员工参与管理的关切度，从而大大加强企业管理能力。1997年《员工持股规定》就提出：实施内部股的目的之一是增强员工对管理的参与度。随着企业管理的不断完善，华为员工参与管理的程度越来越深。要让员工真心参与公司管理，必须让员工成为企业的主人。

雇佣制下管理难主要在于这是一种对抗型管理，绝大部分员工不喜欢公司的管理制度，只是迫于压力不得不遵守。因此，容易出现"上有政策，下有对策"的现象，导致很多管理目的落空。而华为却走了一条不同的管理路径，通过把员工变成股东，将对抗型管理转变为协同式管理，从而使得员工主动参与管理，主动实施管理，主动配合管理。

华为顾问田涛教授说："华为与绝大多数企业相比，没有所谓管理人才匮乏问题，在华为从上到下的权力走廊上拥挤着一大批接班者、取代者，他们普遍都既有激情又富有才干，同时个性鲜明。这样的结果源自任正非早期独特的用人思想：充分地释放权力与开放权力。这既满足了一大批年轻知识分子的权力诉求，又在权力试错与冒险中为华为锻造出一支优秀的干部队伍。”[①]

华为股权激励制度是分权制度的根，若没有员工持股制度作为基础，分权制度就成了无根之木。1998年，任正非在讨论《华为基本法》时说：

只有企业的员工真正地认为自己是企业的主人，分权才有了基础，没有这样的基础，权力分下去后就会乱。因此，文化是权力分化的基础，没有认同感，就不能实行分权。[②]

（二）干部能上能下，促进管理改革

华为干部管理最大的特色就是干部能上能下。干部能上能下的原理是耗散理论。任正非认为，一个企业一定要被激活，一定要永远处于一种激活状态，而在这种激活状态下用人是要能变动的，而不是一直往上走或停留，一直往上走就会慢慢形成论资排辈，最终出现创造力和激情缺乏的弊端，而且不利于新血液注入，所以这是一个平衡问题。[③]

曾在华为人力资源部工作多年的汤圣平回忆：

在华为，大多数人都有过数次大范围的岗位轮换。基层员工稍微稳定一点，中高层简直就是“走马灯”。刚刚任命，还没上岗，新的任命就下来了的情况也并不鲜见。华为副总裁也是半年一个样，一年大变样。一个人一会儿成副总裁了，一会儿从“执行”到“常务”了，一会儿到中研部了，一会儿又去海外了。一个副总裁一年任命10次以上算少的，主要职位1年变动1次司空见惯。这两年，华为的

① 田涛.我们为什么要做企业家[M].北京：中信出版社，2020：005.
② 黄卫伟.走出混沌[M].北京：人民邮电出版社，1998：110.
③ 田涛.华为访谈录[M].北京：中信出版社，2021：49.

干部轮换少了很多，但由于华为的职位轮换是在全国乃至全球范围内进行的，一次简单的轮换可能就改变一位员工的生活方式。[①]

干部能上能下很大的作用就是让组织被激活。这个人在这个岗位累了或不合格就下岗，让合格的人来干，让每一个关键岗位都处于被激活的状态，这就是让干部能上能下的本质目的。[②]

干部能上容易，能下就难了，下来后还能再上就难上加难。干部能上能下也可以说是一种折腾，管理改革也是一种折腾。任正非自嘲说，因为管理经验不足，反复烙饼，把很多人烙跑了。这说明要实现这一目标非常困难，会存在很多冲突。纵观全球，也没有几家公司真正做到干部能上能下，而华为却做到了。这是因为很多企业都经不起折腾，但华为却经得起折腾。只有折腾过，才能换来新面貌。华为强调“烧不死的鸟是凤凰”。为什么华为这些员工“烧不死”？干部能上能下机制能够实现的基础是什么呢？

华为高管曹贻安认为股票分红收入高是能上能下的基础，他说：

公司实行员工持股制度，在你努力奋斗的过程中不断地给你增加股份，几年下来你所拥有的股票数使你到年底分红时的分红所得远远多于工资收入。当你年纪大了、干劲不足了，你可以把位置让给更有冲劲的年轻人，而你早期的奋斗成果还能让你继续享受红利。因此，你在公司的职位上上下下很正常，不用觉得下了就难为情。[③]

---

① 汤圣平. 走出华为：一本真正关注中国企业命运的书[M]. 北京：中国社会科学出版社，2004：231.

② 田涛. 华为访谈录[M]. 北京：中信出版社，2021：49.

③ 曹贻安. 在华为打拼杂记 [EB/OL].（2019-8-28）[2021-7-26]. https://mp.weixin.qq.com/s/Z8kUILiMSbR-H0VrFruEPgw.

华为总干部部部长吕克认为：

> 第一个是有文化……在华为大家并非把能上能下看得非常重，从文化的包容性上看好一些，这是第一个原因。第二个原因是待遇，有了自身大利益跟公司利益的捆绑，当需要你牺牲自己局部利益以谋取更大利益时，你也心甘情愿地去做这些事情。如果没有这些利益捆绑，那么让你牺牲短期利益不可想象。就是这两点支撑了能上能下。①

吕克所讲的大利益，就是股权利益。

干部能上能下的案例，典型的如1996年的市场部集体大辞职。在这次大辞职重新应聘当中，有30%的市场部干部被换下来了，包括毛生江和曹贻安这些高管。为了做好这次集体大辞职工作，任正非在事前做了充足准备。华为党委书记陈珠芳回忆了这次事件：

> 在大辞职大会之前，任正非对市场部做了大量的思想工作，组织全公司的中高层干部集体看了一部电影《中国养牛大王》。电影讲的是几个农民创办了一个养牛场的故事。这几个人创业很成功，成了“中国养牛大王”。其中的领头人考虑到公司越做越大，牛已经进入海外市场，光靠创业团队几个“泥腿子”很难支撑公司发展，必须引进专家和职业经理人来管公司。这并不难，难的是如何让在领导岗位上的几个“泥腿子”心情愉悦地光荣让岗。其中主要情节是：领导者召开了一个创业团队的会议，每人发一个银碗，说大家离开领导岗位，继续拿分红，可以在公司找一个合适自己的工作……②

① 田涛.华为访谈录[M].北京：中信出版社，2021：49.

② 田涛.华为访谈录[M].北京：中信出版社，2021：188-189.

任正非让大家看这个故事，意图非常明显。如果员工跟不上公司发展，那么就把岗位让出来，保留虚拟股票，继续拿分红，在公司找一个其他合适的岗位继续干。正因为有了员工持股制度的保障，持股员工能够为了公司的利益而牺牲自己的利益，干部能上能下制度才得以推行。

除了干部能上能下，华为很多管理活动与管理改革都需要依靠华为的虚拟股票机制支撑才能成功。华为总干部部部长吕克说：

如果大家对股票机制产生了怀疑，那么很多华为的管理活动是实现不了的。拿我来说，我因工作失误被降过两次级（同时降薪）。1998年那次，我如果没有股票，可能也走了。当时我觉得不完全是自己的错，为什么委曲求全呢？但就是因为自己还有一大堆的利益跟公司捆绑在一起，这样做对公司是有利的，自己牺牲一点也无所谓。如果没有跟公司利益强有力的捆绑，怎么可能坚持下来？当时华为在执行易岗易薪的时候，跟国外公司去交流，所有外国人都觉得这是不可能的事情。对外国人来说，如果公司把他们的薪酬降下来，那么他们马上就走人了，绝对不可能留下来。

……通过这些我才能真正理解，华为股票是公司所有人员管理动作的一个基点，是一个压舱石。有了这个压舱石，船再怎么开，都翻不了。但如果这个压舱石不在了，或者大家对这个压舱石没有信心了，那么开船就不会那么容易，很多华为的管理政策也就不能很好地落实。这是我对股权分配的一些看法。

华为股票是华为成功的驱动力，是很多人力资源政策能够有效落实的基础。[①]

① 田涛. 华为访谈录[M]. 北京：中信出版社，2021：43.

吕克认为华为虚拟股票是华为的压舱石，这个结论与我们的分析不谋而合。若是缺乏员工持股制度的支持，华为很多轰轰烈烈的管理活动很难实现。比如，2007年闹得沸沸扬扬的员工辞职再入职事件，涉及员工将近7 000人，竟然无一起官司，实在令人惊叹。这背后仍然是普遍员工持股制度的作用。

华为顾问田涛教授认为因为员工是股东，会站在股东的角度思考问题，所以只要是有利于公司的制度员工都会支持。他说：

> 华为文化的本质是“以奋斗者为本”，其具体体现之一则是“奋斗者有其股”。8万多[①]员工集体持股，从根本上决定了华为的利益模式。站在股东的立场思考：如果制度的建立与优化有利于公司的成长，有利于每一位股东，为什么我要抵制和反对呢？即使我被降职了、换岗了、降薪了，但有更优秀、更年轻有为的人替股东们创造更多价值，我何乐而不为呢？何乐而不支持呢？[②]

可见，华为能够引进美国企业管理机制，从一个小作坊华丽转身为服务170多个国家（地区）的跨国公司，得益于强大的管理体系，而强大管理是以普遍员工持股制度作为根基的。员工持股制度提升员工主动性，降低管理难度，培养大量管理人才，支撑了华为的各项管理改革活动，最终让华为成长为中国第一家真正意义上的跨国企业。

---

① 2016年，华为的股东人数为81 144人。2020年，华为的股东人数已增加至121 269人。

② 田涛，吴春波. 下一个倒下的会不会是华为：故事、哲学与华为的兴衰逻辑（珍藏版）[M]. 北京：中信出版社，2016：319.

四、奋斗文化之根，集体制度之基

（一）形成奋斗文化，长期艰苦奋斗

华为奇迹的创造依靠的是一代又一代华为人的集体拼搏与奋斗。正是因为华为人集体奋斗，华为才能在“八国九制”的环境下立足，并且逐步走向海外。华为成长史就是一部华为人可歌可泣的集体奋斗史。

华为人长期艰苦奋斗的传统代代相传，已经成为华为文化的核心，华为由此建立了集体奋斗文化。这种文化被广大企业家所羡慕，被大家俗称为“狼性文化”。很多企业家学习华为，希望把公司员工打造成“狼”，但是大多数企业都没有成功。

2013年，田涛教授访谈华为当时的干部部部长吕克，吕克说：

当时跟客户交流，让我感觉到华为受尊敬与信任的原因不是技术多好，而是自愈能力。不管是哪个地方出了问题，不管谁出了问题，华为都会扑上去把问题解决了。我们内部也是一样，出了问题大家都不会相互推卸责任，市场部的人不会抱怨研发部的产品不行，研发部的人不会抱怨市场部签的单烂。①

为什么华为能培养出集体奋斗文化并长期坚持，而很多企业却无法做到呢？

华为文化的核心是“以客户为中心，以奋斗者为本，长期艰苦奋斗”。我们发现这三者之间存在着因果关系，华为奋斗文化的内在逻辑关系如图2-1所示。

---

① 田涛，吴春波．下一个倒下的会不会是华为：故事、哲学与华为的兴衰逻辑（珍藏版）[M]. 北京：中信出版社，2016：23.

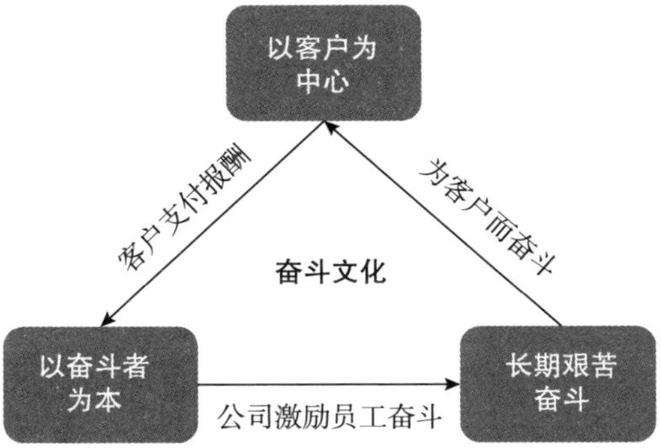

图2-1　华为奋斗文化的内在逻辑关系图

以客户为中心之所以放在第一句，是因为以客户为中心是华为存在的目的和理由，华为主张“为客户服务是公司存在的唯一理由”，以客户为中心也是华为员工长期奋斗的目标。任何奋斗只有以客户为中心才有意义，不为客户而奋斗的努力不是奋斗。客户接受华为服务后，支付报酬给华为，华为才有以奋斗者为本的资源。华为获取利润后，将所得利润用于激励奋斗员工，这就是以奋斗者为本的核心。奋斗员工得到激励后才能长期艰苦奋斗，为客户提供更优质的服务回报客户，客户方能为此支付更高报酬。因此，以客户为中心、以奋斗者为本、长期艰苦奋斗是一个逻辑闭环，在长期的良性循环中不断地螺旋式上升。

从主体角度分析华为奋斗文化三者间的关系（见图2-2），我们会发现，客户是中心，是公司生存的唯一理由，是员工服务的对象。但是，客户在三者的关系中，恰恰是最被动的一个环节。客户虽然对公司有影响力，但却是外在的，公司的发展还得依靠公司内部的推动力。当公司和员工服务不好时，客户更多是选择用脚投票。因此，以客户为中心是最初的出发点，也是最终要实现的结果，但在三者关系中却并非核心。员工是三者关系的纽带，因为事情是员工在做，为企业赚取利润的是员工，为客户提供优质服务的还是员工。员工需要公司的管理和激励，员工不会自发地去为客户服务。长期艰苦奋斗是对员工的要求，但对于公司管理者来说，他无法控制员工，只能构建以奋斗者为本的机制去激励员工为客户长期艰苦奋斗。同时，公司也无法控制客户，但当公司员工全心全意为客户服务时，客户就能长期留在华为。因此，从公司管理角度来看，以奋斗者为本的机制才是维持华为文化的核心，是推动公司、客户、员工三者形成良性关系的原动力。

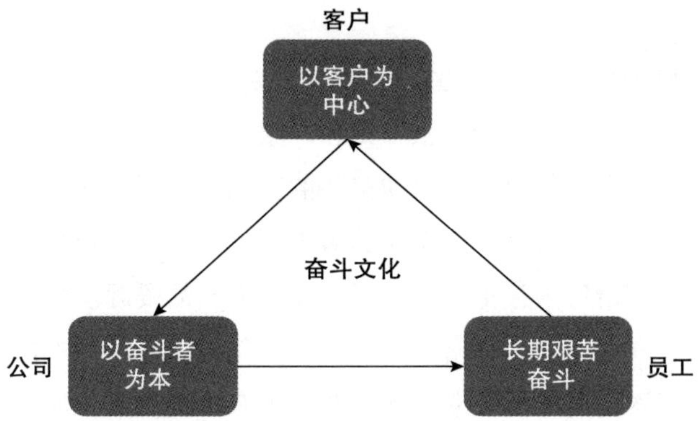

图2-2 从主体角度分析华为奋斗文化

什么是以奋斗者为本？就是工资、奖金、股权、机会都向奋斗者倾斜，以员工的贡献为衡量标准，多劳多得，少劳少得，不让“雷锋”吃亏。在以奋斗者为本的机制中，利益分配最重要的就是股权分配。正是这种以股权分配为核心、以奋斗者为本的机制促使华为员工能够长期艰苦奋斗。

田涛教授认为，华为推崇艰苦奋斗，相对应的功能设计是共享——高出业界水准的薪酬、奖金体系与普遍员工持股共同构成的物质激励，奋斗者与贡献者得到提拔的公平公正的“机会激励”等，从而让奋斗者共同享受公司发展的成果。[1]

若不是以奋斗者为本的机制，怎么会有数万的华为员工奔波在世界各地，驻扎在艰苦地区，在枪林弹雨中前行，没日没夜地持续奋斗！这种以奋斗者为本的机制，还不断吸引很多奋斗者加入华为。正如任正非所言：

> 只要我们构建了一个良好的机制，即使我们目前没有“狼”，好“狼”也会主动来找我们。有了一个好“狼”，就会有一群好的小“狼”。[2]

（二）形成集体领导，实现长治久安

2010年华为首次进入世界500强，2021年排名为第44名。但是任正非并没有松懈，他长期思考的问题是华为能否成为百年企业、下一个倒下的会不会是华为。成为百年企业需要天时、地利、人和，各种条件齐备。

要成为百年企业，绝对不是靠一代优秀领导人，而是代代领导人都必须优秀。这要如何才能实现？早在几百年前，晋商大盛魁就给出了答案：大盛魁之所以能够高速发展两百多年，原因便在于代代掌柜都很优秀。大盛魁掌柜为什么这么厉害？就是因为全员持股制度。在大盛魁，学徒出师就可以顶一份身股，掌柜不外聘员工，只从学徒中选拔。掌柜候选人不是现任掌柜一个人说了算，而是由全体股东选举表决。正是这种机制保障了大盛魁的长盛不衰。大盛魁最后停业（不是破产）主要是由于清朝国力下降，中国的市场被列强瓜分蚕食。

两相比较，我们认为华为的机制比大盛魁更先进。华为的领导人

---

① 田涛，吴春波. 下一个倒下的会不会是华为：故事、哲学与华为的兴衰逻辑（珍藏版）[M]. 北京：中信出版社，2016：18.

② 冠良. 任正非：以奋斗者为本[M]. 深圳：海天出版社，2018：230.

也是通过内部层层选拔上来的，“华为的将军是打出来的”。然而，仅仅依靠传统的内部选拔制度无法保障优秀领导人的遴选，它需要建立在员工持股制度的基础之上。如果员工不是股东，让员工来选择领导人是不靠谱的。如果没有员工持股制度，只有内部选拔机制，那么企业就只能依靠创始人的火眼金睛来识人。创始人一旦选人失误，企业就会陷入衰败。相较之下，由持股员工选择领导人的制度自然比依靠单个领导人选择接班人的制度更加稳健。

优秀的人也难免会犯错误。为了避免出现这个问题，华为构建了一套自上而下的集体领导机制，不再将企业的兴衰寄予一人身上。这么做避免了CEO强则企业强，CEO弱则企业弱的现象。这就是华为的制度比大盛魁更先进的地方。华为实行的是集体领导、分权制衡的机制。

在华为不是由某个人担任接班人，而是制度性接班、集体接班。这样，华为就从根本上确立了一套长治久安的机制，从而保障华为长期繁荣。华为集体领导机制固然好，一般企业却很难学习，根源便在于制度基础不同。华为是奋斗者集体所有制，60%的员工持有股份，管理层几乎百分之百持股。在这种基础上，集体领导与层层分权的体系才得以建立。

总之，华为员工持股制度是华为集体领导机制的基础。内部选拔、集体领导机制，保障了华为不会大起大落，从而保障其长盛不衰、基业长青。

本章小结

奇迹背后有逻辑。一时成功可以靠运气，一直成功必须靠实力。本章旨在探讨华为成长背后的逻辑，试图探究华为成功的基因，找到学习华为的逻辑起点。我们认为，华为成功的基因是其独特的内部员工持股制度，学习华为应当从学习它的股权激励制度开始。

华为成功的基因在于员工持股制度：员工持股制度扩大了华为的投资规模，提升了华为的利润；让员工与公司形成命运共同体，实现了华为的长期发展；改善了华为的管理，增强了华为的组织活力；是华为奋斗文化之根，集体领导机制之基。如果持股员工不是主体，那么前面四个方面的作用都会下降，如华为对研发的持续大量投入可能就无法持续。

保持奋斗者动力之源，才能培养出大批的奋斗者，才能让奋斗者为客户而奋斗，为梦想而奋斗。

对于想学华为成功秘诀的企业家来说，学习华为，始于股权。

第3章

内部股制度解密

本章导读

如图3-1所示，华为自1990年开始实施股权激励制度，到2000年业绩比没实施股权激励制度的1989年增长了约1 000倍。

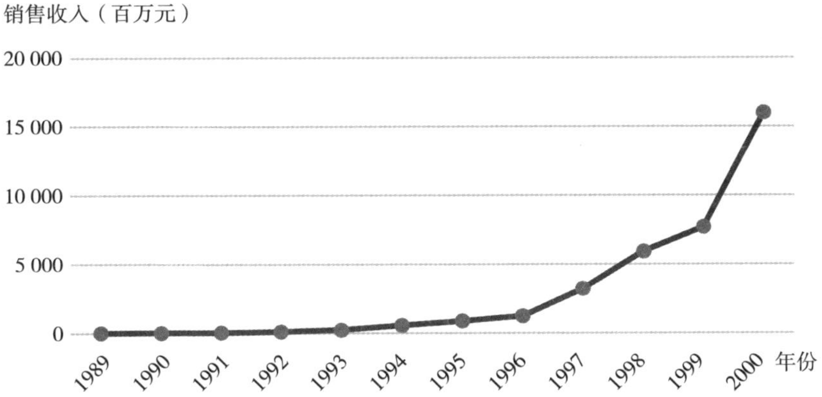

图3-1　1989—2000年华为销售收入增长图

数据来源：华为心声社区[①]。

① 华为公共及政府事务部. 任正非接受《华尔街日报》采访纪要[EB/OL].（2019-12-27）[2021-07-26].https://xinsheng.huawei.com/cn/index.php?app=group&mod=Bbs&act=detail&tid=4538789.

华为采取的到底是什么股权激励模式，为什么能够起到如此巨大的激励效果？我们发现华为早期采取的竟是简单易行的内部股制度。内部股究竟有何魔力，能让华为员工如此痴迷，让没有资源、没有背景、没有高薪、没有品牌的华为，凝聚了数万员工为之奋斗，经过八年奋战，从国内通信领域的草根成为王者？

内部股实施之时，华为员工仅20人，1989年的销售收入为1 500多万元。2000年内部股终止之时，华为员工人数达到16 000人，销售收入达到160亿元。内部股伴随着华为从几十人到上万人、从1 500万元到160亿元的规模成长（国内大多数企业的规模都在这个区间），因此，这个时期的内部股制度非常值得广大企业借鉴。

内部股分为两个阶段，1990年到1996年的探索阶段和1997年到2000年的规范阶段，本章为你揭开规范后的内部股的秘密。

第1节　内部股制度六大要点

1990年，任正非模仿当时流行的内部职工股方式，在华为实施内部员工持股制度。这种不向社会公开只向公司内部职工发的股票，叫内部职工股，简称内部股。[①]

1990年，华为还挂靠在深圳市科技局创业中心名下，名义上是一家集体企业。此时的内部股还处于探索时期，这个时期的内部股实践还没有形成系统性的文件与规则。1997年，华为规范了内部股制度。下文将详细分析1997年华为内部股制度的要点。

一、持股原则

1997年，《员工持股规定》规定的持股原则是“入股自愿、股权平等、收益共享、风险共担”。《关于1997年职工购股有关问题的决定》规定：公司人力资源委员会批准的配股额，职工自愿认购，可以少购，不可多购，也不可为他人购，否则无效。1999年持股原则变为“入股自愿、遵守管理”。

---

① 李幛喆.股东热线（上）[M].北京：改革出版社，1995：85.

1997年和1999年的持股原则都强调入股自愿，华为并不会对不愿意入股的员工进行任何的报复性打压和歧视。在华为股权激励30余年中，并没有人因为拒绝购买股权，而出现降薪、降职、不予重用等各种情况。不过，华为虽然不打压拒绝入股的员工，但在同等条件下会优先扶持入股的员工。例如：如果有一个晋升机会，两个候选人的条件差不多，一个是持股员工，另一个不是，那么不论没有持股的员工是拒绝入股，还是没有认股资格，华为一定会优先选择提拔持股员工。这是人性决定的——持股员工更让人信任，与公司是命运共同体，华为采取这样引导的方式让大家自愿入股。

当然，入股自愿并不是说员工想入股就能入股，是指员工在获得配股资格的情况下，可以选择是否入股。入股自愿，一直是华为股权激励制度所坚持的原则，直到现在仍然延续。

1999年的入股原则不再强调“股权平等”，而是强调“遵守管理”，体现了员工股权具有集体所有的特点，更加符合华为内部股的实际操作情况。

二、激励对象

1997年，《员工持股规定》明确了员工入股条件。

（一）必须是在华为公司或子公司全职工作的正式员工

1997年之前，内部股仅限华为员工购买。1997年起华为与当地电信管理局合资成立了北方华为、天津华为、成都华为、安徽华为、上海华为、浙江华为等子公司，这些子公司的员工也可以认购华为内部股。

任正非要求持股股东必须是全职员工，否则不得配股。只有够主人资格的人才能享受主人的待遇。合作人员只要最终没有确定到公司工作，就不算是主人。退休返聘人员只要全职在岗，也可以享受配股待遇。总之，全职在岗的正式员工是华为入股的基本资格。

（二）岗位级别不限

华为当时实施的是普遍持股政策，对于员工级别没有要求，即使是前台、秘书、司机、厨师都有资格拥有公司的内部股，百分之六七十的员工都是公司的股东。当然，基层员工所持的股份数量与核心员工所持有的完全不可同日而语，否则就陷入了吃大锅饭的泥潭。《华为基本法》明确规定，股权分配要向核心层和中坚层倾斜，股权保持动态合理性。

《华为基本法》第十九条规定：效率优先，兼顾公平，可持续发展，是我们价值分配的基本原则。按劳分配的依据是：能力、责任、贡献和工作态度。按劳分配要充分拉开差距，分配曲线要保持连续和不出现拐点。股权分配的依据是：可持续性贡献、突出才能、品德和所承担的风险。股权分配要向核心层和中坚层倾斜，股权结构要保持动态合理性。按劳分配与按资分配的比例要适当，分配数量和分配比例的增减应以公司的可持续发展为原则。

（三）工作年限不限

在早期华为并无工作满1年的要求，当时华为是每年10月份配股，只要在10月份之前入职的员工都有机会参与配股，哪怕是9月份入职的员工。10月份之后入职的员工因为错过配股期，需要等到第二年10月才能参与配股。

内部股制度实施之初，由于公司人员不多，并且亟须资金，大部分员工都可以分到一定股份。随着员工不断增多，华为内部股配股条件逐步严格，每个员工每年不一定都有配股机会，能否配股要看当年考核情况。

（四）业绩优秀

1998年《华为基本法》规定，股权分配的依据是：可持续性贡献、突出才能、品德和所承担的风险。以上4个指标中最重要的就是可持续性贡献，只有才能而没有贡献的员工是不被认可的，任正非说我们不承认茶壶里的饺子。品德只是获得配股的前提条件。任正非认为，基层员工的股金评定还是要看劳动态度和敬业精神，看他是否能干好本职工作，是否能多打粮食，是否在做实事，是否适合在这个岗位上继续工作。虽然《华为基本法》对股权分配的要求比较高，但在实际操作时配股条件并不高。虽然股权分配的依据包括可持续性贡献和突出才能，但实际上员工并不需要特别突出的才能，考核只要不差，都能获得配股。贡献多少、才能高低才是衡量配股多少的依据。

（五）排除条件：不能在社会上认购其他公司的股票

早在1997年，任正非就在机关干部下基层，走与生产实践相结合道路欢送会上的讲话中指出："在社会购买股票的员工，公司一律不予认股。我认为不仅如此，这些人都是不尽心的干部，还要从高、中级干部岗位退下去。"①

华为规定，凡是购买社会上股票的员工就不能购买公司内部股。为什么要这么做？这是因为华为要保证"利出一孔"，持股员工特别

---

① 任正非. 自强不息，荣辱与共，促进管理的进步——在机关干部下基层，走与生产实践相结合道路欢送会上的讲话[EB/OL].（1997-4-10）[2021-7-26]. http://app.huawei.com/paper/newspaper/newsPaperPage.do?method=showSelNewsInfo&cateId=9396&pageId=12135&infoId=26956&sortId=1&commentLanguage=1&search_result=1.

是高层员工一定要保持“利出一孔”。所谓“利出一孔”，即所有的利益只能在华为得到。“利出一孔”避免了员工三心二意。现在股市交易已经电子化了，员工在手机上就能买卖股票。华为已经很难管控，不再强调禁止炒股，但是员工在上班时间炒股被查到还是要受处罚的。

当然，以上标准并非要生搬硬套，而是要灵活掌握。任正非指出，股金评定不存在一把教条主义的尺子，我们的尺子是可变的。对优秀的新员工，各部门可先推荐出来，最后由公司评议。

三、购买价格

与晋商身股制度不同，华为并未赠送给员工股份，而是需要员工购买。华为内部股与晋商身股最大区别是，华为内部股需要员工出资购买。华为为什么不实施免费的分红权激励或利润分享计划，而是要求员工花钱购买？

（一）出资原因

第一，从现实来看，华为当时实施员工持股制度的背景之一就是创业资金匮乏，需要通过员工持股来达到共同投资的目的。如果员工不出资，华为缺资金，那么华为很难发展，也就没什么利润可以分享。任正非实施股权激励制度的背景与晋商完全不同。晋商实施身股制度之时，已经积累了非常多的财富，并不需要员工出资来解决企业发展问题，只要员工尽心尽力干活就可以分享相应的利润。

第二，从理念上看，任正非实施员工持股制度时，想的就是与“员工分享利润，分担责任”。如果员工不出资，只能达到分享利润的目的，而不能达到分担责任的目的。后来，任正非进一步形成了利益共同体与命运共同体的思想：通过让员工出资，共同分享利润，共同承担风险，使员工与企业、员工与股东形成了利益共同体与命运共同体。因此，即使后来华为不缺少资金了，也一直坚持员工投资购买的原则。

第三，从理论上看，华为在1997年形成了知本主义理论，实行知识资本化。在这种理论指导下，员工凭借知识和贡献获得认股权，通过出资完成认缴义务，成为公司股东参与分红。

第四，从实施效果来看，员工只有出资了，才会更认真对待所持有的股权，也会更珍惜所拥有的股权。因为员工出资了，承担企业发展的风险，他们的努力程度会更高。

（二）定价模式

既然需要出资购买，就涉及股权定价问题。从1990年起至2000年，华为实施内部员工持股方案，为了简便，并未考虑公司净资产增长或者公司价值增长的情况，购买价格长期以来都是每股1元。即使华为的每股净资产远远超过1元，如1993年为5.83元，1994年为4.59元，1995年为3.91元，2001年之前华为也一直保持着每股1元的认购价格。

华为内部股按照每股1元的固定价格买卖，非常易于操作，很适合不容易估值的企业学习。

在1990年实施股权激励时，华为也遇到无法定价的问题，不管是老板还是员工，连什么是估值都不知道。但任正非并不纠结，采取了固定定价的方式。每股1元每年不变，简单方便，不用考虑股权的溢价、增值、贬值等各种问题。

华为1990年为什么不按净资产定价呢？因为随着业务量越来越多，华为的财务能力越来越跟不上。一直到2001年，华为聘请国际著名的会计师事务所花了大半年，才把公司的净资产准确盘点出来。

（三）每股1元

既然采取固定定价方式，那么每股价格固定为1元、2元、3元或者5元哪个比较合适？既然是固定价格，也就意味着股权不会有增值，那么每年的分红回报就是主要参考因素。不管定价是1元还是5元，关键是看员工每投入1元，能够获得多少回报。员工看重的是投资回报率的高低。

那么，投资回报率为多少比较合适？大部分老板会回答10%～20%。一般来说，纯资金投资，这样的投资回报率算是合适的，也符合市场行情。但是实施股权激励，这样的投资回报率是不合适的。因为与纯资金投资不同，股权激励的回报要包含人力资本的价值。以华为的知识资本化理论来说，员工参与分配利润，凭借的是其资金资本，但这里面还含有其知识资本的成分。所以，投资回报率不能简单地按照资金计算。

即使是资金投资，回报率也不能按照10%～20%计算。因为在20世纪90年代投资华为，尤其是1997年之前投资华为，属于风险投资，项目失败的概率非常大。一般来说，风险投资要求的回报率往往比较高，需要在50%以上，甚至要求百分之几百。当然，投资华为没有这么高的风险。采取固定定价的模式回购内部股，员工其实不会承担亏损，只要华为不倒闭就好。因此，员工的投资回报率应该是略低于风险投资回报率。随着华为发展逐步稳健，员工的投资回报率逐年降低。

在同样的投资回报率下，每股定价可以是0.1元，也可以是10元，为什么最终定为1元呢？比如，企业估值5 000万元，我们可以拆分为500万股，每股定价是10元；如果拆分为5 000万股，每股定价是1元；如果拆分为5亿股，每股定价是0.1元。可见，每股价格与拆分的股份数相关，拆分的股份数越多，每股价格就越低。从实际效果来看，投资回报率是一样的。但从心理认知来看，1元1股是原始股的定价，员工买到1元的内部股，会认为自己买到了原始股，感觉比较好，也觉得价格不高。如果定价是10元1股，虽然内部股价值高了，但员工总感觉内部股已经溢价了，不是原始股了，不便宜。如果定价是0.1元/股，又走向另外一个极端，给人感觉内部股是垃圾股，不值钱，分得再多也没有意义。

四、退出机制

华为为什么很早就有内部股的回购制度？据《华为基本法》起草人彭剑锋教授回忆，制度实施之初，并没有设计股权回购机制。有些人离职了，股权还留在华为，于是出现了不劳而获的情形。后来任正非才要求员工离职时，华为要强制回购其手中内部股。

1997年的《员工持股规定》明确了“人在股在，人走股收”的原则，现在华为仍延续这一核心制度。

（一）回购情形与回购价格

关于回购情形，华为当时的规定是，不论发生何种情形，只要员工离职，其所持有的内部股就应当被回购。

关于回购价格，1997年之前，内部股的回购价格是每股1元，即按照原价回购。1997年，内部股的回购价格改成了原价加理财利息。《员工持股规定》第21条规定：丧失持股资格员工所持股份由持股会回购转作预留股份，回购价格按下列公式计算：回购价＝购买价 ×（1+X%×月数）。其中，X是指公司董事会批准的当年数值，月是指本年度退股时的实际持有月份数。

1999年的回购公式则变为：回购价＝购买价 ×（1+X%×月数/12）。其中，X是指公司董事会批准的当年数值，月是指本年度退股时的实际持有月份数。这两种表述方式虽有区别，但实际上就是购股本金加上每年的理财利息。比如，黄灿在2002年离职时，财务总监纪平审批的X是5，也就是按照年化5%的利息加上购股本金作为股权回购款。[①]这个与1997年的原价回购没有实质差别。

（二）回购程序

华为内部股制度规定，中高层员工离职，必须经过6个月的离任审计期，经过审计没有问题的，公司才会支付其股权回购款。在这种情形下，中高层的内部股实际上起到廉洁担保金的作用，促进内部廉洁。后来在虚拟受限股制度中，华为更是将廉洁制度与虚拟受限股做了更多的挂钩安排。

经过审计没有问题的，或者不需要审计的员工，华为在员工办理完离职手续后3个月内就会及时兑现回购款。

五、股份数量

从1990年到2000年，华为处于资金紧缺时期，内部股的增发比例非常高，详见表3-1。

表3-1　华为注册资本变更表

序号	变更日期	变更前（万元）	变更后（万元）	增发比例（%）
1	1995年6月20日	1 581	3 547	124.35
2	1996年4月9日	3 547	7 005	97.49
3	1997年12月4日	7 005	27 606	294.09
4	1999年6月29日	27 606	65 606	137.65
5	1999年9月30日	65 606	106 060	61.66
6	2001年9月25日	106 060	320 000	201.72

数据来源：国家企业信用信息公示系统。

① 蓝水湄．华为股权风波未平[J]．新财经，2003（10）：12–14.

在华为大量增发下，持股员工每年将分红滚动购买内部股。尤其在1997年前，华为配股数量主要根据员工的收入情况来定。虽然华为没有直接将内部股分配与职位高低及考核相结合，但实行的是职位越高内部股越多、表现越出色内部股越多的规则。因为收入高的员工，其职位往往较高，表现往往较好。1997年之后，华为更加重视级别和考核情况。华为会根据不同级别和不同的考核情况，给不同的员工配不同数量的股份。

总体来说，持股员工数量非常多，主要收入来自内部股收益。

六、持股方式

持有内部股的员工并没有直接作为股东在工商局进行登记，因为持股人数多达几千人，无法按照通常的方式进行登记。参照当时深圳市员工持股的规定，华为将员工内部股统一在工会名下，以工会的名义登记为股东。

华为员工在公司内部进行登记，华为工会设置股东名册，对员工所持股份数量、授予时间和交款日期、分红情况和股权变化进行了详细记录。这些股东名册多达数十卷，专门放在一个名为“股权档案室”的房间中。2013年，华为对外媒记者开放了这个房间，让记者查阅股东名册，记者发现华为内部股东名册已经厚达几千页。2019年5月20日，华为股权档案室首度向国内媒体公开，很多中外媒体前去参观。

第2节　内部股之妙

华为内部股制度培养了员工的主人翁精神，激发了员工的创造力与积极性，使华为业绩不断增长。华为内部股妙在何处？为何能够顺利运行11年？为何能促进企业高速发展？我们应当如何学习内部股制度？

一、内部股对于员工的五大魅力

（一）利益分享

华为的内部股对全体员工都有着很强的吸引力，其核心魅力在于利益共享，让持股员工得到大量的分红，这是内部股制度的本质。通过知识资本化，让有贡献的知识型员工分享利润，得到长期回报，从而实现以奋斗者为本理念和知本主义机制。华为早期高管曹贻安回忆道：

年底分红，那时股价基本每年都百分百地增长，1元钱的股，第二年就分你1元钱的红。①

华为在20世纪90年代初期的投资回报率往往在70%以上，甚至高达100%。到了20世纪90年代中期，华为具有一定规模的时候，甚至借款给员工购买股票，员工拿了分红之后，再偿还借款。加上借款的支持，华为的投资回报率可以达到百分之二三百了。如此高的投资

① 田涛. 华为访谈录[M]. 北京：中信出版社，2021：339-340.

回报率，怎能不令人奋发图强！

我们来看看早期华为员工的故事：

在即将前往下一站之前，利刚告诉我：考虑到我的表现，公司将给我配股。看看到手的几千元年终奖，想想即将配的几万股股票，掂量了一下后，我决定放弃配股。

利刚立刻给我分析了华为股票的价值：1997年，华为股票分红是超过1元的，也就是说面值1元的股票净盈利能力超过100%，扣掉税之后的盈利能力也超过80%，如此收益率，为什么不要？我嗫嚅了半天，说："手头钱不够，也不想跟父母伸手要钱。"

利刚笑了，告诉我："不足部分可以向公司贷款，利率为20%。"我呆了："还有这种好事？只要持有股票，不用啥成本投入，就能保证年收益60%，这是天上掉馅饼啊！"由此可见当时华为对员工多么好，知道为什么早期华为人都那么拼命了吧。很多中国人尤其是读书人，在特定的文化背景下，非常认同"士为知己者死"。对这些人来讲，公司对他们到位的关怀，他们必须给予更加超额的回报。①

华为招聘的很多毕业生都符合任正非所说的"胸怀大志、一贫如洗"的标准。这些出身贫寒的大学生，来到了华为这样一个"以奋斗者为本"的平台，只要努力干，就能得到丰厚的回报。他们怎能不将"十年寒窗苦读"所积蓄的能量全部爆发出来？对他们来说，通过奋斗发挥自己的才干，既实现了自己的人生价值，又能得到不菲的报酬，可谓一举两得。再加上任正非工业强国、实业报国，要"做民族通信行业的脊梁"这样伟大的梦想，这些青年怎能不为国家、公司努

---

① 宋暾. 我在华为16年：转身也是一种涅槃[M]. 北京：人民邮电出版社，2014：33.

力奋斗？

任正非将利益分享贯彻得非常彻底，非常关照新股东的利益。给新股东的分红不仅多，而且非常及时。

员工购买内部股的时间是每年9月至10月，交款日期是每年11月1日前，分红的时间是第二年的4月。那么，在10月底才交款入股的员工应当分多少钱呢？是分全年的利润还是分最后两个月的利润呢？对于华为来说，股价是1元，按道理，新股东出资仅有两个月，应当按全年的1/6进行分红。但是华为第二年4月进行分红的时候，对于去年11月新入股的股东，按照全年利润计算分红。如果员工今年11月入股，明年1月1日就退股，那么他仍可以获得今年的全年分红。出资两个月，就可以获得全年的分红，员工怎么能不积极争取？

如果公司破产，各持股员工可以参与清算，分配剩余财产。总之，内部股制度最打动员工的是实实在在的利益分享。

（二）价格优惠

华为的股权收益为什么这么高呢？很多企业家仰头叹息，羡慕任正非进入的电信设备行业是一个暴利行业，才能获得如此高的投资回报率。其实并非如此，华为员工真正的投资回报率并没有那么高，很多都是其人力资本转化而来的。比如，1993年华为的每股净资产为5.83元，1994年为4.59元，1995年为3.91元，但是员工都是按照1元购买的。如果华为当时就按照净资产来定价，1993年每股价格为5.83元，每股分红1元，那么投资回报率仅有17%，而非100%。

可见每股1元的价格非常之低，正是有了低价格，华为员工才能获得高投资回报率。正因为低定价造成的高收益，使得员工争先恐后地购买内部股，投资1元，可以分1元，谁不愿意购买呢？很多员工都嫌配股太少，很少有人不买。当然，早期也有部分人员认为风险太大不愿意投资，甚至套现走人。很多没有投资的人看到别人大把赚钱，第二年立即跟进。

（三）安全保障

在固定定价模式下，员工不用担心股价太高或者股价下跌，因为离职时可以按照同样的价格被回购。这样一来，员工购买内部股后，每年可以得到高额分红回报，退出时又能把本金收回来，对员工很有吸引力。

华为刚实施员工持股制度时，固定定价模式起到了很大作用。因为定价固定，员工不需要担心公司亏损而导致股价下跌，入股时比较容易接受。华为早期的投资风险确实比较大，比如1992年资金链差点断裂，幸好及时来了一笔货款。

允许员工在企业危急时刻选择退股，且能按照原价退股，意味着员工并不用承担亏损，本金没有损失。员工不承担亏损的弊端是形成的命运共同体关系不牢固。员工在企业危急时刻选择退股，会让已经亏损的企业雪上加霜。员工不承担亏损，风险集中在企业和原始股东身上。企业一旦经营不善，很容易崩盘。很多老板在看待固定定价时，都会想到这个层面。企业一旦倒闭了，就只能行使剩余财产分配权，让所有股东参与清算。华为发展至今，从未亏损。无论多么艰难，业绩如何下滑，华为都没有亏损，这和员工的努力奋斗有很大关系。

原价回购的政策确实起到了吸引员工入股的作用。员工投资，首先想到的并不是华为未来成为世界电信巨头，股权增值应该怎么计算，而是投入的本金会不会损失。虽然1993年任正非认为世界电信设备行业四分天下必有华为之一，但当时并没有几个员工真的相信。因此，在内部股时期，以1元1股固定价格回购的好处是给员工保底，让员工离职时可以拿回投资本金。

（四）机会倾斜

在华为，获得内部股并不仅仅意味着经济上的收益，还意味着其他的收益。《华为基本法》明确规定，华为可分配的价值，主要为组织权力和经济利益，其分配形式是：机会、职权、工资、奖金、安全退休金、医疗保障、股权、红利，以及其他人事待遇。华为的分配系统中有几个层次，即机会、职权、工资、福利、奖金、股权等。华为把组织权力作为一种可以分配的价值，而且把它作为比利益更重要的一种分配价值，原因就在于分配范畴、权力和权利存在对等关系。《华为基本法》把它列在经济利益之前，意味着公司对组织权力的重视。

购买内部股、成为华为股东的员工，不仅能够获得分红，同时也意味着更多的锻炼机会、工作机会、晋升机会，以及更多的职权。因此，华为员工非常渴望能够获得内部股。除了利益分享，入股也意味着身份认同，标志着员工成为华为的主人，可以获得更多的信任和机会。如果一个员工达到了配股条件，却不愿意购买股份，除了丧失分红，他也丧失了信任和机会。有些员工开玩笑说，公司给的配股不敢不买。

（五）身份认同

华为没有直接将员工登记为股东，员工持有的只是内部股，不能对内、对外流通。内部股的核心精神并不是分红，而是将持股员工当作股东来对待。任正非在探索员工持股制度的时候，就是将这些员工当作创业伙伴，作为自己的合伙人来对待的，而不是通常意义上的员工激励制度。20世纪90年代初，任正非的持股比例就只有不到1%。据李玉琢回忆：

早在1995年，任正非通过我的介绍，见到了当时如日中天的四通公司的老板段永基。会谈中，段永基问到了华为的股份构成：“你本人占多少股份？高层一共占多少股份？”任正非答道：“我占的股份微乎其微，不足1%，高层加起来3%吧。”听了任正非的话，我似乎感觉到，代表民营企业新时代的任正非正在从段永基的手中接过在四通飘扬了10年的旗帜。[①]

只做员工激励制度的老板是不会将99%的股权分出去的。任正非自实施员工持股制度起，就希望员工能够和他共进退，共同创业，共同分享胜利的果实。“胜则举杯相庆，败则拼死相救”，这就是生死与共的合伙人精神。

在内部召开股东会的时候，持股员工是可以以股东的身份参加的。1990年，任正非和5个创始股东以及六七个持股员工（包括郑宝用、江西生、张燕燕、郭平等人）共同参加了股东会。这也是华为成立以来第一次召开股东会，在这次会议上任正非与5个创始股东之间的矛盾非常大，大家对华为的发展方向有不同的意见：任正非有梦想，而其他几个股东只想赚点儿钱。自那次股东会不欢而散之后，华为就很少再召开真正的股东会了。但是，持股员工却经常有各种内部会议。

在1997年完善工会持股之后，华为更是明确了以持股员工代表会的形式召开股东会，即由各部门选举股东代表参加股东会，对重大事项进行讨论和表决。这种制度延续到了现在。任正非召开股东会是有实际意义的，并不是形式主义。比如，2004年，在摩托罗拉拒绝收购华为之后，华为面临是继续前行还是继续寻找买家的选择。任正非的个人想法是把公司卖掉，重新去做拖拉机行业。但少壮派并不同意，他们大多数是科班出身，希望能够继续做电信行业。最后任正非

① 李玉琢. 我与商业领袖的合作与冲突[M]. 北京：当代中国出版社，2006：106–107.

服从多数股东代表的决定，不再出售公司。哪怕后来任正非拥有了一票否决权，他也不经常使用这项权利，大多数情况下都是采取沟通的方式，这体现了任正非对其他股东的尊重。

无论是1990年没有登记的内部股还是1997年后以工会形式持股的内部股，都没改变华为员工持股的本质。员工持股，也就是要让员工有当股东的感觉，产生身份认同感。在华为，持股员工有一个共同的名字——奋斗者。大家都是奋斗者，而不仅是股东。若是缺乏了这种身份认同，风雨同舟的命运共同体很难形成。

持股员工除了作为股东参加公司的决策，他们还在公司的日常管理中获得大量的授权。华为的授权做得非常彻底，任正非一直强调，让听得见炮声的人呼唤炮火。

利益分享、价格优惠、安全保障、机会倾斜、身份认同，华为员工能不为华为尽心尽力奋力拼搏吗？当然，也有不少员工因为各种原因离开了华为，但股权激励不正是一种筛选机制吗？

二、内部股对于公司的两大好处

前面讲的是内部股对于员工的魅力，其对公司来讲也有两大好处：一是增资股份化；二是工会作为持股平台，集中管理员工股权。

（一）增资股份化

很多公司是采取分股权比例的方式发放股权，老板就觉得股权总量只有100%，越分越少，根本不够分。虽然华为的性质是有限公司，但任正非一开始就模拟股份公司的做法，将公司股权模拟成股份，员工分股份而不是分股权比例，员工拿到手的是5万股、10万股，而不是0.001%。这样做有什么好处呢？

第一，模拟股份方式有利于公司增资扩股，不断吸引新的激励对象。

采取模拟股份方式，有利于公司不断增发股份，使得华为的股份从几百万股发展到现在的388亿股。如果华为采取分股权比例方式对股权进行稀释，那么计算方法会相当复杂，到后期完全无法操作。因此，采用模拟股份方式有利于长期滚动激励。除了技术上容易操作，员工也更容易接受增资。如果采用分股权比例方式，某员工分到了1%，华为今年要增资20%，那么他的股份就会被稀释为0.8%，他感觉利益受到了损害，可能会反对增资。而如果他分的是100万股，今年增发20%，他的股份还是100万股，他不会感觉到利益受到损害。

需要注意的是，用模拟股份方式不断增发股份时，需要考虑公司利润的增长情况，保证每股收益的波动不会太大。如果股份数量增长速度远远超过公司利润增长速度，每股分红必将减少，吸引力会大打折扣。

第二，模拟股份方式让员工感觉持股比较多。

任正非的持股比例不到1%，其他人的就更少了。如果用比例来体现持股员工的股权，那么即使在早期，大部分员工也只有千分之几，现在的比例就更低了。持股比例太低会让人怀疑自己是不是股东，但是换算成股份就显得很多。比如，2000年离职的李一男就持有1 000万股内部股，看起来很多，但按照比例计算，还不到1%，因为当时的总股数已经超过10亿股了。试想持有1 000万股和持有1%的股份，哪种让员工感觉更良好？

（二）工会作为持股平台

1997年，华为对股权结构进行第一次重大调整。调整后，深圳市华为新技术股份有限公司、深圳市华为新技术股份有限公司工会和深圳市华为技术有限公司工会分别持有华为公司5.046 1%、

33.086 2%和61.867 7%的股份，如图3-2所示。华为将原来未登记的内部股统一登记在两家公司工会名下，由工会作为股东，员工股权在工会内部登记。

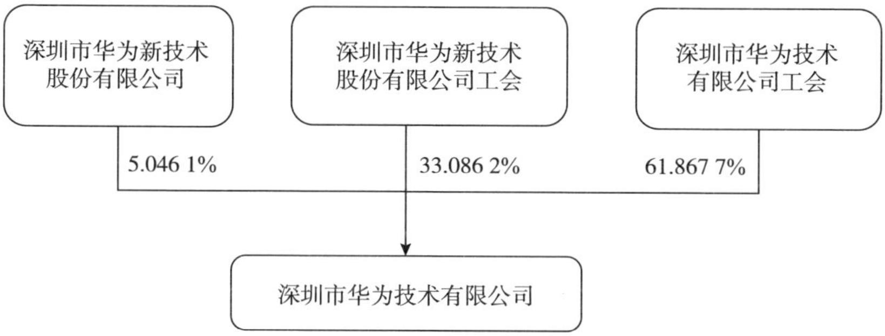

图3-2 1997年华为股权结构图

1997年，华为决定开始规范内部股制度，当时并无民营企业内部员工持股该如何登记和管理的规定，也没有成熟的实践经验可以参考。20世纪90年代有一批国有企业改制，实施了内部员工持股，各地政府出台了不少关于国有企业内部员工持股的规定。

深圳市作为改革的前沿阵地，早在1994年就颁布了《关于内部员工持股制度的若干规定（暂行）》，该规定第1条就开宗明义，指出"内部员工持股制度是指由企业内部员工认购本企业的股份（该股份持股员工个人不转让、不交易、不继承），委托工会作为社团法人托管运作，工会代表员工个人股东进入董事会参与按股分享红利的新型股权形式"。在这个政策的指导下，深圳一批国有企业就采取了工会代持内部员工股份的方式实施股改。

1996年11月21日，深圳市颁布《深圳市公司工会工作暂行规定》，其中第21条专门规定工会应当积极支持公司建立内部员工持股制度：第一，实行内部员工持股制度的公司工会应按照深圳市有关规定，积极支持公司建立内部员工持股制度，组织建立公司员工持股会；第二，公司工会以社团法人资格承担员工持股会的管理工作。员工持股会的代表依法进入公司董事会。

1997年9月30日，深圳市再次修订内部员工持股制度的规定，颁布《深圳市国有企业内部员工持股试点暂行规定》，其中第2条规定“内部员工持股是指公司内部员工个人出资认购本公司部分股份，并委托公司工会持股会进行集中管理的一种新型的公有产权组织形式”。无论是1994年的规定还是1997年的规定，都是针对深圳市的国有企业。因为没有针对民营企业的相应法规，所以华为参照深圳市针对国有企业的规定进行操作，将华为工会作为员工持股平台。华为上报股改方案并通过了深圳体改办的审批，在工商局将员工股登记在工会名下。

2001年深圳市再次升级政策，颁布《深圳市公司内部员工持股规定（2001）》，此次规定将内部持股范围扩大到在深圳市依法设立的拥有独立法人资格的各类公司。

1999年6月29日，国家工商总局发布的《国家工商行政管理局关于企业登记管理若干问题的执行意见》规定：社会团体（含工会）、事业单位及民办非企业单位，具备法人资格的，可以作为公司股东或投资开办企业法人，但依照中共中央、国务院的规定不得经商办企业的除外。该法规于2006年废止。从法律上看，工会和工会委员会持股已经成为历史。

关于工会持股的问题，证监会的意见非常明确。根据2000年12月11日证监会公布的《关于职工持股会及工会能否作为上市公司股东的复函》和中华全国总工会的意见，以及《中华人民共和国工会法》的规定：工会作为上市公司的股东，其身份与工会的设立和活动宗旨不一致，可能会对工会正常活动产生不利影响。因此，我会暂不受理工会作为股东或发起人的公司公开发行股票的申请。

总之，现在企业已经不适合使用工会或工会委员会持股这种方式。实践中，持股平台可以有以下选择：私募基金、信托计划、资管计划、有限公司、股份公司、有限合伙企业。最常被用作员工股权激励持股平台的是有限合伙企业。其实用哪个方式做持股平台，只是技术操作问题，并不影响员工持股的本质。

本章小结

华为从1990年开始实施内部股制度，一直到2001年虚拟股票期权改革，长达11年。内部股制度既是华为股权激励的基础，又是对华为贡献最大的制度。内部股制度让华为从一个初创企业，到2001年内部股改制时成为国内通信设备行业的龙头老大，走向国际市场，成为国际型企业。

1990—1996年的内部股可以说是华为股权激励的探索阶段。1997年，在有了思想和理论的指导后，华为将员工持股制度上升到理论和制度层面。

内部股制度是华为股权激励的源头，在深刻理解内部股制度的演变及利弊的基础上，我们能全面深刻理解华为的股权激励体系，以及股权制度的演变。内部股制度简单易学，非常适合中小企业在开始实施股权激励时使用。

利益分享、价格优惠、安全保障、机会倾斜、身份认同，以奋斗者为本，华为通过这一系列制度的设计，使得内部股不是实股胜似实股，获得员工的芳心。以上理念与制度，其实值得所有企业学习和借鉴，不论实行什么样的方案，其本质与核心都是一样的。所有的股权激励制度都应当以奋斗者为本。

第4章

虚拟股票期权制度解密

本章导读

2001年，华为聘请韬睿咨询公司对内部股进行改革和规范。华为希望通过此次改革，使其股权激励制度与国际接轨，符合境外上市的要求，因此，它采取了国际通行的期权激励方式。在对华为净资产进行重新审计的基础上，韬睿咨询公司设计了虚拟股票期权方案，以每股净资产为基准，将原来的内部股改造成虚拟股票期权。这种制度设计比较接近西方公司上市之前的期权激励制度，同时又具有华为特色。

2001年7月，华为股东大会通过了虚拟股票期权方案，推出了《虚拟股票期权制度》。

2002年3月，华为出台了内部股转换虚拟股票期权的方案，将未离职老员工手中持有的内部股统一置换成了虚拟股票期权。

华为虚拟股票期权制度仅实行了两年，只是过渡方案，而非股权激励制度的主体。本章主要介绍华为所使用的虚拟股票期权制度，虚拟股票将在下一章中详细讲解。

第1节　虚拟股票期权六大要点

华为的虚拟股票期权包含两层含义：首先，明确了其股份的性质属于虚拟股票；其次，配发给员工的并非虚拟股票的现股，而是虚拟股票的期权。因此，要理解华为的虚拟股票期权，既要理解虚拟股票，又要理解期权。

一、明确内部股性质为虚拟股票

华为在此次股权激励的改革中，将内部股明确为虚拟股票。当时主要考虑的是将内部股规范化，以便符合上市的要求。内部股存在定性不清、股东身份不明确的问题。

将内部股明确界定为虚拟股票，在法律上明确了员工并非股东，员工只能享受依据公司股权激励制度和协议所约定的部分股东权益，主要包括分红权和增值权，还有部分表决权。

除了不规范，内部股最大的问题是长期性不足。只分红不增值，不利于公司长期留住员工，而且1股1元的价格运行了11年，已经很难再运行下去。这时将股权的全部收益由分红升级成分红和增值两部分也是必然选择。

我们认为，虚拟股票与实股并非真假之别，而是“法定”与“约定”之别，其权利、义务是否直接源于法律规定。实股是“法定”股，其权利、义务直接源于法律规定，虚拟股票则是“约定”股，其权利和义务主要依靠合同约定。因此，各个企业设计的虚拟股票的权利、义务并不相同。

自2001年虚拟股票期权方案推出后，华为不再直接向员工配发内部股，而是配发虚拟股票期权。在期权行权时，员工再按约定购买虚拟股票。因为华为员工在期权行权时购买的并不是真正的股票而是虚拟股票，所以华为的股票期权叫作虚拟股票期权。

二、虚拟股票定价方式

虚拟股票的价格不再是固定的1股1元，而是根据每股净资产确定当前的股价，股价随着每股净资产的涨跌而涨跌。

为了对净资产进行审计和核算，2001年华为聘请国际著名会计师事务所进行审计，核算之后每股净资产是1.65元，因此，当年虚拟股票的股价就确定为1.65元。

华为为什么不再按1股1元，而是按照净资产确定虚拟股票的价格？这一方面是出于规范的需求。2001年深圳市新颁布了《深圳市公司内部员工持股规定》，这个规定首次包括了民营企业，员工的购股价格以评估后的净资产值为基础确定。① 另一方面是为了满足员工的需求。2000年华为出台内部创业政策，鼓励老员工离职创业，按原价回购了离职老员工大量股权，很多员工认为以原价回购不合理。

---

① 2001年《深圳市公司内部员工持股规定》第20条规定：以出资购股方式实施内部员工持股，公司必须进行资产评估，员工的购股价格以评估后的净资产值为基础确定。第38条规定：持股满三年的员工脱离公司和持股不满三年调离、退休、死亡职工所持股权，按公司上年末相应股权的账面净资产值购回。

按净资产定价会带来什么变化呢？在内部股模式下，如果公司没有对未分配的利润进行分配，那么股权就会增值。企业如果仍然按照每股1元回购股票，就会造成不公平。在这种情况下，公司的长期发展没有与员工的长期利益挂钩。在股权没有增值的情况下，员工只会选择将公司的净利润全部分光，这样并不利于企业的发展。按照净资产定价，净利润未进行全部分配，剩余部分会导致净资产增加，从而促进股价的增长。这样一来，员工在离职时，就能得到增值回报。员工的长期利益与企业的长期发展更好地结合起来，真正形成利益共同体。

三、授予条件与行权条件

虚拟股票期权的授予条件与内部股的授予条件一致，仍然是根据员工的业绩表现、工龄、级别等因素。华为的虚拟股票期权采取的是严进宽出的标准，即授予条件比较严格，而行权条件比较宽松。获得期权之后，员工只要在行权时仍然在职，就可以购买虚拟股票或者兑现增值的差额。

四、虚拟股票期权的行权方式

一般来说，股票期权的行权方式是按照授权时约定的价格和数量来购买。除了这种方式，华为虚拟股票期权的行权方式还可以通过直接兑现股票上涨差价的方式行权。比如，2001年的股价是1.65元，2002年的股价是2.64元，员工可以按照2001年的股价购买当年的股票，也可以按照每股增值0.99元直接兑现期权收益。员工也可以放弃行权，当然员工只有在股价下跌时才会放弃行权。

五、行权时间

员工购买虚拟股票也好，直接兑现增值收益也好，都不能一次性兑现，普通员工需要分4年行权，而高管则需要分10年行权。如表4-1所示，以普通员工小张为例，他若在2001年获得40万股虚拟股票期权，则按照以下规则行权。

表4-1　虚拟股票期权行权规划表

<table>
<tr><th colspan="3">年份</th><th>2001</th><th>2002</th><th>2003</th><th>2004</th><th>2005</th><th>2006</th><th>总收益（万元）</th></tr>
<tr><td colspan="3">股价（元）</td><td>1.65</td><td>2.64</td><td>2.76</td><td>3.21</td><td>3.81</td><td>3.91</td><td></td></tr>
<tr><td rowspan="5">行权方式</td><td rowspan="4">购买虚拟股票期权</td><td>数量（万股）</td><td>0</td><td>10</td><td>10</td><td>10</td><td>10</td><td>年初卖出股票</td><td></td></tr>
<tr><td>投资额（万元）</td><td>0</td><td>10</td><td>10</td><td>10</td><td>10</td><td>0</td><td></td></tr>
<tr><td>增值额（万元）</td><td>0</td><td>0</td><td>0</td><td>0</td><td>0</td><td>90.4</td><td rowspan="2">137.4</td></tr>
<tr><td>分红额（万元）</td><td>0</td><td>2</td><td>10</td><td>15</td><td>20</td><td>0</td></tr>
<tr><td colspan="2">兑现增值（万元）</td><td></td><td>9.9</td><td>11.1</td><td>15.6</td><td>21.6</td><td>0</td><td>58.2</td></tr>
</table>

兑现增值与购买虚拟股票不能同时选择，只能二选一。经过对比，我们发现选择购买虚拟股票的行权方式，小张的收益明显更高，这是因为在购买虚拟股票之后，小张还享有分红权。小张如果选择在2006年卖出股票，则可得更多分红，5年的总收益可达137.4万元，平均每年的收益为27.48万元。我们还可以发现持股员工的主要收益来自股票的增值，而不是分红。对购买虚拟股票的行权方式而言，持股分红的5年总收益为47万元，而总收益为137.4万元，增值为主要收益。

六、退出机制

在虚拟股票期权的激励模式下，退出机制如下。

（一）未行权部分的期权自动失效

例如：2001年，员工小张获授40万股虚拟股票期权；2004年12月31日，他提出离职，且尚有10万股虚拟股票期权未行权。此时，尚未行权的10万股虚拟股票期权将自动失效。

（二）已行权的虚拟股票按净资产回购

若小张采取购买虚拟股票的行权方式，那么他于2002年、2003年和2004年各行权了10万股虚拟股票期权，总共购买了30万股虚拟股票。2004年，他在退出时就可以按照2004年的股价3.21元要求公司回购30万股，可以获得96.3万元。他通过股权回购实现了已行权部分的增值。

若员工小张采取直接兑现增值权的行权方式，则他于2002—2004年各兑现9.9万元、11.1万元、15.6万元。当小张离职时，不再兑现任何增值权。

第2节　内部股与虚拟股票的转换

2001年7月，华为股东大会通过了虚拟股票期权制度，10月开始实施。此后，华为不再发行内部股，而是发行虚拟股票，但员工手上还有30多亿股的内部股。已经发行了11年的内部股，现在该如何处置成了一个问题。

2002年3月，华为开始推行内部股转换虚拟股票的政策，老员工手中仍持有的内部股将以1：1的比例转换成虚拟股票。但华为并不是强制要求员工转换，而是赋予员工选择权，员工可以选择转或者不转。那员工会不会转呢？1元钱的内部股转换之后，直接变成了2.64元的虚拟股票，所有在职员工都选择了转换。选择转换的员工需要签署转换协议，转换后的虚拟股票不能被一次性回购。

这样的转换对员工的吸引力是非常大的。华为将内部股转换为虚拟股票之后，将净资产与员工股权价值联系在一起，使得员工不仅拥有了分红权，还拥有了增值权。这使得员工的经济权益与法定登记股东没有太多差别。

这样的转换非常有讲究。1元的内部股直接转成了2.64元的虚拟股票，员工确实非常开心，但很多老板不愿意让员工占这样的便宜。任正非能够做出这种决定，需要相当大的胸怀与勇气！即使明知所有员工都愿意转换，也赋予员工选择权，让员工通过自愿签署转换协议来确定，而不是直接把内部股转成虚拟股票。在实施股权激励的过程中，尊重员工的利益和选择，是股权激励能否持续有效的关键。

第3节　对虚拟股票期权的评价

任正非正是通过虚拟股票期权制度，让骨干们在黑暗中点燃自己的热情。

困难时期，华为不是采取加工资的方式留住员工，而是通过加大股权激励的力度来留住员工。有了增值权之后，华为就不需要把每年的利润全部分光，可以留一部分用作发展资金。这样，更有利于企业过冬。

虚拟股票期权制度的主要收益来自增值权，如果公司不上市的话，期权增值的空间往往有限。由于上市的战略发生了改变，虚拟股票期权制度成了过渡方案，但虚拟股票期权制度起到了承上启下和在困难时期激励员工的作用。2001年，华为发行虚拟股票期权，员工首次不需要投入现金就可以拥有股权收益，员工非常开心。2002年，华为虚拟股票每股增值0.99元，这对员工激励力度非常大。这个增值权兑现的时间是2003年的4月。因此，从2001年到2003年年初，虚拟股票期权取得了较好的激励效果，为华为走出网络泡沫危机做出了贡献。

2003年年中，华为高层敏感地意识到2003年全年的净利润不多。如果再实施虚拟股票期权激励，那么到2004年3月兑现增值权时，对员工的激励力度很小。果然，2004年3月，华为年报显示每股只增值0.12元，与2002年的每股增值0.99元相比，差距太大，增值权的收益大幅下降。好在2003年9月，华为提前将虚拟股票期权激励改成了MBO虚拟股激励。运行至今的虚拟受限股制度是在虚拟股票期权制度的基础上改良而成的。

本章小结

华为的虚拟股票期权是虚拟股票与期权的结合体，是一个比较有特色的方案。这个方案是华为为了实现境外上市而设计的，为此，华为还将内部股兑换成虚拟股票。在这次变革中，员工得到了很大的好处。

随着上市战略的改变和对资金的需求，华为将虚拟股票期权改革成虚拟受限股。虚拟股票期权制度在华为30多年的股权改革史中仅运行了两年时间，是一个过渡方案，但也起到了承上启下的作用，并且为华为度过网络危机做出了应有的贡献。

第5章

虚拟受限股制度解密

本章导读

内部股制度从1990年开始运行至2001年，取得了很大的成效。2001年华为做上市准备，将内部股改造成虚拟股票，同时将现权改成了期权。2003年期权方案终止，但保留了虚拟股票体系。2004年华为正式将虚拟股票明确界定为虚拟受限股。

华为能成长为一家跨国企业，虚拟受限股居功至伟。

大量发行虚拟受限股，让华为度过了思科危机、市场饱和危机、全球金融危机、员工惰怠危机等一个又一个危机。虚拟受限股虽不完善，但度过危机还得靠它！

虚拟受限股和TUP相辅相成，互相配合，使华为在登顶后仍一路狂奔，令对手望尘莫及。虚拟受限股究竟是怎样一种激励方案，能让员工与公司风雨同舟、共创伟业？

ESOP1又是什么？为何要在美国打压危机出现时推出？华为是否达到了预期的目的？

虚拟受限股让部分富起来的员工陷入惰怠困局，华为又如何走出虚拟股票之困？

需要特别说明的是，本章并未单独讨论虚拟受限股的优势和作用，切勿以为华为出现虚拟受限股困局是因为虚拟受限股制度不好。前面内容对虚拟受限股的优势和作用做了太多铺陈，本章不予赘述。

第3章已说明内部股的魅力，虚拟受限股制度与内部股制度实乃一脉相承，有过之而无不及。无论名称如何变化，其精神和本质并没有发生变化，仍然是内部员工持股方案。相对来说，虚拟受限股利益分享更彻底，员工可以享有增值权，并且退休后可以保留股份，同时，华为的投资风险要比内部股时期小很多。

虚拟受限股因操作简单、法律风险小、融资功能强，具有良好的激励效果，而深受广大非上市企业欢迎，甚至有些上市公司也实施了虚拟股票激励。

虚拟受限股制度是华为股权智慧的集中体现，值得广大读者深入学习和借鉴。

第1节　虚拟受限股十大要点

2004年，华为正式将员工持股方案定名为虚拟受限股制度。所谓虚拟受限股，实际有两层含义：一是指持股员工持有的并非法律意义上的股份，而是华为内部所界定的股份；二是指持股员工享有的股东权利受到一定的限制。

一、性质——虚拟股票不虚

虚拟股票制度替代了原来产权关系不清晰的内部股制度。从法律上讲，在虚拟股票制度之下，员工持有的并非公司的真正股票，员工享有的是一种经济受益权。员工与华为没有股权关系，员工并不是华为的股东，华为工会委员会才是华为真正的股东。员工与华为工会委员会之间签订入股合同，双方是典型的合同关系，所有的权利和义务都依靠合同来约定。华为的员工持股制度为何需要如此曲折呢？为什么华为员工不能直接成为实股股东呢？

首先，法律不允许。当时的法律不允许成千上万人直接成为非上市公司的股东，非上市公司的股东不得超过200人。直到2019年，最新修订的《中华人民共和国证券法》才放开了这一限制。

其次，华为的员工持股制度是参照当时的深圳市员工持股的规定设计的，所以能够得到深圳市政府的批准。

最后，华为股权激励制度建立的根基并非基于投资。《公司法》规定只有股东对公司出了资，才能成为公司的股东。但华为股权分配的理论基础并非基于出资，而是基于知本主义[①]，出资只是知识资本化的一种路径。华为对于股东的要求更看重的不是出资，而是出力，是贡献。因为法定股东的权利和义务安排不符合华为股权分配的理论和实践，所以，华为只能另辟蹊径创立自己的虚拟股票体系，实现员工持股。

综上，我们可以发现，华为的股权虽然名为虚拟股票，但行的是员工持股之实。华为官方将虚拟受限股称为ESOP，ESOP的中文全称是员工持股计划。华为非常注重保障持股员工的各项权利，在内部治理方面，尽量保障股东的权利，将虚拟股票实股化。因此，华为的虚拟股票与很多公司实行的虚拟股票并不一样。

比如，上海贝岭股份早在1999年就实施了虚拟股票期权激励计划，但这个计划的本质是利润分享计划，就是每年提取的奖励基金与税后利润挂钩，虚拟股票的内部市场价格与公司股票的二级市场价格挂钩。这个计划更接近于华为的TUP，而不是虚拟受限股。

再比如，新三板挂牌公司北京精冶源新材料股份有限公司在2015年推出虚拟股权激励方案，该方案规定：虚拟股权指公司授予被激励对象一定数额的虚拟股份，被激励对象不需出资便可以享受公司价值的增长，其利益的获得需要公司支付。被激励对象没有虚拟股票的选举权、转让权和继承权，只有分红权。被激励对象享有的虚拟股权收益源于股东对相应股权收益的让渡。它的虚拟股权激励其实是分红权激励，因为持股员工只享有分红权。而华为虚拟股票的持有者

① 知本主义和知识资本化的详细介绍请参看第7章第1节。

则不仅享有分红权，还有增值权、选举权和被选举权（选举权和被选举为股东代表的权利）。华为虚拟股票需要员工出资购买，而上海贝岭股份和北京精冶源新材料股份有限公司的虚拟股票都不需要员工出资。

华为的虚拟股权激励方案并不仅仅是利润分享计划，其每股都有对应的净资产，员工承担股东出资义务，同时享受股东权利，并且还有工会委员会作为员工持股平台。相比一般公司所设计的虚拟股票来说，华为的虚拟股票更接近于实股。总之，华为的股权在法律上属于虚拟股票，而实际上却是员工持股，是参照当时员工持股制度而设计的，是一种在现有法律框架下的现实抉择。关于虚拟股票的性质及其与利润分享计划的区别，华为董事会秘书江西生在回答中外媒体记者问答时说道：

为什么叫虚拟股票？第一，员工不是直接登记为股东，获得的不是华为直接的股份，所以我们称之为虚拟股票。但是，华为这部分的工会股份是全部对应到每个持股员工的。

第二，公司的利润完全由持股员工享有，可以不分配，也可以分配一些，也可以留一些用于以后年度发展。

第三，如果华为亏损，虚拟股票价值就会降低。

通过“一股一票”选举持股员工代表行使这部分股份的权力，因此，股东权力是由持股员工选举的代表行使的。

第一，在利润分享计划下，员工不可能行使这种权力。

第二，在利润分享计划下，员工不一定要掏钱。

第三，在利润分享计划下，不可能造成员工的损失。

第四，在利润分享计划下，清算时，员工不会有分享剩余资产的权利。[①]

总之，在利润分享计划与员工持股计划中，员工享有的权利和义务不同，下文将对持股员工的权利和义务进行分析。

二、权利——四大权利

《公司法》第3条概括了股东的主要权利，即公司股东依法享有资产收益、参与重大决策和选择管理者等权利。股东的资产收益权可以分为三项：一是分红权（利润分配权），二是增值权（通过股权转让所获得的股权溢价），三是剩余财产分配请求权（公司破产清算时股东财产的分配权）。华为持股员工通过入股协议享有股东的经济利益。

参与重大决策和选择管理者的权利在《公司法》上主要是通过直接行使选举权实现的，而华为持股员工人数过多，如果直接行使选举权，那么将导致公司决策效率低下，甚至破产。比较现实的选择是通过选举的方式行使表决权。

可见，华为持股员工享有法定的主要的股东权利。

（一）分红权

分红权，也就是我们通常所说的利润分配权，是指股东依法享有从公司分取红利的权利，是股东财产权的重要组成部分。《公司法》第34条规定：我国的有限责任公司的股东按照实缴的出资比例分取红利，但是全体股东约定不按照出资比例分取红利的除外。

---

① 华为公共及政府事务部. 华为董事会秘书江西生接受国际媒体采访纪要[EB/OL].（2019-04-28）[2021-07-26]. https://xinsheng.huawei.com/cn/index.php?app=forum&mod=Detail&act=index&id=4274797&search_result=1.

华为持股员工每年都能分到高额的分红，而且其分配到的利润也是按照实缴的出资比例进行分配的。在利润分配权方面，华为虚拟股票持股员工的权利与实股没有区别。不过因为华为持股员工持有的是虚拟股票，工会委员会才是法律上的股东，所以，华为的分红款是由工会委员会的账户进行支付，而不是直接由公司进行支付。华为工会委员会在支付员工的分红款时，已经按照20%的股息所得纳过税，持股员工拿到手的是税后收入。

（二）增值权

持股员工要兑现虚拟股票的增值，就需要通过处分的方式实现。经济上的增值权在法律上体现为处分权，只有通过卖出才能实现虚拟股票的增值。具体来说，员工可通过申请回购或者离职回购的方式实现。股权回购可以按照当前的股价进行交易，员工通过交易就可以获得相应的股权增值。

华为的虚拟股票是有限制的，主要表现就是限制处分权。具体表现为持股员工不得将虚拟股票进行质押或者转让，即使是在内部也不允许相互转让。通常来说，股权激励作为一项激励措施，对股权的转让都有一定的限制。大部分公司实施的股权激励，不允许员工内部相互转让。

不允许员工将虚拟股票进行质押或者转让，员工离职后公司强制回购虚拟股票，这恰恰是华为员工持股制度的关键保障，也是华为的员工持股制度比很多上市公司或者拟上市公司实施的股权激励效果更好的重要原因。因为有了转让限制、离职回购的制度，华为的虚拟股票才能不被外人持有，始终在华为员工手上，这也是华为保持100%员工持股的关键所在。如果允许员工离职带走或者对外转让虚拟股票，那么很快外部股东将占据主要地位，华为的员工持股制度将会遭到根本性破坏。那么员工为什么不可以在内部转让虚拟股票呢？华为员工持股的依据是知识资本化，员工应当凭借其贡献获得虚拟股票，而不是通过购买其他员工虚拟股票的方式来获得虚拟股票。如果允许员工互相转让虚拟股票，那么在华为内部必然形成一个虚拟股票市场。有些员工就会专注于虚拟股票买卖，通过买卖获利，而不是专注于奋斗与贡献。综上，限制处分权的制度保障了华为员工持股制度的有效性。

华为虽然限制了员工处分虚拟股票的方式，但仍然保障了员工处分虚拟股票的权利，并保障了员工通过处分虚拟股票，实现一定的增值。华为并非上市公司，员工兑现的虚拟股票不能按照市场上的公允价值进行流通，只能按照净资产进行定价流通。

（三）剩余财产分配请求权

除了正常的分红权和增值权，持股员工还享有一项经济权益，就是剩余财产分配请求权。剩余财产分配请求权，是指股东有权要求按照出资比例对公司在清算后的剩余财产进行分配的权利。《公司法》第187条规定：公司财产在支付清算费用、职工工资、社会保险费用和法定补偿金，缴纳所欠税款，清偿公司债务后的剩余财产，有限责任公司按照股东的出资比例分配，股份有限公司按照股东持有的股份比例分配。公司财产在未按前款规定清偿前，不得分配给股东。

若华为进行清算，那么持股员工的股份将不再被回购，而是参与剩余财产分配，即按照其所持有的股份占全部股份的比例分配剩余财产。

若华为股权整体出售，那么持股员工也将得到按照实际交易金额分配的股权转让款，而不再按照净资产进行回购。若2003年华为把公司整体出售给摩托罗拉，那么所得的款项将按照股权比例分配给持股员工。

（四）选举权和被选举权

股东享有参与重大决策和选择管理者的权利，华为员工通过行使选举权和被选举权来享有该权利。全体持股员工通过选举，选出115名持股员工代表组成持股员工代表会，代表全体持股员工行使有关权利。持股员工代表的任期为5年，每隔5年进行一次全体持股员工的投票选举。在选举股东代表时，华为按照一股一票的规则计算得票数，获得股份数量最多的员工进入持股员工代表会。持股员工代表会行使股东参与重大决策和选择管理者的权利，主要对利润分配、增资和董事监事选举等重大事项进行决策。

需要说明的是，退休持股员工因为不在公司工作，不了解公司的情况，所以不享有选举权和被选举权。此外，持有ESOP1的员工也不享有选举权和被选举权。

总之，华为通过内部治理的形式实现了持股员工的权利保障，形成了接近于实股的虚拟股票体系。

三、义务——出资与忠实

（一）出资义务

《公司法》名义上的股东，其主要义务就是出资，包括按时出资、足额出资、不抽逃出资等。华为的资本都是员工出的。迄今为止，华为持股员工的直接投资接近2 000亿元。可见，华为持股员工也需要承担出资义务，华为以每股净资产作为每股价格，员工需要按照相应的股份数量缴纳出资。通过出资，华为完成了知识资本化的过程，使优秀员工变成了持股员工。

员工是否承担出资义务，是员工持股与利润分享计划的主要区别。对于作为利润分享计划的TUP，员工并不需要购买，而是凭借工作贡献直接获取。

（二）忠实义务

对于员工持股，华为还随附了一些忠实义务，如不得损害公司利益等。一旦发生损害公司利益的情形，虚拟股票将被收回。忠实义务是作为股权激励方面员工的一些义务，不是通常的股东义务。华为这么规定，符合员工持股的一般原理与实践经验。

可见，华为的虚拟股票并非纯属虚构，而是需要持股人承担股东义务并享受实实在在的股东权利。

四、对象——五大条件

股权激励的对象是很关键的，可以说企业选对了人就成功了一半，选错了人则很难成功。

具体来说，根据公司的发展需求和员工情况，虚拟受限股每年的授予条件都不完全一样。但即便如此，华为虚拟受限股的评价标准总体是一致的，大体包括以下五个方面。

（一）员工级别

华为根据级别定薪酬，总共分23级。13级是最大的分水岭，13级以下的属于基层员工，13级及以上是中高层员工。华为对13级及以上的中高层员工实行相对考核、末位淘汰。从13级到22级，每一级又分A、B、C三个小等级。目前华为已经没有小等级的区分了，23级则属于最高领导。

员工要获得配股资格，至少需要达到13级，因为13级以下属于基层员工。任正非认为大部分基层员工属于劳动者，而不是奋斗者。基层员工更应该获得短期的工资和奖金收入，而奋斗者应该获得长期的股权收益。

从员工的角度来看，基层员工收入不高，需要基本生活保障，很难等到长期回报。而中高层员工因收入较高，基本生活比较有保障，更有可能拿出一部分收入转化为长期收入。

从公司的角度来看，任正非认为基层员工的劳动性贡献，短期内就可以确定价值，所以用工资和奖金就可以解决。中高层员工的智慧性贡献，短期内往往难以确定其价值，一个研发成果可能在未来很多年都会不断产生价值，用奖金一次性解决不合理。因此，与智慧性贡献员工进行长期的收益分享才是比较合理的。

13级是奋斗者的入门级别，一位刚毕业的研究生去华为做技术工程师，通常为13级或14级。2011年，13级员工还可以配到两三万股。自2013年实施TUP之后，13～14级的员工可以获得TUP，但却无法获得虚拟受限股。虚拟受限股的发放条件变得更加严格，15级及以上员工才有可能获得虚拟受限股。15级在华为也是重要的级别，因为15级及以上员工的工资体系不同，他们没有绩效工资，但是有机会获得虚拟受限股。

（二）工作年限

大部分公司在实施股权激励时，都会要求激励对象具有一定的工龄。华为也不例外，明确规定员工入职一定年限后方可获得虚拟受限股。

2004年虚拟受限股刚实施时，华为规定员工需要满1年才有资格配股。这主要有两方面原因。一是因为任正非认为华为的虚拟股票不应该发给过客，而应该发给有主人翁心态的人。一年之内员工的离职率较高，稳定性不够。二是因为只有工作满1年，员工才能凭借这一年的工作业绩来获得相应的配股额度。如果一来就配股，可能出现员工表现不出色，但又不离职，公司回购虚拟股票比较困难的情况，从而出现不合格的员工持有虚拟股票的负面影响。虚拟股票是凭借贡献与业绩来获取的，刚入职没有业绩就配股，容易产生负面影响。

华为对于配股的最低工龄要求为1年，条件非常宽松。这是因为任正非一向不把资历作为认定人才的重要标准。任正非认为资历不重要，能力更重要，贡献最重要。如果光有能力没有贡献，就像茶壶里煮水饺，倒不出来是没有用的。因此，华为在发放股权时，更看重的是贡献，而不是资历。

自2014年开始，华为提高了对配股的工龄要求，规定需要满3年才可获得配股资格。这是因为2014年TUP全面实施之后，华为实行虚拟受限股与TUP分层激励。对于入职年限不长，但表现优秀的员工使用TUP激励。而对虚拟受限股的获取，需要更长时间的考查，发放条件变得更加严格。

根据调查，新员工进入华为的前3年往往是离职的高峰期。因为这时，总体收入水平对员工不足以产生吸引力、员工对华为认同感一般、文化的影响力还没有形成……受这些因素的影响，华为对他们来讲仅仅是一个符号。一旦产生大的波动、心理不适、外界机会等诱因，员工的离职就在所难免了。因为入职三年以内的员工离职率高，所以华为将虚拟受限股的配股条件提高到了入职三年以上员工。华为对入职三年以下员工授予TUP。

2018年，华为出现大量TUP转虚拟受限股的情况。可见，要直接获得虚拟受限股是比较困难的。某些部门甚至将虚拟受限股的准入门槛提高到5年。这不得不说是一个非常严格的要求，因为华为的工作压力比较大，很多员工很难坚持到5年。但是一旦在华为工作满5年，并且获得了虚拟受限股，员工就会变得非常稳定。

员工应当具有多长时间的工龄才能获得虚拟受限股，需要根据不同企业的不同阶段进行确定，没有标准答案。华为目前的虚拟受限股制度需要结合TUP进行整体的理解，方能得其精髓。

但是，要求达到一定工龄才能获得股权，也存在相应的问题，即如何引进新人？华为在招聘的过程中，也遇到了这个问题。因为对于这些新进人才来说，工作满1年后才能购买虚拟受限股，存在着较大的不确定性：其一，不知道能否得到配股；其二，不知能配多少；其三，即使能配，入职第一年因为没有虚拟受限股，不能参与分红，收入就会比较少。正是因为存在上述不足，有主管提出希望能够在招人的时候，直接配股，但被任正非否决了。

任正非虽然否决了这个提议，但HR（人力资源管理人员）还是要解决这个问题。那么这种情况怎么处理呢？这在实践中就产生了一个变通的做法，类似于口头期权，即华为在招聘重要或紧缺人才的时候，所在部门主管和HR就会口头承诺可授予的虚拟股票数量，但实际购买也要等到入职满1年之后。这种不明朗的政策导致有些员工不清楚这个股份如何操作，而且一旦新员工业绩表现不理想，则可能出现所配的虚拟股票比承诺的数量更少甚至没有得到配股的情况。

当然，在实际操作中，部门的权限比较大，灵活性比较强。对于比较稀缺的专家人才，华为也是可以在合同中承诺给予相应的配股数量，但这个配股的兑现需要等到当年公司开始配股的时候统一操作。这实际就是期权的做法。

我们建议企业在招聘高级人才时以期权招人而不是直接授予股权。具体来说，在招聘时，先授予员工一定数量的期权，在员工达到双方约定的条件时，就可以按照约定的条件进行分红或者获得股权。这是解决优秀新人激励的一个重要机制。

（三）贡献突出

在华为配股的条件中，最重要的是贡献，包括当前的贡献和未来可持续贡献。员工如果身居高位，却没有应有的贡献，不仅不会被配股，反而会被降职、降薪甚至开除。

对华为有积极的贡献，这才是华为认定奋斗者的根本标准，也是配股的最重要条件。华为的待遇体系强调贡献，以员工实现可持续贡献的能力来评定股权。有领袖能力、能团结团队的人，会得到更多工作机会。但是他们只有在新的机会上做出贡献，才可能得到配股。员工不会因为有潜力就得到配股，只有实实在在做出贡献才能得到认可。任正非认为一个人不管能力多强，关键还是看他的贡献。他认为研发体系最容易犯的错误就是谈这个人有没有技术，华为不应该谈技术，而应该谈这个人的贡献有多大。

那么贡献如何评估呢？华为的考核分为两方面，劳动态度考核和KPI（企业关键绩效指标）考核，这也是华为的一大特色。

在华为，KPI考核结果达到B+以上才算是绩效优秀，B就意味着没有得到认可。这几年，华为的年度KPI考核结果大体为：A占15%，B+占50%，B占24%，C占11%，B+以上就可以认定为贡献突出。当然如果有其他重大贡献，比如抗震救灾、项目表现优秀等也均可认定为贡献突出。因此，华为对贡献的评价是通过KPI考核来实现的。而员工如果在劳动态度考核方面得A的话，可能还会获得一定的奖励配股。任正非在2010年《人力资源管理纲要》第一次研讨会上发言时提到：

> 我们的待遇体系，是以贡献为准绳的。我们说的贡献和目标结果，并不完全是可视的，有长期的、短期的，有直接的、间接的，也包括战略、虚的、无形的结果。只有以责任结果为导向才是公平的。关键过程行为考核机制，与此没有任何矛盾。关键过程行为与成功的实践经验、有价值的结果，是一致的。不能为客户输出任何有益结果的能力，我们是不承认的，这就是我们多年来不承认茶壶中饺子的缘由。无论你人格如何高大，品德如何高尚，学问如何渊博……你得到人们承认的，一定是通过一定形式表现出来的。[①]

---

① 邢柏. 行为的规矩：华为人力资源管理内训手册[M]. 北京：北京联合出版公司，2017：243.

（四）考勤要求

贡献是通过结果来评估的，用来考察员工工作的质量与效果，考勤则是考察员工工作的数量与努力程度。员工如果出勤率太低，就无法获得配股资格。早期华为配股并没有这一要求，但2011年华为发现很多长期休假的人仍然在新增配股，这违背了华为以奋斗者为本的原则，因此，在配股时新增了考勤要求。2011年4月14日，华为召开关于如何与奋斗者分享利益的座谈会。

黄林强说："我提几个问题。第一，关于奋斗者和配股的事情。其实，我在华为也十几年了，以前没有这些条条框框，没有这些考勤条款，我们不是也把奋斗者识别出来了吗？为什么刚好到这个时间才用这个形式去甄别。如果说它是一个长期性问题，为什么不是在三年前、不是五年前，而是在这个时间提出来。"

胡厚崑说："有一些数据，会后人力资源部可以跟大家共享一下。其实这个问题早就存在，只是以前我们没有把它揭示出来。我们在座的管理层对基层正在发生什么事情，也未必真正清楚。人力资源部今年对去年和前年的出勤情况做了一次统计，大家可以看一下，有多少人是在长期休假，而这些人是否每次都在获得配股，这也就是为什么我们的文件会对享受配股的员工有出勤率的要求。"①

目前华为规定配股的最低考勤要求如下：（1）上一年事假（与月末周六加班冲抵后的余额）小于5天；（2）近两年各类休假（含各种法定休假和非法定休假）不超过60天。若近两年休假超过60天的，原则上只影响一次年度授予。如果员工当年达不到考勤标准，则不能授予虚拟受限股。如果员工第二年达到了考勤标准，那么他就可以享

① 王京刚. 华为人力资源管理（活用版）[M]. 北京：中国铁道出版社，2017：300.

受当年的配股。

这个考勤制度并不是刚性执行的，也可以灵活执行。在讨论会上，任正非提出可以通过批准因为工作过度劳累而身体不适的奋斗者用出差的方式休养，他认为骨干员工长期冲锋，弹簧压缩的时间太长，恢复不了弹力，公司要保护这部分奋斗者，使他们不至于被伤害。在执行这个条款的过程中，任正非还是担心部门主管教条主义，刚性执行政策而伤害了奋斗者。

2011年出台的这个政策，确实将很多休假比较长的人和请事假超过5天的人，挡在了配股的门外。这个政策出台后，在员工层面引起了不小的反响，很多人赶紧去查前两年的请假和休假情况，有的人说早知道请假会影响配股，就不请那么长的假期了。这说明该政策在引导员工少请事假和休假方面确实起到了积极的作用。对于确实需要长期休假或者请事假的人，剥夺其配股资格也是一种合理的安排。

总之，在华为要获得股权，主要就是依靠贡献和努力，华为希望通过股权激励来让员工努力奋斗，为华为多做贡献。任正非在2005年关于华为大学与战略后备队的讲话中，明确指出："员工在华为改变命运的方法只有两个，一是努力奋斗，二是做出优异的贡献。"①

除了努力多做贡献，员工还必须不存在重大恶性关键负向事件。

（五）不存在重大恶性关键负向事件

所谓负面条件就是一票否决，一旦出现此种情形绝不可以授予股权。负面条件对于实施股权激励是非常关键的，即使员工的功劳与贡献再大、能力再强，一旦触碰到负面条件，就不得享受股权激励。

在设计股权激励方案、制定股权激励条件时，必须包括负面条件清单。因为这些负面条件是非常严重的负面情况，一旦出现，决不可

---

① 黄卫伟. 以奋斗者为本：华为公司人力资源管理纲要[M]. 北京：中信出版社，2014：051.

以让其入股。

关于上市公司的股权激励，证监会也对股权激励的负面条件进行了规定。华为的负面条件比上市公司的规定更加严格。前面讲到华为的认定标准中有很多并非刚性执行的，具有弹性和灵活性，但是负面条件却是一条红线，决不可触碰。虚拟受限股的负面条件，主要是不存在重大恶性关键负向事件。重大恶性关键负向事件包括：贪腐、利用职权获得不当得利等审计中发现的重大问题，考勤重大违规，其他严重违纪或不诚信等严重违反《华为员工商业行为准则》的行为，信息安全二级及以上违规。

其中，《华为员工商业行为准则》包含对内对外各种事项，达40项之多。员工违反了《华为员工商业行为准则》，将影响配股资格。比如：从事第二职业的，职级降1级，影响饱和配股资格1次，影响TUP资格1次，晋升冻结期12个月；利用职务之便不当获利，影响配股资格1次，影响TUP资格一次，无年度奖金，晋升冻结期12个月。

违反《华为员工商业行为准则》的员工，存在道德瑕疵，也损害公司利益，不应该给予配股资格。对于严重违反《华为员工商业行为准则》的员工，终生不予配股。但对于违反《华为员工商业行为准则》又主动申报的员工，配股资格是否会受到影响？2017年3月7日，华为审计委员会经过讨论决定，对违反《华为员工商业行为准则》后愿意主动申报的员工，执行“主动申报从宽”的政策，只影响一次饱和配股（含TUP）资格。

华为通过负面条件的设计，既对华为持股员工的品德提出了高要求，又促进了华为员工对《华为员工商业行为准则》的遵守和反腐败的力度。

当然以上只是准入门槛，员工入了门槛之后也不一定就可以得到配股资格，具体还得看部门情况和每年增发股份的计划。当公司需要激励员工或者需要融资时，会大量发行股权，此时大部分员工都会多少获得些股权。而有的年份新增股份很少，此时获得股权则较难。

自2011年之后，华为的股权包已经下放到基层，也就是说，员工是否符合配股的条件以及配股多少，都是由其直接主管进行决定的。主管在决定分配给谁的时候，必然要考虑激励谁比较合适，哪个岗位比较重要，哪个岗位人才不好代替，哪个员工的品德好等。既然是股权包下放，那么评价标准其实在于各个主管，在全公司范围内就难以有一个完全一样的标准。公司层面仅提供配股的指导性意见，以及配股的最低标准，具体如何执行，还看各个主管。

华为股权激励制度的执行比较灵活，员工即使符合条件也未必可以获得，而不符合条件也未必不能获得股权。这主要是因为任正非认为各级团队对优秀的奋斗者的评价，要跟着感觉走。判断这人是不是奋斗者，是不是有贡献，是依据他的表现，而不是依据公司的条文。①

总之，奋斗者才可以获得华为的虚拟股票。大奋斗者多配股，小奋斗者少配股，劳动者不配股。而谁是奋斗者，谁是大奋斗者，谁是小奋斗者，靠各级主管去识别。具体来说，目前在华为要获得虚拟受限股的基本门槛是：入职3年以上、上一年度KPI考核结果为B+以上，级别15级以上，并达到考勤要求，不存在重大恶性关键负向事件；具体执行标准由各部门灵活掌握，不同部门不完全一致。

五、时间——四种时间

（一）方案有效期

虚拟受限股制度框架长期有效，但具体政策年年改。华为的虚拟受限股制度，自2003年至今，基本框架没有发生变化，但细节上会

① 王京刚. 华为人力资源管理（活用版）[M]. 北京：中国铁道出版社，2017：298.

有所增加、减少或者变更。每年具体的配股政策不同，甚至计算配股数量的方式也不同。

（二）虚拟受限股有效期

虚拟受限股并没有有效期间的设定，只要没有发生股权回购的情形，就可以长期持有、长期有效，直到被回购。对于退休保留虚拟股票的员工，可以保留虚拟股票至其去世。

（三）购股时间

每年9月到10月，各部门主管就开始陆续与员工沟通配股事宜。之所以有两个月的时间，主要考虑到各部门的工作问题，以及员工的工作安排，避免因为沟通配股事宜影响了工作。主管可以根据工作安排，在两个月之内与员工沟通完毕。员工需要在每年11月1日之前把认购的股份购买款支付给公司。

（四）分红时间

华为每年3月底公布上一年度的利润以及每股分红的情况与每股价格，4月中旬发放上一年度分红。

1. 分红金额的确认时间

每年3月，华为委托毕马威审计其上一年度的财务情况，并出具财务报告。审计完成后，华为上一年度的净利润得以确定。华为会在3月底将审计后的年度报告向全网公开，同时，召开持股员工代表会，决定现金分红的比例。在净利润出来之后，将多少利润分配给股东，多少利润作为公司滚动发展的资金，这是每个公司都要慎重考虑的事情。

2. 分红的发放时间

部分员工购买虚拟股票采取了内部借款的方式，虚拟受限股分红款在依次扣除个人所得税、内部借款利息、内部借款本金后开始发放。2003—2011年，华为员工可以统一向银行贷款，华为还会先扣除银行贷款的利息和本金。

为了解决公司的现金流周转问题，华为鼓励员工将资金留存在公司。华为出台一项政策，若员工不急需用钱，可暂不提取现金分红，将其留存在公司内部账户上。作为回报，工会将员工留存在内部个人账户、暂未提取的分红资金，自分红发放之日起按照年利率6%（年利率每年有所不同）进行计息。当然根据法律规定，利息收益也需按照20%的税率支付个人所得税，税款在季度结息时由公司代扣代缴。为什么是6%，而不是4%或者5%？因为一般银行理财产品的利率在3%至5%之间，达到6%的理财产品很少。华为这个高于理财利息的标准，对员工比较有吸引力。

分红金额确定之后就进入分红的发放流程，人力资源部会以邮件通知全体持股员工，告知每个持股员工的入股时间、持股数量和今年的每股分红金额，以及该员工全部股份的分红总额。员工只要通过邮件确认无误，工会就会收到员工反馈，然后给员工发放分红款。华为的惯例一般是当年4月中旬发放上一年度的分红。员工若是发现股份数据有误，可以向人力资源部申请查询并核实。

六、定价——以每股净资产定价

因为股票有市场价格，上市公司实施股权激励时，在法律规定的范围内打折。上市公司限制性股票的定价要求在5折以上，而非上市公司因为没有交易价格，实施股权激励就面临着一个很大的难题——没有公允价格，很难有一个老板和员工都认可的价格。股权定价成为非上市公司股权激励的一大难点。

1990年华为开始实施员工持股制度，任正非也不知道应当如何定价，所以采取了“1元购买，1元回购”的定价方式。但是，随着华为的不断发展，这种定价方式显得不合时宜，因为没有增值权，不利于长期留住员工。于是，自2001年虚拟股票期权改革开始，华为每年虚拟股票的定价就按照当年的净资产来定。很多员工都不知道如何计算股价，觉得股价是公司控制的。华为公开声明，每股价格是根据审计过的每股净资产作为定价依据。2003年，MBO虚拟股方案出台，华为仍然沿用每股净资产作为虚拟股票价格。自2004年虚拟受限股推出后，华为股价一路上扬至2017年的7.85元，如图5-1所示。

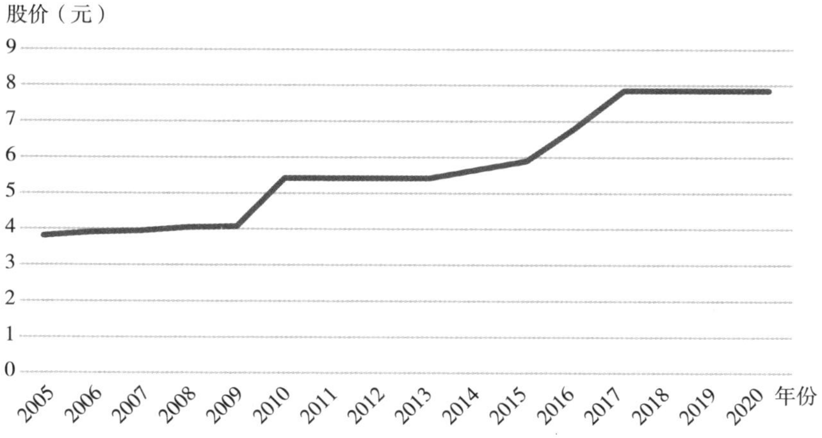

图5-1　华为虚拟受限股股价趋势图

数据来源：根据华为心声社区数据整理。

七、数量——总量、个量须确定

（一）虚拟受限股总量

实施股权激励的企业老板必然会考虑一个问题，那就是到底应该拿出多少股份与员工分享，作为股权激励的期权池。关于股权激励的比例问题，也是我们在从业过程中被老板咨询得最多的一个问题。实践中，大部分企业拿出来分享的比例为10%~30%。但是，千万别把30%作为股权激励的上限。对于应该分多少，我们的观点是在保证可以收回来的前提下，尽量多分但不要乱分。

在股权激励的总量方面，任正非从100%的股份中分出99%以上的股份给员工，自己只留了不到1%，可谓前无古人。同时，华为还在每年增发股份。

（二）虚拟受限股个量

2020年，华为虚拟受限股的总量达到了340.5亿股，按照12万持股员工计算，人均约28万股。从2006年开始，华为推出了饱和配股制度，规定了每个岗位级别最高的配股数量，达到饱和配股线则不再配股。

在华为，持股员工获得多少数量的股份，一般是由部门主管根据级别、工龄、绩效等情况综合确定。

华为规定，若夫妻双方同在华为工作，只能按虚拟股票评定数量低的一方的数量进行认购。绝大多数员工认为虚拟股票拿低的一方太亏了，职位低的一方往往会离职。华为此举何意？这种做法并不是针对基层员工的，因为基层员工本来虚拟股票就不多，甚至没有虚拟股票，这个政策对他们并没有多大影响。华为主要是不希望夫妻双方同在华为担任高层，以避免产生一些利益关系。华为通过虚拟股票分配的方式非常轻松地解决了这个问题。

八、来源——回购、增发两相宜

关于股权激励的股份来源，一般有三种。第一种是老股转让，即老股东将自己所持有的部分股权转让给受激励对象；第二种是回购股份，即从市场上回购股份用于激励员工，这种情形一般是上市公司常用的；第三种是增发股份或者增资，员工的股份来自新增份额。增资是大部分公司实施股权激励的一种选择。

华为每年用于激励员工的股份主要来自每年新增发行的股份，还有部分是向员工回购回来的股份。总之，华为股权激励的来源主要靠增发，少部分是从已离职或去世的员工处回购回来的。

九、平台——工会委员会持股

华为在工商局中登记的股东是任正非和华为投资控股有限公司工会委员会，华为投资控股有限公司工会委员会占有约99%的股权（见图5-2）。在法律上，任正非和华为投资控股有限公司工会委员会才是华为投资控股有限公司的直接股东。任正非以外的华为员工股份由华为投资控股有限公司工会委员会集中管理，代为行使法律上的权利。除了作为创始股东直接持股，任正非也作为员工在华为投资控股有限公司工会委员会中持股。

十、退出与保留——两者间的平衡

股权激励的退出机制非常关键，也是很多企业家实施股权激励关注的要点。好多老板犹豫很久不敢实施股权激励，就是因为无法设计出一套良好的退出机制。华为股权退出机制的设计非常合理，也是华为员工持股制度的重要保障。因为有了退出机制，华为能够保持员工与股东身份的一致性，保证股东都是员工。因为有了退出机制，华为的股份才能不断增发，30多年来生生不息。可以说，没有退出机制的设计，华为的股权激励制度就无法持续。详见第7章第7节。

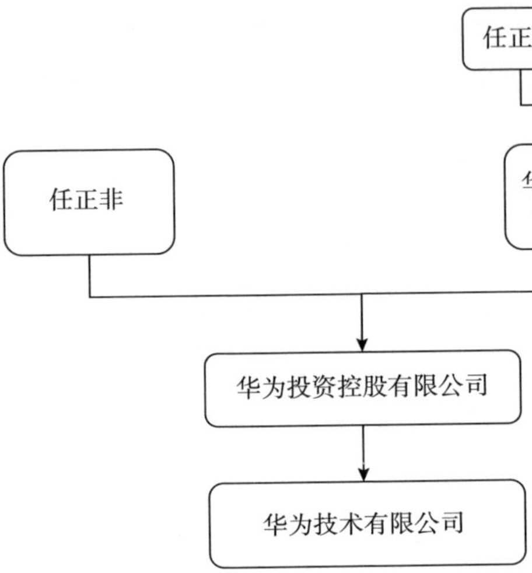

图5-2　员工持股方式示意图

除了制定完善的离职退出机制，华为还设计了内部退休保留虚拟股票的制度，详见第7章第8节。总之，除了符合退休保留虚拟股票的政策，一旦员工离职，不论是否存在过错，他的虚拟受限股都要被回购。

虚拟受限股要点详见表5-1。

表5-1　虚拟受限股要点一览表

序号	项目	内容
1	权利	分红权、增值权、剩余财产分配请求权、选举权和被选举权

（续表）

序号	项目		内容
2	义务		出资义务、忠实义务
3	激励对象	级别	15级及以上
		工龄	3年以上
		绩效	上一年度KPI考核结果为B+以上
		考勤要求	上一年事假（与月末周六加班冲抵后的余额）小于5天 近两年各类休假（含各种法定休假和非法定休假）不超过60天
		排除条件	不存在重大恶性关键负向事件
4	时间	方案有效期	长期有效
		虚拟受限股有效期	长期有效
		购股时间	一般为每年9~10月
		分红时间	每年4月中旬
5	定价		以每股净资产定价
6	数量	总量	99%以上股份都分给员工
		个量	饱和配股规定上限
			一般由部门主管根据级别、工龄、绩效等情况综合确定
7	来源		回购或增发
8	平台	持股平台	由工会委员会持股
9	退出与保留	员工主动申请回购	19级以下员工每年最多申请回购1/4 19级及以上员工每年最多申请回购1/10
		公司强制回购	员工离职或死亡的，公司按每股价格强制回购
		退休股份保留	45周岁以上，工龄满8年

第2节　危机下的新版虚拟受限股ESOP1

2020年华为比2019年更加困难。为了留住员工，2020年4月，华为推广了一项股权激励方案——ESOP1。所谓ESOP1，可称得上是普惠版的虚拟受限股。

一、目的——留住员工

已经有虚拟受限股和TUP了，华为为何还要推广ESOP1呢？华为官方的说法是推广ESOP1是为了提高员工离职后的收益。但我们认为，华为推广容易获得、容易保留的ESOP1主要还是为了与更多员工形成命运共同体，共渡难关。

一般以留住员工为目的的股权激励方案对于业绩的要求更低，而对于工龄和锁定期的要求更高。从此方案的具体设置来看，其体现出很强的留住人才的倾向。

二、权利——分红增值

在权利方面，持有ESOP1的员工可以享有分红权、增值权，不享有选举权。

为什么ESOP1持股员工不享有选举权呢？这主要是因为一来ESOP1让大量的低层级老员工得到了持股机会，华为需要对其选举权进行限制；二来ESOP1更加侧重经济权益，与虚拟受限股享有同等的分红权和增值权，并且入职8年的持股员工离职后仍然可以享受同等的分红权和增值权，比起虚拟受限股，ESOP1的经济权益更加丰厚。

应该说，ESOP1的长期收益特别大。虽然华为的虚拟受限股每年收益很高，但员工每年都得努力奋斗才行。员工如果不努力了，可能就会被淘汰，虚拟股票就被回购了。虚拟受限股的高额回报，其中大量属于人力的回报，而不是资本的回报。超出资本收益的回报是由于持股员工放弃休假、加班费，努力奋斗而产生的增值。入职满8年的员工即可保留ESOP1，这样一来，持股员工在未来四五十年仍然可以享受这样的高额回报，收益显得特别大。

我们来做个测算：以1万股ESOP1，每股价格7.85元为例，1万股ESOP1的购买价格为78 500元，我们取10%作为资本的一般收益，而华为近20年的虚拟股票平均收益在36%，那么，可以说超出的26%属于人力的回报。如果员工购买的是虚拟受限股，那么员工离职之后，他的虚拟受限股将被回购。但若他购买的是ESOP1，员工离职之后，他仍可以获得这一部分收益，这样人力回报就转换成资本回报。按照员工平均40岁离职来计算，假设员工离职后再活40年，那么，他可以再多领取40年的额外回报，每年的额外回报为20 410元，40年将额外获得816 400元。

算一算账，就能理解为何ESOP1的魅力如此强，吸引力如此之大。当然，肯定有华为员工认为我们这种算账方法纯属想象，前提是华为能活下去，而且能保持这么高的投资回报率，才有可能实现这样的收益。否则，如果华为过几年就倒闭了，那么分红也就终止了。能不能继续活下去，能不能保持如此高的收益，是这种算法能否成立的前提。

这种质疑非常有道理，员工们知道这样的道理，华为也知道。所以，购买了ESOP1，员工就得与华为共渡难关，并且努力让华为长期活下去——既为了那心中的梦想，也为了长期的收益。

三、对象——5年员工

关于授予条件方面，虚拟受限股的授予条件为在华为工作3年以上、上一年度KPI考核结果B+以上的15级及以上员工；而ESOP1的授予条件为在华为工作满5年、绩效不差的员工。所谓绩效不差就是指上一年度KPI考核结果为B以上即不得为C。在华为年度KPI考核结果为C的比例为11%，这个条件很宽松，对于工作满5年的员工来说，属于普惠性质的激励。特别值得一提的是，此次ESOP1并没有级别的要求，主要对工龄做出要求。这对于15级以下员工而言，是一次千载难逢的配股机会。

ESOP1的授予对象没有级别限制，并且对员工业绩的要求很低，可以在更大范围内形成命运共同体。

与2019年相比，2020年华为的员工人数并没有显著增加，但是股东人数却从2019年的104 572人增加到121 269人，增加了16 697人，增加数量之大前所未有。显然，这次股东人数的大量增加，主要得益于ESOP1的大面积发放。由此，大家也能体会到华为限制ESOP1持股人员选举权的原因了。

四、数量——统一计算

在授予数量方面：2020年4月，华为发行了21.46亿股ESOP1，占总股量的7.31%；2021年4月，华为发行24亿股ESOP1，占总股量的7.05%，激励力度可谓相当大。

在员工个人配股数量方面，华为一反以前灵活性强的常态，通过统一的公式进行测算授予数量。员工所获得的ESOP1数量=上一年度薪酬年收入 ×25%÷当年虚拟受限股每股价格。薪酬年收入包括工资、奖金以及多元化激励（比如得了公司内部奖获得的奖金），但外派补助、虚拟股票收益、TUP收益不算在内。关于各种补助是否计算在内，还有一些更具体的计算细则。

五、价格——每股净资产

如前所述，ESOP1的每股价格与虚拟受限股的价格是一致的，是按照每股净资产进行定价，并没有打折或溢价。

六、平台——工会委员会持股

因为员工持有的ESOP1也是虚拟受限股，所以，也是通过工会委员会持股，实行增资操作。此处与虚拟受限股一致，不再赘述。

七、退出——8年保留

在虚拟股票保留机制方面，ESOP1又有所创新。ESOP1的保留条件有两个：一是员工入职满8年；二是员工离职上一年度需配股。也就是说，如果当年4月配股，12月31日前离职的员工，那么他当年所配的ESOP1不能保留；如果他到下一年度再离职，即可保留他当年度所配的ESOP1；如果他年底前离职，则他当年所配的ESOP1将被原价回购。

ESOP1的保留与持股时间无关，对于已经工作8年的人来说，到了第九年就可以保留ESOP1了。ESOP1的保留也与年龄、业绩、级别没有关系。

虚拟受限股的保留条件是年龄满45周岁，入职满8年；而ESOP1的保留条件仅需入职满8年，与年龄无关。这明显放宽了虚拟股票保留的条件。如此宽松的保留条件，让很多得到配股的老员工都非常开心。对于入职未满8年的员工来说，入职5年后有购买ESOP1的资格，最多再等3年就可以保留股份，终身享受华为虚拟股票分红。

虚拟受限股最大的缺点就是如果不满足退休条件，股权就会被回购，持股员工无法长期享受华为股权收益。而ESOP1的保留条件很容易满足，员工只要不违反《华为员工商业行为准则》，不损害公司利益即可，这样的保留条件对于员工具有非常大的吸引力。华为的意图也非常明显，即只要员工和公司共渡难关，三五年之后，员工就可以保留大量的股权，安享长期收益。试问，如果你是华为员工，你不愿意为此留下来吗？

正因为保留条件过于宽松，注定了ESOP1不是一个适合长期执行的方案，而是一个临时激励方案。未来进入"和平期"，华为可能不会大量发放ESOP1，因为大量离职人员保留虚拟股票并享受高额分红，对于华为来说，是一个巨大的负担。当然，华为也可能继续实施ESOP1，但应该会提高保留虚拟股票的条件或者提高获得虚拟股票的条件。

ESOP1的其他要点，如购买价格、退出价格、分红收益与增值收益等，均与虚拟受限股相同，在此不予赘述。为了方便读者理解ESOP1方案，我们整理了表5-2。

表5-2　ESOP1方案一览表

序号	项目		内容
1	权利		分红权、增值权， 无选举权
2	激励对象	级别	不限级别
		工龄	满5年
		绩效	上一年度KPI考核结果为B以上

（续表）

序号	项目	内容
3	数量	上一年度薪酬年收入×25%÷当年虚拟受限股每股价格
4	价格	按每股资产定价
5	平台	工会委员会持股
6	退出	入职未满8年，员工离职时，ESOP1需被回购 入职满8年，可保留ESOP1 离职当年所配ESOP1不能被保留

第3节　走出虚拟受限股之困

华为在1998年二次创业的时候，就已经认识到老员工股权过多，其股权收益远远大于工资收入，部分老员工开始坐享股权收益。到了2000年，这个问题更为突出，于是有了内部创业运动。通过内部创业运动，任正非回收了大量的内部股用于激励新员工。2001年和2002年，华为发放的是期权。在2003年的MBO虚拟股方案中，华为发放了大量的股权。此后该问题变得更加严重。

据华为前员工披露，2012年，工作10年以上的老员工虚拟股票数量平均为40多万股[①]，按2010年每股分红2.98元计算，老员工平均分红高达百万元以上。即使在分红较少的2011年，每股分红1.46元，

① 张运辉，赵国璧. 华为你将被谁抛弃：肌体三要素模型分析华为兴衰[M]. 北京：知识产权出版社，2013：215.

老员工平均分红也高达六七十万元。因此，大部分老员工都出现了一些懈怠的情绪，甚至有部分老员工主动申请降职。

华为股权激励中遇到的最大问题就是持股较多的老员工懈怠的问题，即老员工拥有的虚拟股票数量多，每年凭借虚拟股票分红就能得到不菲的收益，工作动力不足。胡厚崑说：

在我们公司对员工的激励政策中，饱和配股是很重要的一部分，是非常大的一部分。这种激励手段本身有利也有弊。这么多年来，公司的饱和配股增加了员工的凝聚力，给员工的贡献提供超额的回报。它的弊在哪里呢？客观上讲，股票的高额回报有可能助长员工惰怠的思想。[①]

如何平衡历史贡献者与当前贡献者的利益关系，是华为在富起来以后面临的长期问题。

一、辩证看待员工躺在股权上睡觉

早在1996年，任正非就提出，华为目前还面临着一个如何评价历史功臣的现实问题。在华为生死存亡的关头，他们拼死杀出一条血路。发展到现在，公司是肯定他们，还是不肯定他们呢？任正非的答案是：既要肯定又要否定，肯定与否定是交织在一起的。但如何肯定他们，如何否定他们，非常复杂，不好解决。[②]

---

① 王京刚.华为人力资源管理（活用版）[M].北京：中国铁道出版社，2017：299.

② 任正非.秘书体系是信息桥——任总与人大孙健敏博士谈秘书体系建设等问题[EB/OL].（1996-8-28）[2021-7-26]. http://app.huawei.com/paper/newspaper/newsPaperPage.do?method=showSelNewsInfo&cateId=9429&pageId=12209&infoId=27270&sortId=1&commentLanguage=1&search_result=1.

（一）对历史贡献者要给予充分的肯定

当历史功臣享受丰厚的回报却不作为时，有员工提出老员工不劳而获，公司应当将其所持有的虚拟股票进行强制回购。

面对质疑，华为并没有强制回购老员工虚拟股票。华为的观点是：华为必须信守承诺，尊重老员工的历史贡献，不能只看到老员工现在的收入而忘记他们以前的付出和承担的风险，不能强制收回虚拟股票，除非老员工自愿退出。

任正非认为，喝水不忘挖井人，对于历史功臣首先要予以肯定。华为党委、华为人力资源委员会在《天道酬勤》一文中写道：

> 公司创业之初，根本没有资金，创业者们把自己的工资、奖金投入公司，只能拿到很微薄的报酬。绝大部分干部、员工常年租住在农民房，正是老一代华为人先生产后生活的奉献，帮公司挺过了最困难的岁月，支撑了公司的生存、发展，才有了今天的华为。当年他们用自己的收入购买了公司的内部股，到今天获得了一些投资收益，这是对他们过去奉献的回报。我们要理解和认同，因为没有他们当时的冒险投入和艰苦奋斗，华为不可能生存下来。我们感谢过去、现在与公司一同走过来的员工，他们以自己的泪水和汗水奠定了华为今天的基础。更重要的是，他们奠定与传承了公司优秀的奋斗和奉献文化，华为的文化将因此生生不息，代代相传。[①]

为什么要肯定历史贡献者呢？任正非认为有两个原因。

---

① 华为公司党委，华为公司人力资源委员会．天道酬勤[EB/OL].（2006-7-21）[2021-7-26]. http://app.huawei.com/paper/newspaper/newsPaperPage.do?method=showSelNewsInfo&cateId=8467&pageId=9756&infoId=18845&sortId=1&commentLanguage=1&search_result=1.

1. 有奉献必有回报，华为绝不亏待“雷锋”

现在华为老员工能够持续享受虚拟股票带来的分红收益，是因为当年这些老员工做出了艰苦卓绝的努力。1997年，任正非在市场前线汇报会上深情地说道：

> 历时8年的市场游击队，锻炼了多少的英豪。没有他们含辛茹苦的艰难奋战，没有他们的“一把炒面，一把雪”，没有他们在云南的大山里、在西北的荒漠里、在大兴安岭风雪里的艰苦奋斗，没有他们远离家人在祖国各地埋头苦心钻研，出淤泥而不染，就不会有今天的华为。吃水不忘挖井人，我们永远不要忘记他们。[①]

虚拟股票收益具有长期性的特点，现在的收益来自当年的付出与贡献，具有一定的合理性。如果现在的收益一定要靠现在的付出才可以获得，那么只看当下的薪酬回报就可以了。华为之所以要为知识贡献者提供股权回报，是因为知识性的贡献无法在当下一次性衡量，无法通过短期的薪酬予以回报，只能通过长期的虚拟股票收益予以回报，并且将收益与风险捆绑在一起。

2. 老员工的早期投资带有风险投资的属性

像华为这种高科技公司，需要巨大的投入，而成功的可能性其实很小。因此，对于高科技公司的投资，在国外一般属于风险投资。目前，中国也有很多投资机构主要投资高科技行业。但是，在华为创业初期，任正非无法找到这种风险投资资本。可以说，即使把华为放在

---

① 任正非. 不要忘记英雄——在来自市场前线汇报会上的讲话[EB/OL].（1997-1-23）[2021-7-26]. http://app.huawei.com/paper/newspaper/newsPaperPage.do?method=showSelNewsInfo&cateId=9399&pageId=12148&infoId=27086&sortId=1&commentLanguage=1&search_result=1.

当前的融资环境中，也不一定有投资机构看得上。正是在这种形势下，华为的早期员工对华为进行了大量的投资，把自己赚来的工资、奖金都投入华为。很多华为员工，除了生活费，都没有其他现金进账，因为他们把赚来的钱再次投入华为。

任正非在2000年之前还没有买房，2000年华为公司的营业收入超过160亿元，净利润29亿元。任正非即使持股1%，他的分红也接近3 000万元。他没有买一套房子，和太太租的房子只有30多平方米、西晒、没有空调。他把所有的钱又投入华为的发展。华为高管大批量买房是1998年以后的事情，而任正非则2000年后才买房。

早期员工做出如此的牺牲和付出，冒着非常大的风险，他们的持续分红理应予以保护。现在大家看到的是华为成功后的大把分红，要是华为没有成功，这些多年的滚动投资就会打水漂。

3. 亏待老员工，新人也很难长久

新人也会成为老人，如果公司采取“卸磨杀驴”的做法，就会令新员工寒心，不愿意在公司长期工作。如果不保障历史贡献者的利益，未来谁还愿意贡献呢？关于这一点，任正非也有非常清楚的认识，他明确指出：

> 华为确保奋斗者利益。若员工奋斗不动了，想申请退休，那么我们也要确保退休者有利益。不能说过去的奋斗者就没有利益了，否则以后谁上战场呢？[①]

综上所述，华为应当肯定历史贡献者的价值与贡献，而肯定的主

---

① 华为总裁办．任正非在后备干部项目管理与经营短训项目座谈会上的讲话[EB/OL].（2014-4-24）[2021-7-26]. https://xinsheng.huawei.com/cn/index.php?app=forum&mod=Detail&act=index&id=2026917&search_result=2.

要方法是保留老员工持有的股权，以及让退休的老员工保留股票，继续享受分红。

（二）对历史贡献者应当予以否定

既然是历史贡献者，也就意味着他不是当前奋斗者，那么他也应当受到否定。原来的老员工可能能力、精力和动力都不如现在的新员工，其贡献自然也就不如新员工。历史悠久的公司往往都存在老人阻碍新人成长的问题，这个问题如果处理不好，就会出现老人守着到手的利益不放，也不愿意培养新人，而新人一方面晋升无望，另一方面无法得到成长。在这种情况下，很多曾经优秀的公司就会开始走下坡路。华为采取了以下措施来平衡新老员工，做好新老传承，让华为的奋斗者精神一代又一代地传承下去。

1. 保留股份，传承职位

当老员工能力跟不上的时候，一定要把职位让出来，但为了认可其历史贡献，其股份仍然可以保留。公司一定要把奖金和职务给责任者。可以让历史功臣享受福利，但决不能让历史功臣阻碍企业发展，否则华为就会陷入大企业病。任正非说：

> 一个人是很难跟上时代进步的，当他跟不上时代时，他的岗位必须变动，否则企业就会失去竞争力。即使他同意变动，如果不按贡献改变薪酬，那么企业拖着这种高成本，竞争力也会下降，从而逐步走向死亡。考虑到这些人的历史贡献，企业可以保留已配给他的股权，让他享受投资收益。华为垮了，他什么收益都没有了。华为从一开始就设计了这种制度，使得华为有可能克服大企业病。①

---

① 黄卫伟．以奋斗者为本：华为公司人力资源管理纲要[M]．北京：中信出版社，2014：091．

2. 通过培训提供转换机会

任正非认为，要对老员工不断进行培训，给他们提供转换机会，能转换一个就争取一个，能转换两个就争取两个，转换不了的要给一个合理的岗位调整。任正非说：

> 对于历史上做出过很多贡献，现在技能跟不上的员工，要给予安抚。这个可以灵活处理，公司可以给予一些特殊政策。我们对员工还是要爱惜的。各个干部在变革时期要做好员工的思想工作，切忌态度粗暴。①

3. 内部退休

在2004年之后，华为就出台了内部退休保留虚拟股票的政策。现在华为让那些曾经做出贡献，而现在跟不上公司发展的员工，直接退休，保留部分虚拟股票作为其退休福利，将岗位腾出来给新的骨干。通过内部退休方式离开华为岗位的员工已达上万人。

（三）对于当前贡献者应当予以充分激励

2009年，任正非说：

> 公司创业期的配股制度和在此基础上优化的饱和配股制度，较好地解决了公司在特定历史时期管理上面临的主要矛盾，但现在看来较多地体现了资历和级别因素。公司未来的发展将越来越依靠后加入公司的新骨干。如果我们没有将利益合理分给在现职岗位上做贡献的人，就会引发内部利益关系的失衡，最终使公司丧失战斗力。②

① 黄卫伟. 以奋斗者为本：华为公司人力资源管理纲要[M]. 北京：中信出版社，2014：091.

② 黄卫伟. 以奋斗者为本：华为公司人力资源管理纲要[M]. 北京：中信出版社，2014：092.

只有给予当前贡献者激励，才能保证华为持续的战斗力。在股权分配时，新增配股要向高绩效者倾斜，使得公司长期利益不断被分配，在历史贡献者、当前贡献者和未来贡献者之间形成趋于均衡合理的分配格局。

任正非认为要招聘一批胸怀大志、一贫如洗的人。因为他们既有饥饿感，又有本事。通过这个平台的锻炼、培养和激励，将来三十几岁的华为人也能指挥华为。只有这样，华为才能充满奋斗精神。只有对他们的激励是合理的，才能让他们长期奋斗，而母公司会不断地往子公司输出人才。①

我们认为，在刚开始实施股权激励的时候，不用过度关心这个问题，因为很多公司还没走到这一步。但是要做好相应的退出机制，为未来解决这一问题留下足够的空间。

员工富起来以后不努力奋斗的问题不足为虑，更不能因此就不让员工富起来。如果不让员工富起来，员工看不到在公司富起来的希望，那么更多的员工会离职，结果就是老板和员工都没富起来。

任正非早在1994年的时候就跟员工说："你们以后一定要买阳台大的房子。"员工很好奇地问："为什么要大阳台？"任正非笑了笑说："晒钱啊！钱赚得太多了，没地方花，怕发霉，因此需要经常拿出来晒一晒。"②

这当然是一个笑话，因为再多的钱都可以存银行，根本不需要晒。但是，这表明了任正非从一开始就想让大家跟着公司发家致富。

当初，任正非也许并没有考虑到员工富起来以后惰怠的情况。难

---

① 黄卫伟. 以奋斗者为本：华为公司人力资源管理纲要[M]. 北京：中信出版社，2014：92.

② 王育琨. 苦难英雄任正非[M]. 江苏：凤凰文艺出版社，2019：339.

得的是当这些问题出现的时候，任正非没有因噎废食，他采取的对策是通过各种办法解决这一问题，而不是停止实施员工持股制度。所以，一方面要让员工富起来，另一方面要解决员工富起来之后，公司继续前进的动力问题。

那么，公司应该如何给予当前贡献者充分激励呢?

二、八招解决员工躺在股权上睡觉的问题

华为采取了以下措施实现控制历史贡献者收益、加强激励当前贡献者的目标。

（一）饱和配股制度

2006年，华为推出了饱和配股制度，规定不同级别员工持有的最高股份数量。在饱和配股制度下，如果员工的级别不能提高，他的股份数量就会受到限制，不会随着工龄的增加而不断积累。员工如果想多配股，就需要努力奋斗去提升级别。在员工级别提升之后，他的饱和配股线随之上升，他就可以多配股，这就避免了给不努力的老员工继续配股的情况。

（二）号召老员工主动退股

每当遇到困难，华为的高层总是率先垂范，对于老员工退股这个事情也是如此。任正非一直在稀释自己的股份，从个人股份占比约17%减到不足1%。2011年，有好多优秀骨干主动写申请书减持虚拟股票，减持数量还不少。有些人自愿减持一半，这些申请通过了华为人力资源委员会的批准。2012年，董事长孙亚芳又带头减持了她的虚拟股票。

任正非认为华为需要这种自我牺牲精神。如果这能形成一种机

制，使老员工能在自己冲不动的时候，为了公司的可持续发展而主动申请减持自己的虚拟股票，分配给更多优秀的、有冲劲的员工，那么华为将会长盛不衰。

然而，依靠这种道德的力量总是不够的。对于那些没有贡献、又死死抱住虚拟股票不放的老股东，公司应该怎么办？

（三）奋斗者末位淘汰制度

对于没有足够贡献，又不自觉的老员工，华为只能采取淘汰的方法解决。除了常规的人事辞退制度，华为还对奋斗者实行末位淘汰制度。任正非在1995年年底就提出，华为要保持每年5%的自然淘汰率与10%的合理流动率。

2002年，任正非发表《迎接挑战，苦练内功，迎接春天的到来》的内部讲话，指出：

> 我们贯彻末位淘汰制，只裁掉落后的员工，裁掉那些不努力工作的员工或不胜任工作的员工。我们没有大的结构性裁员计划，我们的财务状况也没到这一步。和竞争对手比起来，我们的现金流还是比较好的，可以支持我们在"冬天"竞争。
>
> 实行末位淘汰制，请走一些落后的员工也有利于保护优秀的员工，我们要激活整个组织。[①]

2007年，任正非在给新员工的培训中指出：如果一个员工的贡献低于成本，那就要把他末位淘汰。[②] 2011年，华为改变了12级及

① 程富广，杨愿诚，朱迪．任正非内部讲话实录[M]．杭州：浙江人民出版社，2013：124.

② 成海清．华为傻创新：持续成功创新企业的中国典范[M]．北京：企业管理出版社，2016：258.

以下人员的考核，实行绝对考核，只要考核合格就可以。但对13级及以上的奋斗者，华为实行相对考核。所谓相对考核，不仅看员工本人的绩效是否合格，还要看员工在整个员工队伍中所处的位置，对于排名最后10%的员工，予以淘汰。特别是对担任行政管理职务的人，华为坚定不移地实行末位淘汰制。如果落后员工不被淘汰，他就可以得到更多的利益、责任和权力。华为不能让他坐享其成，贡献和利益是要对等的，不可能只有利益没有贡献。通过末位淘汰制，华为裁掉落后的员工、不努力工作的员工或不胜任工作的员工，以强化绩效考核管理，激活整个队伍。2011年，任正非讲道：

针对12级及以下的员工，我们的考核方式已经发生了很大的改变，实行绝对考核，不再是相对考核。我有个批示给人力资源部，末位淘汰制是为了选拔领袖用的，采用挤压政策，挤压出领袖来。12级及以下员工不需要用末位淘汰的方式来挤压。例如：你们这个部门都做得很好，你们中95%员工的考核结果都是A；也可能你们部门做得不好，你们中70%员工的考核结果都是C。这是绝对考核，没有A、B、C的量化指标。但是对于奋斗者、拥有股票者和行政岗位干部，我们坚定不移贯彻相对考核制度，以此来逼迫你必须努力，才能生存。如果你今天拿了股票，后面几十年你就不好好干活，你还要享受这么多，这么长久，我们怎么会同意，这对有创造力的新生力量不公平。[①]

通过末位淘汰的方式淘汰一名员工，不一定是将其除名。调整工作岗位、调整待遇也是一种方式，调整待遇包括调整股权。通过末位淘汰，华为把不合格的奋斗者清理出去。根据离职回购条款，华为将回购被淘汰员工的虚拟股票，重新进行分配。

---

① 陈广. 华为的企业文化（实战版）[M]. 深圳：海天出版社，2017：204.

（四）让老员工内部退休或被辞退

很多老板其实有个误区，希望目前这些持股员工能够跟他奋斗一辈子。这个理想固然好，但是能够一辈子共同合作的人很少，能够遇到是一生莫大的幸事。对于大部分人来说，一起奋斗的经历就是一段时间共同走过一段路而已。当他们不再愿意奋斗的时候，不必勉强他们去奋斗，而应当通过更新换代的方式，换一拨新人进来继续前进。我们要把不愿意继续奋斗的人淘汰出去，让被淘汰的人获得他应有的收益之后离开，不能让他长期获得不应有的收益，也不能在没有任何收益的情况下逼迫他离开。

华为将不愿意继续奋斗的人淘汰出局，补偿其应有的劳动收益和股权收益。除了辞退，华为还有内部退休制度。内部退休制度其实也是一种淘汰制度，只是一种更加温和、补偿更高的淘汰机制——通过让员工保留部分虚拟股票，每年享受分红，从而达到让员工退出关键岗位，并且遵守竞业限制协议的目的。在退休的时候，并不是所有员工都能保留全部的虚拟股票，根据其服务年限和贡献程度，会有不同数量的虚拟股票被回收。对于不符合退休条件的老员工，华为会采取劝退的方式让其离职。当然华为会为这些老员工支付充足的补偿，在其离职的同时，回购虚拟股票。

当然，通过淘汰机制来解决员工躺在股权上睡觉的问题，需要有一个前提条件，就是建立良好的股权退出机制。华为的虚拟受限股在员工离职时，是需要被回购的，不论是员工主动辞职还是被辞退。

（五）使入股员工成为奋斗者

社会上有些人把华为描述为血汗工厂，员工没日没夜地加班，不能休假。很多人对华为的奋斗者协议也嗤之以鼻。实际上，华为并不像大家想象中那样天天加班，没有假期，而是休假种类繁多。华为规定的休假种类有30多种，包括事假、病假、婚假、丧假、计划生育假、司机年审假、工伤假、无薪假、陪产假、轮休假（薪酬提供的实际轮休假）、婚检假、产检假、产假、流产假、哺乳假、带薪年休假、特殊长事假、合同年休假、周末调休假、月末周六调休假、补休调休假、年休假、海外年休假、周六离岗申请、排休假、培训事假、管理者调休假、体检假等。虽然公司规定了这么多种类的假，但是华为员工却不会轻易休假，这是为什么？归根到底就是华为实行多劳多得、少劳少得、不劳不得的分配制度，反对不劳而获的制度。

华为的奋斗者协议很出名，很多人都听说过。奋斗者协议是怎么来的呢？有本书讲了一个故事。

2010年前后任正非在华为南京研究所开会。在提问环节，有员工问任正非："《劳动法》规定了年休假，其他公司也都有，为什么华为没有。"任正非回答："我们进了通信行业，进入了半导体行业，进入了原材料是沙子的行业，行业竞争太激烈。我们需要更多努力，才能赶上西方国家，我们唯一的途径是奋斗。"该员工继续质问任正非："请正面回答我的问题。"此话一出，全场鸦雀无声，没想到有人敢这么问，场面一度很尴尬。任正非从南京回来后不久，就推出《奋斗者协议》。①

所谓奋斗者协议，并不是协议，而是申请书，即如果一个员工要想获得虚拟受限股或者TUP，就必须提交《奋斗者申请书》，申请成为奋斗者。只有被批准成为奋斗者之后，他才有资格享受虚拟受限股或TUP收益。

我们收集了不少奋斗者申请书，下面一份是比较典型的。

---

① 张运辉，赵国璧. 华为你将被谁抛弃：肌体三要素模型分析华为兴衰[M]. 北京：中信出版社，2013：71-72.

奋斗者申请书

以客户为中心，以奋斗者为本，长期坚持艰苦奋斗是华为的胜利之本。20多年来，公司从小到大，靠的是奋斗；从弱到强，靠的也是奋斗；未来持续的领先，更要靠奋斗。公司的成长发展，要靠集体的奋斗；个人的成长和公司一样，也要靠个人的奋斗。我愿意通过不懈地奋斗，实现人生价值，让青春无悔！我愿意成为与公司共同奋斗的目标责任制员工，与公司共同奋斗成长，一起分享公司发展的成果，共同承担公司经营风险。我也理解成为奋斗者的回报是以责任和贡献来衡量的，而不是以工作时间长短来决定的。

基于以上认识和理解，我自愿申请成为与公司共同奋斗的目标责任制员工，自愿放弃带薪年休假及非指令性加班费。我十分珍惜在华为的奋斗机会，也相信只有通过不断奋斗，才能为公司发展做出贡献，才能为家人创造美好生活，才能对社会有所贡献。

特此自愿申请成为奋斗者，恳请公司批准！

申请人：×××

申请日期：×××

那么，奋斗者与普通劳动者的待遇有什么区别呢？

各位可能已经注意到“非指令性加班费”这个词，对于非华为人来说，这个词一定陌生。在华为，加班分两种，即指令性加班和非指令性加班。指令性加班就是领导安排的、必需的加班，而非指令性加班主要是指员工自愿的加班行为。对于奋斗者，公司领导安排的指令性加班，他也可以提交加班申请。华为会按照法律规定给予相应的加班待遇，一般采取周末调休的方式予以补偿。如果员工周末不能调休，那么华为需要支付加班费。但是，员工如果被安排指令性加班，又不提交加班申请，那么就得不到相应的加班待遇。

网上有传闻说，华为人放弃的休假包括婚假和陪产假等，实际上奋斗者申请放弃的休假是指带薪年休假和主动加班的调休假，并不是泛指放弃一切假期。任正非在2019年接受日本媒体采访时说道：

我们认为只要努力工作的员工都是奋斗者。假设一个音乐家每天上班8小时，周末去度假，下周再上班40个小时，你认为他会成为音乐家吗？假设一位画家每天上班作画，下班就不画了，你认为他会成为画家吗？制造优秀产品的人的奋斗时间应该比别人多，我们给他们命名为奋斗者。成为奋斗者或劳动者是员工的自愿选择。劳动者享受准时下班玩、周末休息、加班给钱，在经济回报上并不吃亏。奋斗者不要这些，就吃亏了吗？没有。公司会给成为奋斗者的员工分配内部股票。他的短期报酬是将自己每年的贡献兑换成奖金，公司继续产生的利益跟他无关。他的长期激励是用内部股票的方式，让他继续享受过去的劳动贡献。奋斗者退休以后可以保留公司内部股票，享受过去劳动的贡献。奋斗者配的内部股票数量不仅跟职级有关，跟贡献与年限也有关。①

任正非认为，对于普通劳动者，应该按法律相关的报酬条款，保护他们的利益，并根据公司经营情况，给他们稍微好一点的报酬。比如说有带薪年休假、超长的产假……但是他们的工资水平只能和业界相比，而不能参照华为的内部标准。普通劳动者只拿固定的年终奖，不能享受分红。

奋斗者不拿加班工资，主要从虚拟股票和年终奖中分享剩余价

① 华为公共及政府事务部. 采访实录第三册[EB/OL].（2019-5-18）[2021-7-26]. https://www-file.huawei.com/-/media/corp/facts/interview/caifang-zhongwen/inhisownwordsdialogueswithren%20cn3.pdf?la=en.

值。这使奋斗者自愿放弃一些权利，比如加班费……但他们可以享有饱和配股，以及分享年度收益。他们的收入是波动的，与公司的效益挂钩：公司效益好，奋斗者的收入就高；效益不好，他们的收入比普通劳动者还差。

任正非认为，奋斗者是先付出后得到，普通劳动者是先得到再忠诚。很多员工都会说“给多少钱，干多少活”，这就是典型的劳动者心态。而奋斗者则是基于对事业的追求而做出贡献，公司基于贡献给予奋斗者相应的回报。

如果你想成为华为股东或者分享华为的股东收益，就必须成为奋斗者。是否愿意成为奋斗者，是员工自己的选择，没有任何人能够强迫。普通劳动者也可以安心享受华为给的一份不错的工资，在加班后领取加班费。

（六）通过低定价不断稀释老股东的收益

通过淘汰机制，华为已经把最不合格的那些奋斗者淘汰。对于那些表现尚好的在职老员工以及退休持股的老员工，华为通过稀释老股东利益来鼓励新人奋斗。低定价虽然不利于老股东退出，但有利于新股东购买股份。

华为股权激励制度的指导思想之一是解决创业者、老员工和新员工的关系。一定要让新员工认同企业，把企业作为个人的事业，为企业做贡献。这在股权上的体现就是不断地吸纳新员工。老员工的股份也在不断地、动态地调整。对于那些以前对企业做过贡献，但是不再为企业创造效益的员工，他们实际上的股份是被稀释的。从理论上讲，这种方法解决了华为的剩余价值到底是谁创造的问题。①

---

① 黄卫伟. 以奋斗者为本：华为公司人力资源管理纲要[M].北京：中信出版社，2014：90.

（七）增加员工劳动收益

自2014年起华为推行获取分享制，调整劳动性收益与资本性收益的比例。华为要求劳动性收益与资本性收益的比例至少保持在3：1。这就确立了当前贡献者获得主要收益，而历史贡献者适当分享收益的原则，从根本上解决了坐车人比拉车人拿得多的问题。

表5-3　华为历年劳动性收益与资本性收益对比表

序号	年份	雇员费用（劳动性收益）（百万元）	净利润（资本性收益）（百万元）	劳动性收益与资本性收益比
1	2009	24 816	19 430	1.28：1
2	2010	30 664	25 630	1.20：1
3	2011	39 367	11 655	3.38：1
4	2012	48 084	15 624	3.08：1
5	2013	52 450	21 003	2.50：1
6	2014	71 808	27 866	2.58：1
7	2015	100 834	36 910	2.73：1
8	2016	121 872	37 052	3.29：1
9	2017	140 285	47 455	2.96：1
10	2018	146 584	59 345	2.47：1
11	2019	168 329	62 656	2.69：1
12	2020	166 061	64 649	2.57：1

数据来源：华为2010—2020年年报。

通过表5-3，我们可以看出，2009年和2010年劳动性收益与资本性收益的比例非常低，仅为1.2：1左右。而2011年后这一比例开始大幅上升，每年在3：1左右，实现了华为的控制目标。但自2016年起，华为不断有TUP转化成虚拟受限股，加上2020年华为开始发放ESOP1，2020年资本性收益再次上升。整体上劳动性收益仍然远大于资本性收益。因为华为持股股东也是员工，所以在分配利润时华为可以在员工和股东之间进行平衡。《华为基本法》确定的原则是人力资本不断增值的目标优先于财务资本增值的目标。任正非在2012年4月28日的讲话《关于2012年经营环境分析与关键经营策略的指导意见》中指出：

抢占战略机会点，要暂时牺牲些股东利益，利润可以降些下来，但一定要使人力资源政策合理化。在争抢这个战略机会点的时候，如果我们太多地控制薪酬而保持利润的话，可能会丧失机会。我们反对一劳永逸的分配制度。[①]

2014年9月23日，任正非发表《在公司近期激励导向和激励原则汇报会上的讲话》，文中指出：

要管理好拉车人和坐车人的分配比例，让拉车人比坐车人拿得多，拉车人在拉车时比不拉车的时候要拿得多。

在进行公司员工薪酬水平与社会水平对比时，高级干部要去掉股票分红，基层员工要去掉加班工资，再作薪酬激励的社会对比，这样才能建立合理的薪酬激励对标管理。员工的货币资本所得（指员工获得虚拟受限股所带来的收益）管理要考虑员工过去的劳动回报，在当时历史条件下做出的贡献，不能用今天来否定过去；而员工的人力资本所得（指员工获得的工资性薪酬、年度奖金和TUP等累计的总收益）管理更多要看现实表现。

要管理好员工人力资本所得和货币资本所得的分配结构，货币资

① 张运辉，赵国璧．华为你将被谁抛弃：肌体三要素模型分析华为兴衰[M]．北京：知识产权出版社，2013：217.

本所得保持合理收益即可，其他收益全部由人力资本所得来体现。我们不能通过股票大量分红来过度保障退休员工的收益，而是要切实保障作战队伍获得大量的机会。[①]

华为加大了薪酬包的比重，以控制股东的利润。如果老股东不努力，那么他在薪酬方面就难以获得更高的收入，股权收益也会受到限制。新股东虽然股权收益较低，但因工作表现突出，能够得到更好的薪酬回报。通过这种方式，华为在一定程度上平衡了新股东与老股东的收益，解决了老股东躺在股权上睡觉的问题。

（八）设计新的激励方式

2014年，华为开始全面推行TUP制度。所谓TUP是指不用花钱就能享有分红权和增值权。自2014年起，华为TUP的实施力度越来越大。TUP实施的目的就在于激励那些年轻的奋斗者，让他们不用花钱购买，也能享受到与老股东同样的分红权。这样老股东的每股收益实际上就被稀释了。例如：在100亿股虚拟受限股基础上增发20亿股的TUP，如果利润不增加的话，虚拟受限股的收益就会相应地下降。可见TUP发行的越多，虚拟受限股的每股收益被稀释得就越严重。

华为通过前述措施，平衡了历史贡献者与当前贡献者的利益，最后实现了三赢，即华为获得了持续的高增长，新员工通过努力奋斗获得了应有的回报，老员工的收益也得以持续。

---

① 华为总裁办. 任正非在公司近期激励导向和激励原则汇报会上的讲话[EB/OL].（2014-9-23）[2021-7-26]. https://xinsheng.huawei.com/cn/index.php?app=forum&mod=Detail&act=index&id=2169227&search_result=4.

本章小结

在虚拟股票期权制度基础上，2004年华为推出虚拟受限股制度。虚拟受限股推出后历经多次调整升级，目前是华为最重要的股权激励方案。华为通过一系列设计，赋予持股股东分红权、增值权、剩余财产分配请求权、选举权和被选举权等，使持有虚拟受限股的员工实质上享有了和登记股东相差无几的权利与利益，实现了虚拟受限股不虚的目标。

在赋予持有虚拟受限股员工丰富的权利和利益的同时，通过级别、工作年限、贡献、考勤、不存在重大恶性关键负向事件等方面的条件和要求，甄选出奋斗者加以激励，确保把股权分配给“火车头”，留住员工持续奋斗。针对新的危机，为了留住员工共渡难关，降低获得条件和门槛，华为推出ESOP1。

在虚拟受限股遇到持股员工惰怠的危机后，任正非并没有因噎废食，而是积极主动采取多种方式应对。本章总结了八个解决员工躺在股权上睡觉问题的方法，值得广大已经实施股权激励的企业借鉴。

虚拟受限股是华为股权激励方案的精髓，是其十几年股权激励实践的经验总结，较好地解决了华为发展中不断出现的员工激励问题，从而推动华为不断向前发展。对所有想实施股权激励却有各种各样担忧的企业而言，虚拟受限股极具学习和借鉴意义。

第6章

TUP解密

本章导读

2012年，虚拟受限股承袭内部股运行了10年之后，华为积累了20多年的问题，显得更加严重。持股过多的老员工渐显疲态，华为虽然采取各种手段予以激活，然而一边在激活，另一边又有老员工开始沉淀，如何从根本上破局?

华为已经成为国际巨头，其中非中国籍员工已达3万人之多。而非中国籍员工却因法律限制无法成为股东，利益共享受到限制。如何让庞大的外籍军团也一起奋斗?

国内的奋斗者只愿意在国内奋斗，不想出国，尤其不想去国外艰苦地区，华为奋斗精神开始萎靡。如何才能让奋斗者奔赴国外，尤其去国外艰苦地区开辟市场?

华为重磅推出TUP。TUP出台之后，一切都出现了转折：非中国籍员工分享了企业发展的利润，积极性和稳定性得到了加强；持股过多的老员工股权被稀释，躺在股权上睡觉的老员工被抑制；持续奋斗的老员工，得到更多的激励和应有的回报；外派出国的员工，乐不思蜀，不想回国。

华为业绩发生了V形反转。TUP是什么，竟具有如此神奇的魔力?

TUP如此神奇，虚拟受限股如此受困，为何虚拟受限股却没有被废止，这几年又被大量增发？

不论是对初次实行股权激励的企业，实施股权激励多年、老股东出现惰怠的企业，还是想分红、投资人却不答应的企业，掌握TUP的精髓，都能够为这些企业的股权激励方案锦上添花。

第1节　TUP概述

早在2007年，华为就已经在海外试点长期激励。之后，华为针对非中国籍员工建立了递延奖金的激励机制。2011年，华为在此基础上推出与虚拟受限股收益相挂钩的利益分享权计划，作为对非中国籍员工的长期激励措施，这个制度覆盖所有驻外机构。2012年，华为正式推出针对非中国籍员工的长期激励措施——TUP，在海外子公司率先对本地员工实行。[①]TUP作为利益分享激励机制在海外试行，取得了不错效果。2013年年底，华为开始扩大TUP方案适用范围，将其覆盖全球68个国家，对所有优秀的非中国籍员工实施激励。同时，华为开始对在中国工作的部分非中国籍员工授予TUP。2013年12月19日，胡厚崑在公司年度干部工作会议上指出，要逐步在全公司范围内实施TUP。2014年1月，华为持股员工代表会正式通过TUP激

① 2012年华为在海外子公司实施TUP，还发生过一个小风波。2016年8月，R子公司本地财务经理发出警示函：子公司税前抵扣风险敞口已接近300万美元，并且金额逐年增加。原因是自2012年起，华为海外子公司开始授予本地员工TUP，但只发布了英文版TUP授予规则。R子公司所在的当地法律规定，只有当地语言的TUP规则才具有法律效力，英文版文件无法通过税审，补税、罚款风险高。在子公司董事会的推动下，历时4个月，华为终于在2016年年底税审前完成了当地语言TUP规则发布，解决了这一问题。

励计划，在全球范围内对全体员工实行TUP激励。2015年，华为将TUP生效规则由分期生效修改为一次性生效。2017年和2018年，华为对即将到期的部分优秀员工的TUP进行一次转换，转换成相应数量的虚拟受限股。直到今天，TUP与虚拟受限股两个激励方案相辅相成，形成了立体式股权激励机制，取得了良好的激励效果。

一、TUP的定义

2012年，华为发布英文版激励方案Time-based Unit Plan，缩写为TUP。TUP翻译为中文即基于时间单位的计划。2014年，华为发布中文版规则，称之为时间单位计划。华为员工根据TUP所获得的不是股份而是时间激励单位，英文简称为TBU（Time-Based Unit）。为了方便读者阅读，本书也将TBU直接称为TUP。时间激励单位的计量单位是“份”，而不是“股”。截至2014年12月31日，华为共授予有效时间激励单位1 051 400 894份。

2014年，华为官方对TUP的定义：在集团范围内对符合条件的员工实行的基于员工绩效的利润分享和激励计划。根据该计划，本集团授予员工时间激励单位，获得时间激励单位的员工（被授予人）可享有以现金支付的收益权，包括年度收益及累计期末收益。年度收益金额及累计期末收益金额均由本集团厘定。时间激励单位的有效存续期为授予之日起5年，被授予人所获时间激励单位总额的1/3将分别在自授予日起满一周年、两周年及三周年后生效，同时，被授予人基于已生效的时间激励单位数量获得以现金支付的年度收益。累计期末收益将于时间激励单位有效期结束时，或被授予人聘用关系解除或终止时，以现金支付给被授予人。

2015年，华为对TUP的规则进行修改，将TUP定义为：本集团范围内实行的基于员工绩效的利润分享和奖金计划。根据该计划，本集团授予员工时间激励单位，获得时间激励单位的员工（被授予人）自授予之日起5年可享有以现金支付的收益权，包括年度收益及累计期末增值收益。年度收益金额及累计期末增值收益金额均由本集团厘定。2015年被授予的以及2015年之前被授予的时间激励单位均将于2016年1月1日全部生效。被授予人基于已生效的时间激励单位数量获得以现金支付的年度收益。累计期末增值收益将于时间激励单位5年期满时，或被授予人聘用关系解除或终止时，以现金支付给被授予人。

无论是2014年版还是2015年版的规则，内容表述的专业性都太强，非专业人士很难看懂，甚至有些华为员工也不明白。

简单来说，TUP是一种有效期为5年的以股份为锚的经济受益权，在有效期内受益人享有相应的年度收益和期末收益，其中年度收益与虚拟受限股分红收益挂钩，期末收益与虚拟受限股增值收益挂钩，5年期满权益结算后失效。根据2014年版规则，所获授的TUP分3年生效。根据2015年版规则，所获授的TUP一次性全部生效。

二、TUP性质分析

TUP到底是不是股权激励，存在争议。有人认为TUP实际上只是一个递延的奖金，将之翻译为奖励期权计划①，因为TUP不符合传统股权激励的模式。有人认为，TUP既是一种产权制度，也是一种短期激励和中长期激励相结合的企业创新实践机制。②华为高管却将TUP视为员工持股的一种方式。孟晚舟在2014年1月15日答记者问

① 北京HR老兵（新浪博客用户）. TUP：华为激励机制的新杀器[EB/OL].（2016-02-02）[2021-07-26]. http://blog.sina.com.cn/s/blog_49643c8f0102wn2n.html.

② 齐宝鑫，武亚军. 转型经济中民营企业成长的中长期激励机制研究——华为推行TUP的产权制度创新实践与理论启示[J]. 复旦学报：社会科学版，2018（03）：167.

时说道：

> 过去，员工持股计划覆盖中方员工，但从2013年开始，华为公司推出了一项计划，使非中国籍员工也可以持股……我们希望虚拟股制度能够覆盖更多愿意和华为一起长期成长的员工，将公司的长期利益分享给他们，无论他们是中国籍员工还是非中国籍员工。①

任正非也认为TUP是分红股，是同等股权。所谓同等股权并不是真正的股权，只是具有股权的属性。按照华为官方说法，TUP是基于员工绩效的利润分享和激励计划。

那么，TUP的性质到底是什么呢？从法律上看，TUP显然不是股权，是一种奖励机制，员工凭借绩效而不是出资获得TUP，TUP收益属于员工劳动所得。在税务方面，TUP也是按照工资薪金所得纳税。所以说，将TUP界定为一种奖金制度确实没错。但这种奖金制度比较特殊，因为TUP收益与虚拟受限股收益挂钩。TUP虽然不是法律意义上的股权，但却享有股权的同等收益，因此，它具有股权的经济属性。

TUP具有股权的核心经济权利。从经济权利分析，利润分配权是股东享有的核心权利。TUP的主要收益是年度收益，这个年度收益等同于股东的利润分配收益。TUP的收益还包括股权增值收益，即期末收益。因为员工没有出资，所以TUP不涉及剩余财产分配权。剩余财产分配权在公司清算时才会产生，日常经营中不会发生这种权利，所以对于正常经营的企业来讲，这项权利并非股权的核心经济权利。

总的来看，TUP具有股权的核心经济权利，因此，它是一项股权激励制度。从经济权利的角度来看，可以把TUP界定为一种以股份为锚的经济受益权，是一种股权激励的创新方式。

---

① 李晶．孟晚舟：华为还没有遇到天花板[J]．经济观察报，2014（27）．

三、全面推行TUP的原因

（一）对非中国籍员工进行长期激励

随着华为海外扩张步伐加快，海外市场占比越来越大。2012年国内市场销售收入735亿元，海外市场销售收入达到1 466亿元。海外市场销售收入已经达到国内市场销售收入的近2倍，并且，海外市场销售收入的增长速度也高于国内市场，具体见图6-1。

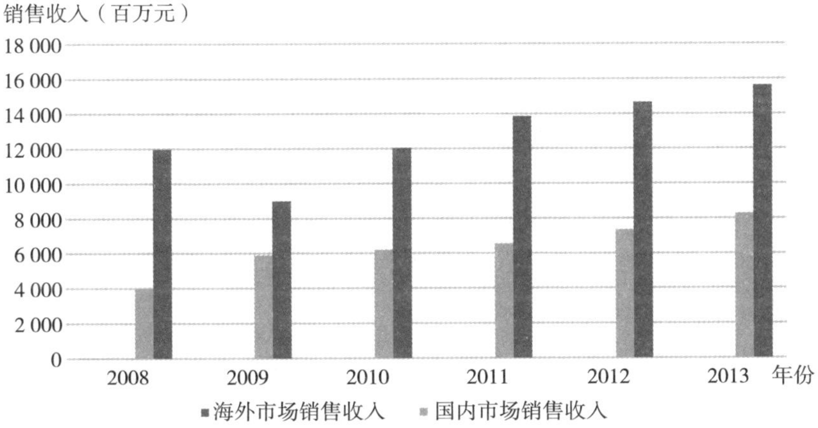

图6-1　2008—2013年华为海外市场与国内市场的销售收入情况

数据来源：根据华为2008—2013年年报整理绘制，不同年份数据有差异的，以最新年报数据为准。

随着海外市场不断开拓，华为需要外派到海外的员工越来越多。很多员工不愿意去海外工作，华为向海外派遣员工的压力越来越大。即使有人愿意去，华为也要付出很高的激励成本。对此，任正非采取的策略是海外员工本地化。在这种政策指导下，华为的非中国籍员工越来越多。2012年来自全球156个国家和地区的非中国籍员工总数接近3万人。海外员工本地化率持续升高，2013年达到79%。随着华为的业务版图在全球不断扩张，非中国籍员工占比越来越大。越来越多的“高、精、尖”非中国籍人才加入华为，为华为引领全球通信设备领域做出贡献。

非中国籍员工无法成为华为的股东，因为一旦非中国籍员工入股就会使华为变成中外合资企业。此外，虚拟受限股制度具有浓厚的中国特色，很难得到各国法律的认可，这也是虚拟受限股制度无法在海外子公司实施的原因。作为对核心员工激励的最重要手段，虚拟受限股在非中国籍员工激励方面丧失了作用。非中国籍员工无论再优秀，也不能获得虚拟受限股，成为股东。这既违背华为人力资本化的理论，也违背华为的奋斗文化。

股权激励的缺乏，使华为无法充分调动非中国籍员工的积极性，无法培养非中国籍员工的主人翁精神。非中国籍员工不能获得股权收益，已经成为华为激励和留住非中国籍员工的一大障碍。

2011年《华为人》内刊刊登《我与三个员工的故事》，这篇文章讲到一个非中国籍员工的故事。

A是一位尼泊尔籍员工，从清华大学毕业后留在中国工作，已经在中国生活了十几年。A毕业后一直在电信行业工作，英语很好，有很深的客户理解力。他在华为工作时，他的主管很看重他，让他承担一些重要的工作。在一次年度考核沟通时，他问主管：“为什么我没有配股呢，我比很多获得配股的中国员工干得好，这你是知道的。”主管一时语塞，想了一会儿，就跟他解释公司的政策，即由于中国法律的限制，像他这样的外国人无法获得公司的配股。在年终奖评定时，主管并没有拘泥于A当时的级别。鉴于他突出的业绩，却没有股票分红，主管向领导请示，为A评了高出当时同等级别、同等绩效一定比例的年终奖。在定岗定级中，他被提升为17级专家，还力压部门一些强手，获得了“2008年度销服体系金牌员工”的荣誉。此后，他的工作热情依然很高，得到周边领导和同事的认可。但一年多后，他获得了尼泊尔一家新牌运营商给的无线网络总监的入职机会，认为这是他职业生涯中的一个新机会，于是就从华为离职了。[①]

我们认为，促使A离职既有职业发展选择的因素，也有归属感弱的因素。因为长期没有归属感，所以他一直寻找更好的平台，有合适机会就离职。对于华为来说，这是一个优秀员工的流失，这种事情不应该经常发生，否则将严重削弱华为的核心竞争力。因此，华为一直考虑如何弥补非中国籍员工无法获得股权激励的遗憾。对非中国籍员工实施长期激励，已经成为当务之急。

任正非也非常关心非中国籍员工不能持股的问题。2011年，华为的国际化已经越来越充分，目标是不断推行全球化。华为前20年推行国际化，以中国为中心走向世界；后20年推行全球化，以全球优秀人才建立覆盖全球的能力中心，管理全球业务。因此，华为需要更加重视非中国籍员工。

要让不同国籍的华为员工有机会平等地获得分享公司长期利益的机会。在这个背景下，2012年华为将原来针对非中国籍员工建立的递延奖金激励机制升级为TUP。因为TUP只是股份收益权，并非股份本身，华为以此巧妙地实现了非中国籍员工不持股也能享受股东收益的目的，将非中国籍员工的利益与华为的利益紧紧地捆绑在一起。

总之，TUP最初推出的目的主要是满足对非中国籍员工的股权激励需求，让非中国籍员工享受公司发展带来的长期价值。经过两年试运行，华为发现TUP激励效果不错，得到了非中国籍员工的认可。

---

① 吕晓峰. 我与三个员工的故事[EB/OL].（2011-11-02）[2021-07-26]. http://app.huawei.com/paper/newspaper/newsPaperPage.do?method=showSelNewsInfo&cateId=3501&pageId=4043&infoId=7106&sortId=1&commentLanguage=1&search_result=1

2014年，华为在全球范围内对全体员工实行TUP激励。

（二）激励新员工和基层员工

华为对TUP设置了5年有效周期，到期后自动清零，目的是避免“一劳永逸”的情况发生。TUP的全面推广能够避免老员工躺在股权上睡觉的现象加剧，也能在一定程度上稀释老员工的虚拟受限股收益。不需要出资购买TUP，却能享受和虚拟受限股一样的收益，因此，TUP发得越多，虚拟受限股的收益就会被稀释得越多。

TUP的出台，抑制了持股老员工的惰怠情绪，解决了基层员工薪酬竞争力不足的问题，激励新员工和基层员工去奋斗。

（三）健全激励体系

推广TUP还有一个原因是健全华为的激励体系。从当时华为的薪酬结构来看，各种激励很多，比如年终奖、项目奖、及时奖，但这些激励都属于短期激励，周期在1年以内。长期激励主要依靠虚拟受限股，只要员工在职期间（包括内部退休）都可以享受。胡厚崑在内部会议上说：

> 虽然我们将饱和配股叫作长期激励，但是这个长期到底有多长？仔细看一下我们的饱和配股政策，这个长期是无限期。[①]

从薪酬结构来看，华为缺少一个中长期激励制度，推出TUP就是为了弥补激励体系的不足。TUP以5年为周期，是一个非常好的中长期激励制度。

---

① 王京刚. 华为人力资源管理（活用版）[M]. 北京：中国铁道出版社，2017：299.

四、TUP的四大亮点

传统的股权激励工具有10余种，为何华为钟情TUP？这是因为TUP与分红权和虚拟受限股、干股等传统激励方案相比，有以下亮点。

（一）5年失效，自动退出

我们在股权激励课程中讲到华为的TUP激励方案时，企业家们最感兴趣的就是5年失效、自动退出机制。相较而言，员工一旦购买虚拟受限股，除非离职，否则就可以长期持有，存在“一劳永逸”的弊端。TUP的出现很大程度上就是为了弥补虚拟受限股的这种缺陷。员工持有的TUP 5年后将被清零，员工不能躺在股权上睡觉，需要不断地去打拼。同时，公司也不用担心发放TUP的数量过多的问题，即使发得再多，5年后也被清零了。

虚拟受限股累计收益和TUP累计收益的比较详见图6-2、图6-3。

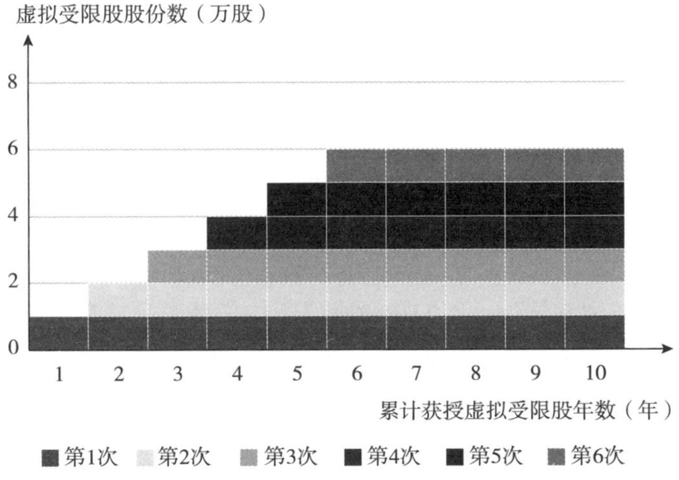

图6-2　虚拟受限股股份数变化示意图

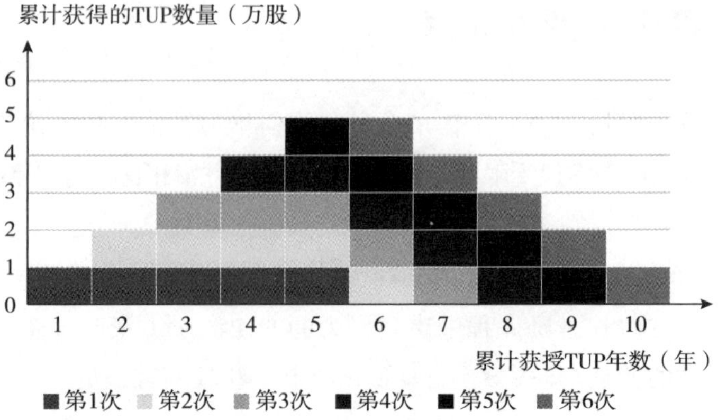

图6-3　TUP数量变化示意图

在实际操作中，我们发现很多公司实施分红权激励时没有规定年限。这些激励措施起初激励效果挺好，然而时间一长弊端就显现了。

（二）分红增值，双重收益

员工无须花钱购买TUP，却可以获得与虚拟受限股一样的分红及5年期满时的增值，享受与股东差不多的经济收益，这与分红权激励相似。但分红权激励只能使员工享受年度分红，并不能使员工享受公司增值带来的收益，公司发展带来的股权增值溢价与分红权激励并无直接关系。因此，与TUP激励相比，分红权激励显得长期性不足。在股权激励方式中，分红权激励属于相对短期的激励，以年度为单位。从这个意义上讲，普通的分红权激励类似于年终奖激励，只是把发放标准与利润挂钩。而TUP激励属于中长期激励，是年终奖方案和分红权方案所不能替代的。

很多公司都遇到一个问题，即分红权激励的年终分红到底是应该全部拿出来分，还是拿出一部分作为发展基金，重新投入生产，扩大生产规模？一般老板都会倾向于不能全分，尽量多留点钱用于发展，这样未来才可以分得更多。但是，未来分多少和员工关系不大，员工希望的是今年分红多一些，因此，尽量不要预留年终分红，或者不要预留太多年终分红。而TUP完全不存在这个问题，即使今年没分出去的钱，未来也会增值，员工的利益不会受到损害，员工利益与老板利益、企业利益趋向一致。

（三）权义清晰，合规合法

TUP最初作为非中国籍员工的激励方案，主要原因是TUP与虚拟受限股和干股相比具有很强的合规普适性，权利、义务清晰，符合大多数国家的法律规定。

（四）与考勤挂钩，公平合理

TUP的一大特点就是结合考勤系数计算收益总额，这是TUP的创新，也是TUP与分红权激励、身股激励的最大不同。分红权、干股、虚拟受限股都没有与考勤系数挂钩，存在吃“大锅饭”的可能性。TUP与考勤系数挂钩，促使大家努力干活，实现多劳多得的目标。

为什么休假不影响虚拟受限股收益？虚拟受限股收益为什么没和考勤系数挂钩？因为在华为看来，虚拟受限股收益属于投资性收益，只要资金在，就可以分红。而TUP收益是劳动性收益，不需要出资，只需要出力，员工出力多收益就多，出力少收益就少，这非常合理。

总之，TUP无须释放股权，却通过股权收益绑定员工，让员工与股东形成利益共同体，并与考勤系数结合促使员工奋斗，这不失为一种优秀的激励方案，值得其他企业学习和借鉴。

五、TUP实施效果

推出TUP标志着华为股权激励制度开始立体化，华为开始对不同员工实施分类分层激励。TUP与虚拟受限股配合良好，取得了明显的激励效果。

TUP收益在法律上属于奖金，在纳税前作为成本扣除，而虚拟受限股年度分红来自净利润分配，净利润是营业利润扣除工资、奖金和税费之后的金额。TUP费用越多，净利润就越少，虚拟受限股每股收益就越低。通过实施TUP，稀释老员工的股权收益，激励新员工和非中国籍员工，使华为再次焕发生机。

2013年，华为公司年销售收入接近2 400亿元，净利润达到210亿元，超越通信行业龙头企业爱立信，成为行业领头羊。放眼望去，华为前方已经没有领路者，一直以来采取的跟随策略失效。外国人发出了华为在登顶以后能否继续引领行业发展的质疑，这对于刚刚成为行业领导者的华为来说，确实是一个巨大的挑战。但华为用事实证明，它能够成为一个优秀的行业领导者。

2013—2018年，华为TUP的激励力度越来越大，TUP年度费用从2013年的0.25亿元增加到2017年的171亿元，增长了683倍。因为员工的积极奋斗，华为再次走上高速发展的轨道。在全面推广TUP前，2011—2013年华为年销售收入平均增长率不足10%。在全面推广TUP后，2014—2018年华为的销售收入年平均增长率达到25%，翻了一番多（见图6-4）。华为是千亿美元规模的企业，如此体量还能有如此高的增长率实属奇迹。

从成长性来看，华为两次改革TUP的效果也不错。2015年，华为将TUP从分期生效修改为一次性全部生效，2015年和2016年华为销售收入高速增长。2017年，华为将员工持有的TUP转成虚拟受限股之后，2018年华为销售收入增长率有所上升。

当然，2013年之后华为销售收入的迅速增长与华为战略的调整有很大关系，消费者业务成为华为销售收入增长的主力军。华为的TUP激励目的明确，设计巧妙，十分适合华为当时的情况，对华为的发展起到了巨大的推动作用。

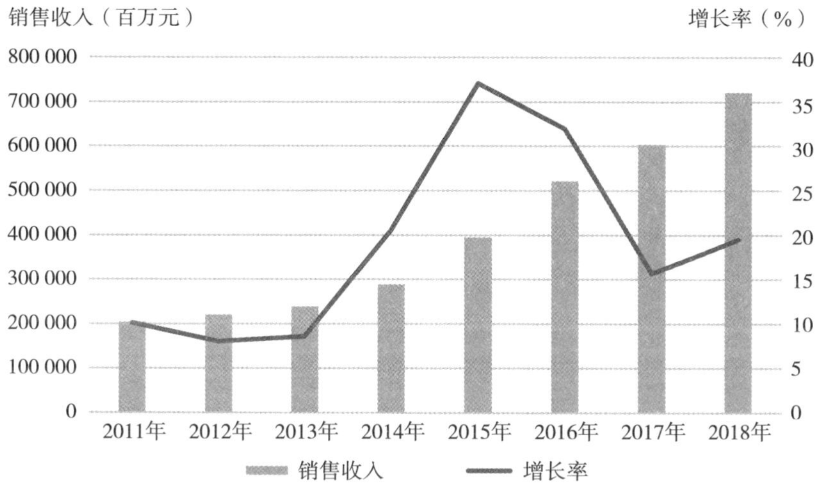

图6-4　2011—2018年华为销售收入增长图

数据来源：根据华为2011—2018年年报数据推算。

六、TUP适合哪些企业

TUP激励方案，对普通企业有什么用处？TUP到底适合哪些企业使用？根据我们的经验，TUP适用面很广，有以下情形的企业可以考虑使用。

（一）拟实施分红权激励的企业

很多公司的老板，一开始不想动用实股激励，只想做分红权激励，在薪酬层面进行改革。有些员工对企业的未来还没有信心，不想花钱买股权。在这两种情况下，老板可能会考虑采用分红权激励方式。如果企业打算实施分红权激励，我们建议可以用TUP来替代分红权激励。TUP既有分红权激励的优点，又没有分红权激励的缺点，是一种升级版的分红权激励方案。TUP非常适合企业开始实施股权激励导入合伙人方案时使用。

（二）股东躺在股权上睡觉的企业

很多做了股改的企业，时间一长就会出现持股员工不同程度躺在股权上睡觉的问题。在这种情形下，就可以学习华为，通过给新股东授予TUP来稀释老股东收益。

（三）无法通过单一激励模式解决问题的企业

前面提及TUP方案非常适合企业开始实施股权激励时使用，但在实践中，企业不应该死板应用。有些企业早就应该实施股权激励，但一直拖着；有的企业早就对核心骨干承诺分股权，但一直没实现。若此时实施股权激励，采用单一使用分红权或者限制性股权、期权等方式就很难奏效，企业应当实施立体式股权激励，对不同对象实施不同方案。一般而言，对于那些历史贡献比较大、现在仍然起重要作用的员工，需要采取限制性股权或虚拟受限股等进行激励。但对于那些新引进的优秀人才，更适合采取期权或者TUP的方式进行激励。

对不同对象可以使用不同的激励模式进行分层、分类激励。对于同一个激励对象，仅用单一方案无法达到最好的激励效果，此时就需要使用复合式、立体式股权激励方案，使用两种以上的股权激励模式。比如，华为15级及以上的中国的籍员工既可以获得虚拟受限股，还可以获得TUP。

总之，TUP是一种可以灵活应用和变型的中长期激励工具，可以应用于多种场景。我们可以借鉴华为的思路，将其应用于自己的企业。

第2节　TUP方案九大要点

TUP方案设计比较复杂，下文将从九个方面展开分析，以利于读者学习和设计。

一、激励对象

TUP激励对象范围从2012年海外子公司非中国籍员工，扩展到2013年所有非中国籍员工，再到2014年覆盖全体员工，不断扩大。目前只要符合授予条件的华为员工都有机会获得TUP。TUP激励对象主要是初级奋斗者和新进奋斗者。获得TUP必须具备以下准入条件。

（一）职级要求

获得TUP的职级要求是13级及以上。因为TUP激励对象是奋斗者，而在华为奋斗者的基本门槛是达到13级。13级是脑力劳动和体力劳动的分水岭，13级及以上的员工是以技术为主的人员，13级以下的员工主要是体力劳动者。TUP收益等同于虚拟受限股收益，也要分享企业的剩余价值，属于能够奉献知识的奋斗者。因此，员工要获得TUP，最低门槛必须达到13级。

对于13级及以上的奋斗者，公司应当采取中长期激励（配股和TUP）方式进行激励。奋斗者可以分享公司的剩余价值，分享公司的利润，但不应当有加班费。13级以下的劳动者，激励方式以短期激励为主，以工时制为基础，根据时长发工资。对于13级以下的维修工、测试工骨干，应当通过多发奖金的方式激励，加班就得发加班费。13级以下员工加班费不少，约占总收入的40%～50%。

2012年，华为实行的薪酬政策强调控制刚性、增加弹性，13～14级员工工资收入不足，又很难获得虚拟受限股，这部分员工成为夹心层。因为他们的工资与业界相比没有竞争力，又不能享受虚拟股票收益，整体收入水平没有竞争力，所以华为难以吸引和留住年轻的优秀人才。在此形势下，华为亟须出台一项激励政策去调动13～14级员工的积极性。

华为不愿意发放太多虚拟受限股给13～14级员工，因为虚拟受限股一旦给出，只要员工不离职，就无法收回，是一项长期激励制度。TUP的有效期为5年，用于激励该层级员工非常合适。员工既不需要出资，又能获得与虚拟受限股同样的收益，公司也无须考虑回购问题。

当然，随着TUP总量越来越大，以及13～14级员工工资提升，13级员工获得TUP难度加大，获授数量减少。

（二）工龄要求

在工龄方面，2012年版TUP要求非中国籍员工工作满2年才能获得，2014年版TUP要求员工入职满1年，即上一年5月1日前入职。这里特别强调的是5月1日前入职，而不是9月1日前入职。虽然华为每年都在9月、10月才沟通授予TUP，但要求员工在上一年度5月1日前入职。当然1年只是基本要求，并不意味着满1年的员工都会被授予TUP。

员工5月1日前入职，当年没有年度KPI考核结果，需要等到第二年3月才有年度KPI考核结果。当年度KPI考核结果为优秀时，第二年10月员工才能获授TUP。这样一来，入职近1.5年的优秀员工才可以获得TUP。如果是6月入职的员工，则需要推迟1年才可以获得TUP，从入职到获授TUP历时两年多。因此，华为员工的认知是需要入职2年左右才能获得TUP。

（三）绩效优秀

华为在管理文件中要求获授TUP的条件是绩优，但没有明确年度KPI考核结果达到何种级别才是绩优，这也给灵活执行政策留下较大空间。年度KPI考核结果达到B+的条件，是我们根据华为的实践推断的，并无统一规定。近几年，华为的年度KPI考核结果为A占15%、B+占50%、B占24%、C占11%。

值得注意的是，授予TUP时，需综合考虑绩效、级别和工龄。一般来说，级别越高，年度KPI考核结果要求越低。例如：作为入门级的13级、14级员工要获授TUP的条件是年度KPI考核结果需要达到A，而15级及以上员工达到B+，就有机会获授TUP。这是华为在授予TUP时灵活执行的体现。此外，某个员工当年度能否获授TUP，还和他的配股饱和度有关，配股饱和度越高的员工获授TUP难度就越大。

另外，华为授予TUP时主要考虑员工上一年度的年度考KPI核结果，当年度和上一年度的半年KPI考核结果都不具有太大的参考价值。当然，华为有时也看最近三年的综合考核结果，比如，某员工今年KPI考核结果为A，去年为C，那么，他的TUP获授可能会受到影响。

除以上三个条件，TUP授予政策仍然延续虚拟受限股对考勤和不存在关键负向事件的要求，这部分内容请参考第5章，此处不再赘述。

以上条件仅为准入门槛，并不意味着员工达到这些条件即可获得TUP。目前，华为将薪酬总包和股权包下放至各个部门，各部门对TUP授予条件的把握和执行不完全一致。TUP授予的决定权主要掌握在部门主管手上，华为并没有公开统一标准。能否获得TUP，什么时候能够获得，能够获得多少，员工都无法预测。

总之，获得TUP需要员工具备一定的级别、工龄和绩效，华为在授予TUP时会综合考虑这三个要素并结合饱和率来决定是否授予TUP。部门主管有较大权限，不同部门的授予条件也不尽相同。此外，每年情况也略有变化，但考勤要求和不存在关键负向事件是硬性条件。

二、授予时间

TUP授予时间与虚拟受限股授予时间一致，在每年的9~10月。为什么华为选择在年终授予，而不是年初就授予？这个主要是为了和虚拟受限股的授予时间一致。TUP已经实施很多年，华为渐渐将权限下放至部门，各部门权限比较大。有的部门一年发两次TUP，上半年和下半年各一次，各部门具体发放时间也不完全一致。

TUP是根据上一年度的KPI考核结果确定，不是根据当年度KPI考核结果确定。对于当年度表现优异的员工，TUP是一种递延奖励。如果员工第二年离职，他就会损失上一年度TUP收益。比如小李在2018年表现优异，2019年3月组织KPI考核，他的2018年表现被评为A，应当获授5万份TUP，但2018年年底他无法获得这5万份TUP，必须等到2019年10月才能获授。他如果在2019年12月31日前离职，则无法获得TUP的所有收益。因此，一般拿了A的员工都不愿意离职，这就起到了留住优秀人才的效果。

三、生效方式

TUP存在授予和生效两个阶段。所谓TUP授予，即华为把TUP权利授予给员工，员工有权按照规定享受年度收益和期末收益。TUP生效是指获授员工何时能够享受相应权利。

（一）授予方式

就公司范围而言，华为每年对优秀员工授予TUP。就同一激励对象而言，只要符合授予条件，每年都可以获授新的TUP，并不需要等到上一期TUP失效。例如：某员工2014年获授1万份TUP，有效期到2018年；2015年、2017年分别获授2万份TUP，累计有5万份TUP，但是到了2018年，第一次授予的1万份TUP就会失效，此时他的TUP总额就是4万份。

（二）生效方式

2012年版TUP是分期生效。因为2012年推出的TUP是在递延奖励机制上的改革，所以设计时也采取了递延方式生效，员工所获授的TUP分三年生效，每年生效1/3，见图6-5。

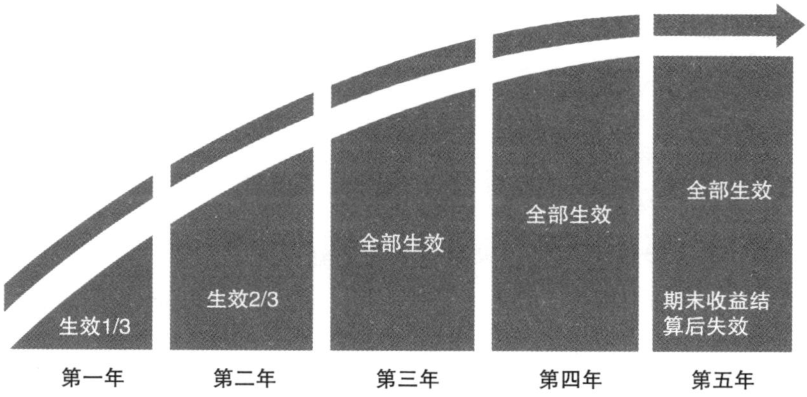

图6-5　TUP的生效方式

资料来源：根据华为2012年版TUP规则绘制。

TUP为什么要设计成分三年生效？这是华为基于贡献与收益匹配的原则设计的，贡献越大，收入越大。只有当员工的收入与付出成正比时，公司才能留住员工。

获得TUP的前三年是分期生效，年度收益逐步递增。这是因为从第三年开始，员工对公司的贡献越来越大。到兑现期末收益的5年期满时，员工已经在华为工作满六七年了，这样的员工对华为做出了不小的贡献，所以会有一笔累计收益兑现。

假设员工小陈连续四年获得TUP，之后表现不好，再也没有获得TUP，那么他的TUP数量将会发生变化，见图6-6。

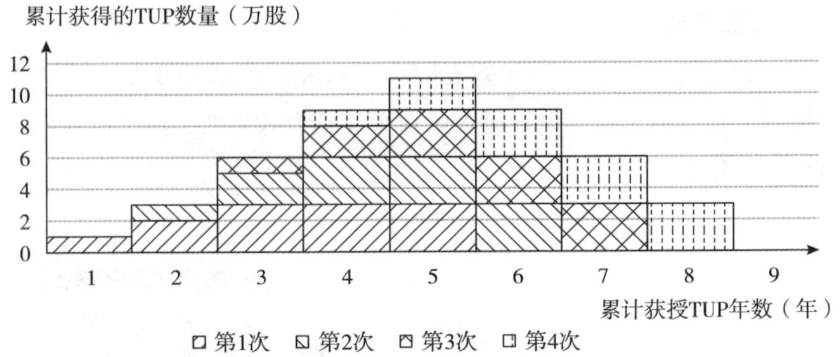

图6-6　TUP数量变化示意图

小陈连续四年获授TUP，每年都是分期生效，那么在第五年他的TUP数量累计最多。停止授予TUP后，他的TUP数量就逐年减少，直到第九年全部清零。

既然如此合理，2015年华为为什么要将生效方式修改成一次性生效呢？

分期生效是基于员工对企业的贡献不断增加，一次性生效则是基于激励性。分期生效虽然理想，但在实施过程中却显得激励性不足。一个员工工作满2年才能获得TUP，第三年才有1/3的收益。这样算起来（具体参见本节六收益计算），员工在公司工作前三年获得的TUP收益非常少，很难留住新人。

2015年，华为将TUP改为一次性生效，包括将以前员工持有但尚未生效的TUP全部一次性生效。员工在第二年4月分红时，就可以拿到收益。这样一来，TUP的分红规则与虚拟受限股完全一致，激励性更强。

（三）有效期间

TUP有效期为5年，第五年为TUP期末结算年。5年期满后，员工所获得的TUP全部失效。TUP为何设计成5年失效呢？

很多华为人都认为，老员工惰怠产生的原因是配股没有周期限制，因此，他们希望能给每次配股设定周期。这种提议体现在TUP设计中。

四、购买价格

员工在获得TUP时，无须花钱购买。这是因为华为将TUP收益作为薪酬的一部分，是一种劳动收入，而不是投资收益。既然是劳动收入而不是投资收益，员工也就无须出资购买。

虚拟受限股需要员工投资，而TUP只要满足条件即可无偿获取，两者性质不同，虚拟受限股属于员工持股方案，TUP则属于利润分享计划。

因为TUP无须花钱购买，所以有的老板认为员工不会珍惜它。他们认为做股权激励一定要让员工花钱买，掏钱才能掏心。这个观点不能说是错误，但肯定是片面的。股权激励是一个复杂的系统，没有完美的方案，只有最适合某家企业的方案。所有标准都不可一概而论。TUP无须花钱购买固然存在一定不足，但不花钱购买TUP是合理的：一是TUP属于薪酬范围，作为整体薪酬包与行业进行比较，是一种特殊的奖金；二是当时银行助业贷款停止，新员工出资压力比较大，不需要出资的方案容易被新员工接受；三是如果员工出资购买，那么，很难实现5年到期清零，因为TUP无法和虚拟受限股区分开。

五、授予数量

截至2014年年底，华为共授予有效TUP超过10.5亿份。2014年，虚拟受限股总量约为128亿股，TUP数量约占虚拟受限股和TUP总量的7.58%。2016年，此前没生效的TUP一次性生效，TUP占比大幅增长，占了1/3左右，但2017年TUP占比达到了顶峰。2017年和2018年，部分TUP转成了虚拟受限股，而且2017年和2018年按照1∶1.2进行配股，因此，虚拟受限股占比再次上升，到2020年年底，TUP占比约为12.87%。

从表6-1可以看出，最近几年来华为TUP费用的变化情况。从图6-7可以看出TUP费用占净利润的比重呈先上升后下降的趋势。这是因为2017年、2018年和2019年都有持有TUP即将到期的优秀员工，他们将TUP转换成虚拟受限股，所以虚拟受限股多了，TUP则减少了。同时，2019年和2020年受美国打压，华为进入危机状态，大量发行虚拟受限股和ESOP1。因为TUP不具有融资功能，也不利于长期留住员工，TUP数量出现较大幅度下降。

表6-1　华为历年TUP费用与净利润表

年份	2013	2014	2015	2016	2017	2018	2019	2020
费用（亿元）	0.25	9.63	89.23	130.76	171.55	169.06	140.48	95.50
净利润（亿元）	210.03	278.66	369.10	370.52	474.55	593.45	626.56	646.49
占比（%）	0.12	3.46	24.18	35.29	36.15	28.49	22.42	12.87

数据来源：根据华为2013—2019年年报数据整理。

前面讲的是TUP授予总量，具体到每个员工的配置数量及岗位调动是否影响TUP配置，华为并没有准确的计算公式，而是由部门主管直接决定。因为部门主管权限比较大，所以转部门员工的TUP就会受到一定影响。员工离开原部门，对原部门已经没有价值，一般情况下，原部门主管也就不会再去激励这个员工。而该员工对于新部门没有贡献，新主管没有义务对该员工进行激励，除非这个员工是他们部门挖过去的。

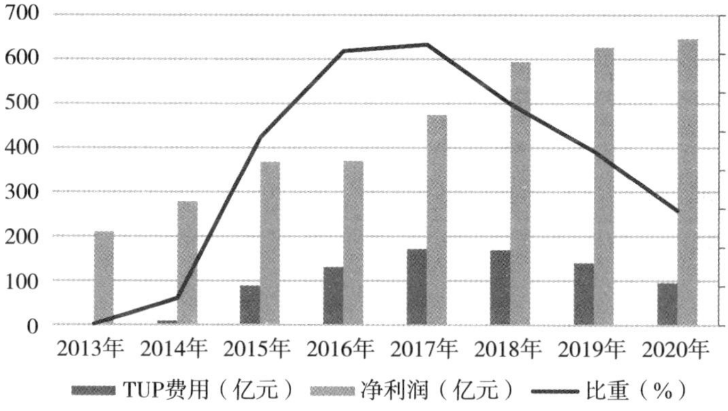

图6-7　华为历年TUP费用与净利润比较

数据来源：根据华为2013—2020年年报数据绘制。

六、收益计算

TUP收益包括年度收益和期末收益两种，华为年报中只是讲到TUP年度收益和期末收益均由华为公司厘定，并未说明具体计算方法。我们根据华为TUP实施细则，提炼出以下计算方法。

（一）年度收益的计算

TUP年度收益总额=每份TUP年度收益 × 已生效TUP数量 × 考

勤系数。计算结果为负数时，按零处理。一旦公司发生亏损，员工不需要承担损失。每份TUP年度收益对应每股分红，比如，2012年每股分红1.41元，每份TUP年度收益即为1.41元。

我们以2012年授予3万单位TUP为例进行测算，假设考勤系数为1，测算不同方案下的TUP收益（见表6-2和表6-3）。

表6-2　TUP收益测算表（分期生效方案）

年度	年份	生效数量（份）	每份当年年度收益（元）	考勤系数	当年年度收益总额（元）	备注
第1年	2012	10 000	1.41	1	14 100	生效1/3
第2年	2013	20 000	1.47	1	29 400	生效2/3
第3年	2014	30 000	1.90	1	57 000	全部生效
第4年	2015	30 000	1.95	1	58 500	全部生效
第5年	2016	30 000	1.53	1	45 900	全部生效
5年总计					204 900	

表6-3　TUP收益测算表（一次生效方案）

年度	年份	生效数量（份）	每份当年年度收益（元）	考勤系数	当年年度收益总额（元）	备注
第1年	2012	30 000	1.41	1	42 300	
第2年	2013	30 000	1.47	1	44 100	
第3年	2014	30 000	1.90	1	57 000	
第4年	2015	30 000	1.95	1	58 500	
第5年	2016	30 000	1.53	1	45 900	
5年总计					247 800	

从表6-2、表6-3，我们可以了解TUP收益如何计算。同时，我们也可以看出，在实施分期生效方案时，每期TUP有效期为5年，但

对于后生效的2/3 TUP，员工只能享受3年和4年的收益。2015年，改成一次性方案后，获授TUP的员工实际可享受5年的收益。

（二）期末收益的计算

每期TUP期末收益总额=5年TUP期末收益的总和。每年TUP期末收益=（本年度TUP年度值–上一年度TUP年度值）× 该期已生效TUP数量 × 考勤系数。TUP年度值对应虚拟受限股的每股价格，也就是每股净资产，比如，2014年每股价格是5.66元，则TUP年度值也是5.66元。华为虽然每年计算期末收益，但是在5年期满后的次年4月结算并支付。

我们以2014年授予3万单位TUP为例进行测算，假设考勤系数为1，见表6–4、表6–5。

表6–4　TUP收益测算表（分期生效方案）

年度	年份	生效数量（份）	当年年度值（元）	年度值增值额（元）	考勤系数	当年期末收益总额（元）
第1年	2014	10 000	5.66	0.24	1	2 400
第2年	2015	20 000	5.90	0.91	1	18 200
第3年	2016	30 000	6.81	1.04	1	31 200
第4年	2017	30 000	7.85	0	1	0
第5年	2018	30 000	7.85	0	1	0
5年总计						51 800

表6–5　TUP收益测算表（一次生效方案）

年度	年份	生效数量（份）	当年年度值（元）	年度值增值额（元）	考勤系数	当年期末收益总额（元）
第1年	2014	30 000	5.66	0.24	1	7 200
第2年	2015	30 000	5.9	0.91	1	27 300

（续表）

年度	年份	生效数量（份）	当年年度值（元）	年度值增值额（元）	考勤系数	当年期末收益总额（元）
第3年	2016	30 000	6.81	1.04	1	31 200
第4年	2017	30 000	7.85	0	1	0
第5年	2018	30 000	7.85	0	1	0
5年总计						65 700

当年度增值额的计算结果为负数时，按零处理。员工既不承担亏损，也不承担经营风险。

通过表6-4、表6-5的测算，我们可以知道期末收益总额具体如何计算。同时，我们也就知道为什么华为在2015年把分期生效方案改成一次性生效方案——分期生效方案前期激励不足，改成一次性生效方案之后，激励得更及时、更长久。

七、考勤系数

收益与出勤情况挂钩是TUP制度的一大亮点。员工实际到手的TUP收益与公司公布的TUP收益有出入，主要原因就是每个人的出勤情况不同。休假和缺勤会影响TUP收益。

考勤系数=实际出勤天数/应出勤天数。例如：全年应出勤天数为250天，当年休了5天假，那么考勤系数=245/250=0.98。

实际出勤天数=应出勤天数－休假天数

（一）应出勤天数计算

应出勤天数是全国统一的，按照法定工作日计算，扣除法定节假日和休息日。比如，2020年中国内地全年应出勤天数为251天。若假期日历在海外，则按当地假期日历计算应出勤天数。

（二）休假天数计算

休假天数的计算比较复杂。在华为，休假含未参与冲抵的事假，病假，婚假，丧假，计划生育假，司机年审假，工伤假，无薪假，陪产假，轮休假（薪酬提供的实际轮休假），婚检假，产检假，产假，流产假，哺乳假，带薪年休假，特殊长事假，合同年休假，旷工、迟到、早退缺勤天数（从2018年1月1日起迟到、早退计入休假天数）。

备注：（1）计入休假天数的均为工作日，换工号或转聘（慧通转华为，华为转慧通）前的请假需计入休假天数。

（2）月末周六[①]加班不包含在应出勤天数中，周末调休假、月末周六调休假、补休调休假、年休假、海外年休假、周六离岗申请、排休假、培训事假、管理者调休假、体检假均不计入休假天数中，不影响出勤系数。

（3）未参与冲抵的事假是指全年月末周六加班与事假冲抵后剩余的事假，当年的月末周六加班只能跟当年的事假抵扣，被加班抵扣掉的事假不影响出勤系数，剩余未抵扣的事假影响出勤系数。

八、收益发放

TUP与虚拟受限股的性质不同，TUP收益是薪酬收入，虚拟受限股分红属于投资性收入，两者的纳税情况不同。

（一）纳税标准

员工持有虚拟受限股，按照投资所得计税，纳税标准是分红金额的20%。TUP收益属于薪酬收入，并非投资所得，按照居民个人综合

① 据华为心声社区网友介绍，华为规定员工每个月末的周六加班按正常上班时间出勤，可申报加班或调休。

所得，适用个人所得税税率。相对来说，华为员工属于中高等收入群体，适用税率往往高于20%。年收入过百万元的员工，适用税率可达45%，因此，很多员工抱怨TUP税负太重。当然，2019年个税改革之后，TUP税负轻了很多。华为人力资源部测算，在新税收政策下，华为人均节税达1.7万元，高收入员工节税甚至达到6万元。

虽然从员工角度考虑，TUP税负比较重，但从公司和员工整体税负来看，TUP税负却不比虚拟受限股高。因为虚拟受限股的分红是税后净利润的分红，在分红之前，企业需要先交企业所得税，分红时再扣20%的个人所得税，所以，实际税负高于20%。考虑到存在税收返还的情况，华为的企业所得税实际综合成本无法预计。

TUP费用属于人工成本，不需要交企业所得税，在2019年新税收政策下，如果不考虑企业所得税返还的话，TUP综合税负并不比虚拟受限股高。

（二）税收筹划

为了减轻员工个人所得税，华为对TUP收益的发放进行了税收筹划。员工可以选择TUP发放方式，具体有以下三种，如表6-6所示。

表6-6　TUP收益发放方式表

序号	发放方式	详细情况
1	TUP收益随工资发放	TUP收益发布后，TUP与最近1个月工资合并按工资税计税发放，可选择随4月工资一起发放
2	TUP收益随奖金发放	当TUP收益发布及奖金值确定后，TUP收益与奖金合并用奖金税计税发放，可选择随奖金发放的5月一起发放
3	系统默认（专业人士测算）	当TUP收益及员工的奖金值确定后，由专业人士对比"TUP收益随工资发放"及"TUP收益随奖金发放"的缴税金额，以最优方式发放。

员工如果不确定TUP收益随工资还是随奖金发放比较节税，就可以选择懒人选项——由专业人士帮忙测算。大部分员工都会选择直接由系统默认发放，因为员工很难搞清楚用哪种方式节税更合适，一不小心就会落入“奖金黑洞”。

九、退出机制

退出机制是股权激励方案中不可或缺的重要部分。如果退出机制制定得不合理，那么，不仅可能引发纠纷，而且会使激励方案丧失激励性。很多人认为不能随意发股权，因为股权发出去之后不容易收回。其实，股权发出去之后不好收回，都是因为退出机制设计得不完善。TUP作为华为成熟的激励方案，拥有非常完善的退出机制。退出机制分为期满退出、离职退出和过错退出三种。

（一）期满退出

员工获得TUP满5年后，华为对期末收益进行结算并支付，之后这些TUP自动失效。也就是说，员工获得TUP满5年后，不论是否离职，所获得的TUP都会失效，这对华为来说非常有利。要注意的是，即使是2014年版分期生效的TUP也不是分期失效，而是在5年期满后一次性全部失效。

相对其他公司所设计的分红权方案来说，华为TUP的周期是明确的。很多公司的分红权方案都没有截止日期，导致一开始实施效果好的分红权方案，到后期出现负担过重的情形。

（二）离职退出

如未满5年中途离职，员工所持有的TUP将全部失效，华为无须对TUP进行回购。因为员工没有花钱购买，所以也不存在回购问题，公司只需要把年度收益和期末收益算清楚。员工离职时，年度收益和期末收益如何计算呢？它的计算规则与持有虚拟受限股员工离职时计算分红与回购的规则类似。具体来说，如果员工持有TUP未满5年而中途离职，将按照下列规则计算收益。

1. 离职时年度收益的计算

华为规定："若员工考勤截止日期是12月31日（即12月31日当天上完班后离职），则按照聘用关系解除或终止日期为次年1月1日来计算其年度收益和期末收益，即当年授予的TUP解锁并参与收益计算。"也就是说，只有上满一整年班的员工才可以计算年度收益。如果员工工作未满1年，中途离职，哪怕是12月31日下午4点离职，那么他当年的TUP年度收益也为零，不予发放。不存在部分发放的规则，上满全年则全发，否则分文不给。

2. 离职时期末收益的计算

未满5年中途离职的，当年度的期末收益计算规则与前述的年度收益计算规则一致，也就是员工要上满全年的班，才能获得当年度的期末收益。以前年度累计的期末收益，员工可在离职时一并领取。

如果员工工作未满5年中途离职，那么在员工聘用关系解除或终止时，期末收益总额是前述各期TUP期末收益总额的累计额。也就是说，如果员工持有的TUP未满5年，他就离职了，他的期末收益就是他离职前几年的期末收益的累计额。该期末收益在离职结算时一次性支付。

比如，李工程师在2015年获得30 000份的TUP，2018年12月30日后离职，那么他离职时的期末收益计算如表6-7所示。

表6-7　离职时员工期末收益测算表

年度	年份	生效数量（份）	当年年度值（元）	年度值增值额（元）	考勤系数	当年期末收益总额（元）
第1年	2015	30 000	5.90	0.91	1	27 300
第2年	2016	30 000	6.81	1.04	1	31 200
第3年	2017	30 000	7.85	0	1	0
第4年	2018	30 000	因李工程师当年度未上满全年，故不能计算期末收益			
4年总计						58 500

（三）过错退出

对于严重违反《华为员工商业行为准则》，损害公司利益的员工，未结算的年度收益和期末收益将全部取消，作为赔偿款。

我们将TUP方案的九大要点总结成表6-8，方便大家理解和查阅。

表6-8　TUP方案要点一览表

序号	项目		内容	备注
1	对象	职级	13级及以上	
		工龄	入职满1年	
		绩效	上一年度KPI考核结果B+以上	
		考勤要求	（1）上一年事假（与月末周六加班冲抵后的余额）小于5天；（2）近两年各类休假（含各种法定休假和非法定休假）不超过60天	
		排除条件	不存在重大恶性关键负向事件	
2	授予时间		每年9~10月	
3	授予方式与生效方式		每年授予，一次性生效	现行规则

（续表）

序号	项目		内容	备注
4	购买价格		无偿授予	
5	授予数量		部门主管根据级别、工龄、绩效等情况综合确定	
6	收益计算方式	年度收益	TUP的年度收益总额＝每份TUP的年度收益×已生效TUP数量×考勤系数	
		期末收益	每期TUP的期末收益总额=5年TUP期末收益的总和 每年TUP的期末收益＝（本年度TUP年度值－上一年度的TUP年度值）×该期已生效TUP数量×考勤系数	
7	考勤系数		实际出勤天数/应出勤天数	
8	收益发放	年度收益	4月随工资发或5月随奖金发	
		期末收益	期满后次年4月随工资发	
9	退出机制	期满退出	5年期满全部失效	
		离职退出	当年12月31日前离职，不享受当年的期末收益和年度收益	
			当年12月31日后离职，享受当年的期末收益和年度收益	
		过错退出	TUP全部失效，取消未发放收益	

第3节　TUP激励秘诀

一、TUP如何起到股权激励的效果

从法律上看，TUP是一个特殊的奖金计划。华为如何让TUP起到了股权激励的效果？

（一）TUP与虚拟受限股同一时间授予与分红

TUP与虚拟受限股的授予时间同步，都在每年9~10月，领导与员工沟通时，可以将两个内容一并沟通：有的人配股，有的人配TUP，有的人两者都有。获授TUP之后，TUP年度收益的发放时间与虚拟受限股的分红时间一致，定在次年4月。当然出于税收筹划考虑，有些员工会将TUP年度收益延至5月发放。放在一起操作的结果是员工感觉TUP和虚拟受限股类似，只是有时间限制。TUP被认为是一种有期限的虚拟受限股。

（二）TUP年度收益与虚拟受限股收益挂钩

2012年版本的TUP采取分期解锁方式，生效后的TUP收益与虚拟受限股的收益一致。2015年后一次性生效的TUP方案，除了TUP要考虑考勤系数，TUP收益已经和虚拟受限股的收益完全一致。这也是TUP从分期生效改为一次性生效的原因。历年TUP与虚拟受限股收益比较情况见表6-9。

表6-9 历年TUP与虚拟受限股收益比较表

年份	每份TUP年度值（元）	虚拟受限股每股价格（元）	每份TUP年度收益（元）	虚拟受限股每股分红（元）	每份TUP期末收益（元）	虚拟受限股每股增值（元）
2013	5.42	5.42	1.47	1.47	0.24	0.24
2014	5.66	5.66	1.90	1.90	0.24	0.24
2015	5.90	5.90	1.95	1.95	0.91	0.91
2016	6.81	6.81	1.53	1.53	1.04	1.04

注：假设考勤系数为1，每份TUP的期末收益不考虑考勤系数影响。

数据来源：根据华为心声社区数据整理。

（三）TUP的年度值与虚拟受限股的价格挂钩

从表6-9可以看到每份TUP的年度值等于虚拟受限股的每股价格。TUP既然不需要购买，为什么要计算它的价格呢？原因在于TUP期末收益计算需要与它的年度值挂钩。既然每份TUP的年度值与虚拟受限股的每股价格相同，那么每份TUP期末收益必然等于虚拟受限股的每股增值，这使得TUP就像一种变相的虚拟受限股，相当于同等股权。

（四）TUP数量也计入饱和配股

虽然TUP不属于虚拟受限股，而属于薪酬收入，但在计算虚拟受限股饱和度时，华为却把员工持有的TUP数量计入持股总量。因为TUP和虚拟受限股一样，也是企业剩余价值的分配。在华为官方看来，TUP就相当于股权。

在这种制度安排下，TUP变成了一个收益与虚拟受限股相同的激励制度。员工也能够感受到TUP实际上和虚拟受限股差不多，主要的区别就在于TUP 5年清零，而虚拟受限股长期有效。但TUP胜在无须出资，而虚拟受限股需要购买。因此，两者各有利弊，都很受员工欢迎。

TUP作为一种特殊的奖金制度，通过设置与虚拟受限股一样的收益与授予流程，变成了一项股权激励制度。我们可以将TUP理解为不需要花钱购买的5年期的虚拟受限股。

二、TUP如何激励非中国籍员工

TUP能成为激励非中国籍员工的长期激励工具，得到非中国籍员工的认可，有以下三个方面的原因。

（一）合法准入

华为的非中国籍员工不能直接持股，若非中国籍员工作为股东，需要履行相当烦琐的审批程序，并且会使华为变成中外合资企业。对于有几万名非中国籍员工的华为来说，这种程序不具有可操作性。因此，华为设计了TUP激励方案。从法律上讲，TUP是一个奖金方案，而在实际运行中，它是一个利润分享方案，一个接近于虚拟受限股的激励方案。TUP是一种非常简单的现金递延激励，不存在任何法律上的障碍。TUP的实施，可以直接实现华为对全球不同区域、不同国籍人员激励模式的统一管理。

（二）权利义务明确，合法合规

对于原有的虚拟股权激励体系，华为没有明确公布方案，员工只能从人力资源部门查询自己的持股数量。员工每年的分红如何分配等也都由股东会事后决定，并不公开。非中国籍员工缺乏对华为的信任基础，虚拟受限股制度较难对非中国籍员工普遍实施。虚拟受限股制度带有较强的中国特色，很难得到各国法律的认可，很难在海外子公司实施虚拟受限股激励。TUP不仅合规，而且实施起来也比较容易。

首先，TUP并不是法律意义上的股份，所以不需要持股平台。

其次，TUP不是法律上规定的股权激励方案，自主性强，在公司管理规章范围内向员工公示即可。

再次，权利非常明确，包括年度收益和期末收益，并配有详细规定。

最后，退出机制非常明确和简单，5年后清零，公司不需要回购，员工不允许继续持有。

（三）符合国外文化

在TUP模式下，受激励对象无须出资，这非常适合激励非中国籍员工。

TUP在激励非中国籍员工方面起到较大作用，因为非中国籍员工无法获得虚拟受限股，对其进行长期激励的唯一方式就是依靠TUP。目前ESOP1与非中国籍员工无关。TUP在激励非中国籍员工方面还存在一个不足，即非中国籍员工即使表现优异，仍然无法享受退休待遇，无法与华为长期共享收益，这不足以培养非中国籍员工的长期归属感与主人翁精神。

华为是一家商业公司，只有为全人类服务，才能凝聚全世界的优秀人才。非中国籍员工在做出杰出贡献后，比如，突破3G算法的俄罗斯小伙子，是否可以获得退休后享受TUP收益的权利？

为了团结更多的非中国籍优秀员工，华为其实可以考虑出台非中国籍员工内部退休保留TUP的措施，来培养非中国籍员工的长期归属感。当然，具体保留条件可以更加严格，比如：年满45周岁，在华为工作8年以上，有重大贡献。此外，TUP保留期限也可以分档次设置：特别优秀的，保留至去世；比较优秀的，保留至60岁；满足退休条件的其他员工，保留10年。

三、TUP如何促进员工主动奋斗

（一）要获得TUP也需要提交奋斗者申请书

要获得TUP员工也需要提交奋斗者申请书，申请成为奋斗者，并自愿放弃年休假和非指令性加班费，还要签署相关协议，其流程与虚拟受限股的获得方式完全一致。

员工在获得TUP收益的同时放弃了年休假和非指令性加班费，享受奋斗者的待遇，而不是劳动者的待遇。有的员工只获得几千份TUP，收益也不过万元，就不想放弃5天的年休假和非指令性加班费。关键是：若你今年放弃配TUP的机会，主管明年还会给你配吗？没有提交奋斗者申请书，没有成为奋斗者，你未来的发展机会在哪里？很多员工在当奋斗者的收益还不如当劳动者的情况下，还选择当一名奋斗者，是因为作为一名奋斗者在华为才有前途和希望。

（二）过长休假会影响TUP授予

华为将虚拟受限股的授予与考勤挂钩，TUP授予遵循同样的原则。

近两年员工各类休假超过60天，将会影响一次年度授予。通过这种限定，让员工自觉地将各类休假限定在60天之内。2年休假60天，相当于每年休假30天，这一要求其实并不高。华为限制休假，只是不想让长期休假的员工分享企业发展的利润，出现“少劳多获”的情况。

华为规定休假过长的员工不能配虚拟股票和TUP，其目的就是杜绝员工躺着赚钱的情况。要赚钱必须去奋斗，有奋斗必然有回报。任正非在如何与奋斗者分享利益的讨论会上说道：

国家法律保护的是薪酬，没有说员工休很长的假还可以有股票。休的假太多只是相当于放弃股票，又没有放弃薪酬，过一二年你又可以配股了。只要你努力，职级还会上升，机会还在增多。如果你休假两个月零几天，这有什么关系呢，写个承诺书，把多休的几天扣回来。但是如果你休的假太多，去哪扣？公司的股票是一种虚拟分配方式，是基于劳动量的一种分配机制，必须干活才会有。现在有些人请事假，认为不要工资，就等着分红，难道这就是华为的价值观吗？华为的股票是通过劳动创造出的价值。①

如果员工为公司做出重大贡献，造成身体的疲惫与疾病，华为也

① 王京刚. 华为人力资源管理（活用版）[M]. 北京：中国铁道出版社，2017：304.

会让他去享受应有的假期，而不影响配股和TUP。休假确实超过60天的，也可以灵活处理，这就是华为激励的逻辑。华为这种做法可谓合法、合理又人性，促进员工为公司发展而奋斗。

（三）平常休假影响TUP收益

华为员工不敢休假是因为不带薪的假期要扣工资，带薪的假期虽然不扣工资，但是会影响绩效工资。如果员工持有TUP的话，那么休假会影响他的TUP年度收益和期末收益。

比如，2017年某华为员工拥有7万份TUP，按一年250个工作日，他请10个工作日陪产假计算，需要扣除他4%的年度收益。2017年TUP年度收益为2.83元，7万股TUP年度收益为19.81万元，扣除的4%年度收益即为7 924元。仅TUP一项，因员工请假导致每日损失近800元，加上绩效工资损失，每日损失达上千元。以此类比，也很容易理解为什么很多华为员工不请婚假，选择中午领结婚证，下午赶回去上班。

休假缺勤影响TUP年度收益，合理吗？其实这正是华为激励员工的奥妙之处，华为的规定并不违反《劳动法》，它的各种假期比法律规定的还多，并不是不让员工休假。员工可以依法休假，当员工休病假、婚假、年休假等带薪假期时，华为按照法律规定的工资标准发放假期待遇，但是员工在休假期间并未给公司创造价值，因此，这段时间只能享受法定薪酬待遇，而不能享受剩余价值的分配。否则，对于那些非常忙碌且没有时间休假的员工来说，就非常不公平。TUP的考勤要求是华为奋斗文化的直接体现。

总之，华为通过将员工休假与授予TUP相挂钩，将TUP收益与考勤系数挂钩等方式，促进员工主动奋斗。华为以奋斗者为本的制度保障了员工长期不断奋斗。

四、TUP如何激励新员工

虚拟受限股对于年轻奋斗者来说，吸引力不大。而TUP弥补了虚拟受限股不足，对于新员工来说，有着很强的激励性。TUP受到新员工欢迎的原因是既无出资压力，又无资金成本。

（一）无资金压力，现金流更好

大部分年轻骨干对虚拟受限股是又爱又恨：公司没配股时，抱怨公司不给他们配股，抱怨老员工股份太多，自己股份太少；公司真给配股时，还是抱怨——没钱买虚拟股票。不买，觉得少了股权收益；买吧，又觉得生活压力太大，没那么多现金。2012年之前，华为员工可以依靠银行发放的助业贷款购买虚拟股票，自己只需要出少部分现金。2012年之后，银行停止发放助业贷款，员工需要自筹全部资金购买虚拟受限股。如此一来，新员工出资购股的压力就非常大，因为大多数骨干都处于结婚生子阶段，买房子、养孩子都需要钱，这部分员工基本属于"买不起"类型。前三五年虚拟受限股的回报可能是负的。有的员工虽然买得起，但是要熬过三五年，才能得到更大的回报，生活品质会受到很大影响。

我们测算一下投资回报的现金流情况，见表6-10。以2014年为例，2014年10月股价是5.66元，若张工配股1万股，则他需要出资56 600元。张工自行出资15 600元，贷款40 000元，利率为6%。2015年4月进行分红时，每股收益2.14元，现金分红1.9元，张工可得分红19 000元，需要支付半年的贷款利息1 200元。他的第一年分红全部用于偿还贷款本息，到第二年贷款本金还剩下22 200元。2016年4月分红，每股收益2.86元，每股现金分红1.95元。张工可得分红19 500万元，需要支付贷款利息1 332元。他的第二年分红全部用于偿还贷款本息，到第三年贷款本金还余4 032元。2017年4月分红，每股收益2.57元，现金分红1.53元，张工可得分红15 300元，需要支付贷款利息约242元，偿还贷款本息后，其收入为约11 026元。

表6-10　购买虚拟受限股现金流测算表

时间	出资（元）	贷款余额（元）	分红（元）	还息（元）	收入（元）	现金流（元）
2014年10月	15 600	40 000	0	0	0	−15 600
2015年4月		22 200	19 000	−1 200	0	−15 600
2016年4月		4 032	19 500	−1 332	0	−15 600
2017年4月		0	15 300	−242	11 026	−4 574
2018年4月		0	10 200	0	10 200	5 626

这样算，张工到第三年终于见到了回头钱。但不要忽略2014年张工购买股份时自行出资的15 600元。这三年现金流是负的，还“亏空”4 574元。2018年4月，现金分红1.02元，张工分红10 200元，终于实现现金正向流入5 626元。这还仅仅以员工被配一次股来计算，若员工年年被配股，那么他要等到现金流为正，需要更长时间。

总之，买或不买虚拟受限股，因人而异。对于年轻员工来说，收益固然重要，但现金流更加重要。TUP不需要花钱购买，却可以享受与虚拟受限股同样收益。TUP虽然有5年期限限制，但对于新员工来说很有吸引力。对于年轻员工来说，TUP不存在出资压力，无须贷款，无须支付利息，所得都是净收益，源源不断地产生现金流入。员工需要做的就是好好努力工作，做出贡献。

收益与现金流的区别就是纸上富贵还是落袋为安。对于拿虚拟受限股的年轻员工来说，手中持有的虚拟受限股固然有不菲价值，每年可以带来分红，但实际上并无现金流入，需要等到公司对虚拟受限股进行回购时，方可一次性获得一大笔收入。这样，拿虚拟受限股的年轻员工就会处于尴尬境地——只要在华为继续干，就一直没钱。如果在不离职的情况下，员工主动申请被回购股权，虽然得到了部分现金，但未来却不再有分红。缺少了分红，华为的薪资在行业中并无竞争力。这就让这些年轻员工不断产生离职兑现股权的冲动。

相比之下，TUP产生不断的现金流入，使得新员工非常强烈地感受到激励，感受到每年在华为赚的钱很多。因此，新员工得到很强的激励。

对于层级越低的员工，及时分红激励越重要。那些做了股权激励却多年没有分红的企业，激励效果往往比较差。即使是实施期权激励的企业，在没有分红收益的情况下，也要尽量让员工看到增值收益。若是员工没有获得直观的收益，那么激励效果就会大打折扣。

如果员工想要虚拟受限股，那么，他可以通过努力工作，赚几年TUP的钱，得到配股机会。因此，在TUP实施之后，华为将虚拟受限股的配股门槛提高到入职3年以上。这就是华为激励新员工的思路。

（二）收益更高

TUP的收益设计与虚拟受限股的收益是一致的。为什么说TUP的收益更高呢？这主要是因为虚拟受限股需要出资，而许多员工特别是新员工购买虚拟受限股都需要贷款支持[①]，使用贷款需要支付6%左右的利息。以虚拟受限股的年化平均收益36%来看，6%的利息占了收益的1/6，虚拟受限股的每股实际收益率在30%左右。若是贷款额度不足，需要民间融资的，其利率则更高。若以月息1.5%来计算，借款成本达到虚拟受限股收益的一半。这部分利息需要在发放分红时予以扣除。因为无须出资购买TUP，不需要支付相应的利息，员工便可以获得足额的收益，所以TUP的实际收益高于虚拟受限股。

总之，TUP相比虚拟受限股而言，收益更高、无现金压力、现金流更好，更能满足新员工的激励需求。

① 具体融资方式可参考第7章第5节资金解决机制。

五、TUP如何激励老员工

2012年，虚拟股票一劳永逸的弊端已经非常明显，华为出现很多老员工躺在股权上睡觉的现象。TUP的全面推广也是为了解决新老员工的矛盾问题。那么，TUP如何解决老员工的激励问题?

（一）稀释老员工股权收益

发行一定数量的TUP和发行一定数量的虚拟受限股有一样的效果，都会使虚拟受限股每股收益下降。比如，若原来是200亿股虚拟受限股，净利润为400亿元，则每股收益为2元；若增发200亿份TUP，净利润仍为400亿元，则每股收益降为1元。因此，同等利润下，TUP发行越多，虚拟受限股收益就越低。华为通过不断增发TUP来稀释老员工不断累计的股权收益。

除增发TUP，2014年华为在全面实行TUP后，有意将现金分红的比例下调，尤其是2017年和2018年，以减少老股东现金收入。

华为通过TUP稀释老股东收益之后，虚拟受限股的收益率为多少？我们比较一下TUP发行前后的收益率变化，见表6-11、表6-12。

表6-11　华为虚拟受限股收益率一览表（2002—2013年）

年份	股价（元）	每股收益（元）	收益率（%）
2002	2.64	0.32	12.12
2003	2.76	0.95	34.42
2004	3.21	1.10	34.27
2005	3.81	1.20	31.50
2006	3.91	1.13	28.90
2007	3.94	1.80	45.69

（续表）

年份	股价（元）	每股收益（元）	收益率（%）
2008	4.04	1.03	25.50
2009	4.07	2.95	72.48
2010	5.42	2.98	54.98
2011	5.42	1.46	26.94
2012	5.42	1.41	26.01
2013	5.42	1.71	31.55
平均收益率			35.36

数据来源：根据华为心声社区资料整理。

从表6-11可以看出，TUP发行之前的12年，华为虚拟受限股的平均收益率为35.36%。我们原以为2014年之后，大量的TUP利润分享，将使得持股老员工的收益有所下降。经过测算，我们发现收益率并没有发生什么改变（见表6-12），尤其是在2019年和2020年受到美国打压的情况下，近7年平均收益率还保持在35.02%，实属不易。

表6-12 华为虚拟受限股收益率一览表（2014—2020年）

年份	股价（元）	每股收益（元）	收益率（%）
2014	5.66	2.14	37.81
2015	5.90	2.86	48.47
2016	6.81	2.57	37.74
2017	7.85	2.83	36.05
2018	7.85	2.61	33.25
2019	7.85	2.21	28.15
2020	7.85	1.86	23.69
平均收益率			35.02

数据来源：根据华为心声社区资料整理。

增发TUP，有意识控制股东收益，股东收益却仍然保持稳定，是因为华为的利润更高，投资回报率更高。无论新员工还是老员工，中国籍员工还是非中国籍员工，受到TUP激励后都焕发出更强的奋斗精神，推动华为利润的增长，弥补了华为TUP费用的增长。可见，华为做好了牺牲老股东利益的准备，但实际上新员工在受益的同时，老股东不仅没有受到利益损害，反而得到好处，并且投资风险更小。因此，稀释老股东的股权并不等于损害老股东的利益。老股东通过让利，获得了更稳健、更高的收益。可见，新员工所获得的额外收益来自自身的超额付出，从而赢得回报。

（二）增加TUP现金分红

TUP年度收益也按照现金分红的金额确定，未分配部分计入TUP增值。但是，在2017年和2018年，TUP年度收益值与虚拟受限股的每股分红出现了差别。这主要是因为虚拟受限股未分红部分不是采取增值方式实现，而是采取送股方式实现：2017年每股送0.23股，原来的1股变成1.23股；2018年每股送0.2股，原来的1股变成1.2股。送股相当于分红之后，员工再投入进来买股，见表6-13。

表6-13　历年TUP与虚拟受限股收益比较表

年份	虚拟受限股年度值/每股价格（元）	虚拟受限股每股分红（元）	每份TUP年度收益（元）	每份TUP期末收益/虚拟受限股每股增值（元）	送股
2013	5.42	1.47	1.47	0.24	
2014	5.66	1.90	1.90	0.24	
2015	5.90	1.95	1.95	0.91	
2016	6.81	1.53	1.53	1.04	
2017	7.85	1.02	2.83	0	1：1.23

（续表）

年份	虚拟受限股年度值/每股价格（元）	虚拟受限股每股分红（元）	每份TUP年度收益（元）	每份TUP期末收益/虚拟受限股每股增值（元）	送股
2018	7.85	1.05	2.61	0	1：1.20
2019	7.85	2.21	2.21	0	0

数据来源：根据华为心声社区资料整理。

2017年和2018年TUP年度收益达到2.83元和2.61元，而虚拟受限股每股分红仅有1.02元和1.05元。这是为了加大TUP吸引力，从而减少老员工现金收入。

（三）给优秀老员工配TUP

TUP一方面稀释老员工收益，另一方面增加新员工收益，通过这种对比来激励老员工再次奋斗。对于继续奋斗的老员工，华为仍然给予TUP激励。华为通过增配TUP，加大薪酬性收入，使得不思进取老员工的收入降低，而保持甚至提高继续奋斗老员工的收入。

总之，华为通过TUP的应用以及其他人力资源政策，使得老员工能最大限度地发扬奋斗精神。

六、TUP如何激励外派员工

为什么从2013年到2016年华为会发生如此巨大转折，从派不出去员工到员工不想回来？在非洲的员工不想回来，主要是因为华为对外派非洲的员工激励到位了，其中，TUP是重要因素之一。去海外艰苦地区的员工，除了提升职级待遇、涨工资，最重要的就是被授予更多TUP。对海外艰苦地区员工的激励，华为更倾向于配TUP，因为TUP 5年内有效，而虚拟受限股长期有效。一个员工在海外工作几年后回国，这时华为很难取消虚拟受限股，而TUP随着年限到期就清零。

此外，到华为最艰苦的六类地区，将统一授予TUP，这个政策被华为员工称为艰苦TUP。华为根据每个国家的经济、社会情况划分六个等级，其中六类最艰苦，一类最发达。马里、尼日尔、贝宁等非洲国家被华为列为六类艰苦国家。员工在六类艰苦国家常驻满1年，华为额外配发TUP。艰苦TUP是针对员工在艰苦地区长期工作发放的激励，和在艰苦地区的常驻时限有关，与平时根据绩效、贡献发放的TUP不一样。

2016年10月，任正非在中亚（塔吉克斯坦、土耳其、白俄罗斯）代表处汇报会议上的讲话中指出：

> 到小国工作就要培养员工综合能力，这样员工将来升了大官，才能明白那些活是怎么干的。以后大多数员工应当采取这个模式成为"英雄"。愿意专职做小国"将军"的，一个国家的业务就两三个人负责，比如蒙哥马利，员工一直在沙漠里作战，我们就给他们破格提拔、涨工资，在一定的范围内流动。艰苦地区浮动的职级要包含TUP配给，今年没有给的，明年要补上。①

总之，华为通过升职、多授予TUP、授予艰苦TUP等多种激励方式，让员工乐于被外派。对于有外派需求的企业来说，这种做法有很强的借鉴意义。

---

① 华为总裁办. 任正非在中亚（塔吉克斯坦、土耳其、白俄罗斯）代表处汇报会议上的讲话[EB/OL].（2016-11-7）[2021-7-26]. https://xinsheng.huawei.com/cn/index.php?app=forum&mod=Detail&act=index&id=3248257&search_result=1.

第4节　立体式股权激励

实施TUP，丰富了华为的长期激励手段。2020年4月，华为又推出了介于TUP和虚拟受限股之间的ESOP1，目前三种股权激励方案并行与接轨。TUP、ESOP1与虚拟受限股相辅相成，共同构建了长期激励体系，形成了立体式股权激励制度。2020年4月，华为推出ESOP1的背景比较特殊，主要是为了留住老员工，因此，ESOP1体系相对独立。本节不重点分析ESOP1，而侧重分析TUP与虚拟受限股之间的关系。

一、TUP为何无法替代虚拟受限股

TUP与虚拟受限股的分红权与增值权都一样，最大不同在于两个方面：一是TUP不用出资，二是5年的有效期。TUP推出后，很多人猜测华为将用TUP代替虚拟受限股，但8年时间过去了，虚拟受限股仍然在实施。这是因为TUP虽然有很多优势，但也存在不足，无法替代虚拟受限股制度，TUP的不足之处，主要在以下四个方面。

（一）长期性不足

购买虚拟受限股之后，员工只要不离开公司，公司则无须回购其所有的虚拟股票，员工可以不断享受分红。TUP周期只有5年，5年届满会被清零。虽然说5年之后，员工仍有机会被再次授予TUP，但具有较大不确定性，不像虚拟受限股那么稳定。因此，TUP显得长期性不足。

（二）认同感较弱

和虚拟受限股相比，TUP是一个奖励制度，5年届满会被清零。虽然经过精心设计，TUP和虚拟受限股接近，员工也有一定的身份认同感，但获得TUP的员工身份认同感终究不如获得虚拟受限股的强。持有虚拟受限股的员工才是华为的股东，持有TUP只是拥有利润分享权利。因此，TUP仍然不能替代虚拟受限股制度。

（三）集中兑现增值，现金压力大

华为2012年开始试行TUP，2014年开始全面推广，2016年开始需要不断兑现增值权，2018年则面临大量增值权兑现问题。兑现时，公司需要付出较多现金，现金压力非常大。为了激励优秀员工，也为了解决集中兑付问题，华为将TUP转换成虚拟受限股，员工可以出资将持有的TUP变成同等数量的虚拟受限股。

（四）无融资功能

既然不用花钱买，TUP也就没有融资功能。华为发展资金全部来自员工投入和自身积累，没有一分钱是外部投资人给的。TUP不用花钱购买，2017年和2018年全额分红，但虚拟受限股没有全额分红，而是将一半左右的资金用于增发虚拟股票。这样，华为的资金仍然来自持有虚拟受限股的员工。持股员工的投资对于华为意义重大，尤其是在困难时期。

正因为TUP存在上述不足，虚拟受限股仍然是华为股权激励的主要方式，TUP必须与其他激励措施以及虚拟受限股制度并存。

二、TUP与虚拟受限股相辅相成

立体式股权激励是指同一家公司针对不同受激励对象同时采取两

种以上的股权激励方式进行激励。股权激励机制运行比较好的企业往往都会构建一套立体式股权激励系统。比如，爱尔眼科针对不同的集团高管，既有期权激励又有限制性股票激励；在门店层面，推行城市合伙人计划。

华为长期以来一直依赖虚拟股权激励体系，在取得巨大成就的同时，也留下一些后遗症，出现老股东持有的虚拟股票太多，而新员工不够分的情况。2012年推出的TUP计划与虚拟受限股激励方案构成了一个立体式股权激励体系。

（一）定位不同

2014年，任正非在公司近期激励导向和激励原则汇报会上的讲话中明确指出：

> 员工的货币资本所得（指员工获得虚拟受限股所带来的收益）管理要考虑员工过去的劳动回报，在当时历史条件下做出的贡献，不能用今天来否定过去。而员工的人力资本所得（指员工获得的工资性薪酬、年度奖金和TUP等累计的总收益）管理更多要看现实表现。[①]

TUP和虚拟受限股也可以说一定程度化解了优秀员工与股东之间的矛盾，以及敬业股东与不敬业股东之间的矛盾。

（二）分类激励

虚拟受限股只能授予中国籍员工，非中国籍员工即使级别再高，贡献再大，也无法获得。就长期激励而言，非中国籍员工只能获得

① 任正非．任正非在公司近期激励导向和激励原则汇报会上的讲话[EB/OL].（2014-9-23）[2021-7-26]. https://xinsheng.huawei.com/cn/index.php?app=forum&mod=Detail&act=index&id=2169227&search_result=4.

TUP。这样，虚拟受限股和TUP形成了分类激励的格局。

（三）分层激励

TUP出台后，华为将虚拟受限股授予条件进行了调整，授予条件更加严格：工龄从原来的1年调整到3年，准入级别从原来的13级及以上提高到15级及以上，见表6-14。

表6-14　虚拟受限股与TUP获得条件对照表

<table>
<tr><th>序号</th><th>项目</th><th>TUP</th><th>虚拟受限股</th></tr>
<tr><td>1</td><td>级别</td><td>13级及以上</td><td>15级及以上</td></tr>
<tr><td>2</td><td>绩效</td><td>上一年度KPI考核结果B+以上</td><td>上一年度KPI考核结果B+以上</td></tr>
<tr><td>3</td><td>工龄</td><td>1年以上</td><td>3年以上</td></tr>
<tr><td>4</td><td>考勤要求</td><td colspan="2">（1）上一年事假（与月末周六加班冲抵后的余额）小于5天;
（2）近两年各类休假（含各种法定休假和非法定休假）不超过60天</td></tr>
<tr><td>5</td><td>排除条件</td><td colspan="2">不存在重大恶性关键负向事件</td></tr>
</table>

总体来说，TUP激励对象主要是新员工和初级奋斗者，虚拟受限股则更多授予资深奋斗者和高级人才。

分层激励可以解决价值分配的公平性问题。在单一虚拟受限股激励模式下，如果新员工刚入职满1年，就有不错业绩，该不该配股？按照华为的价值分配理论，他应当得到虚拟受限股。但是配股后存在什么问题？有的人配股后，更好地发挥才能，越战越勇，做出更大贡献，进一步得到更多的配股，这当然是一个理想的模型。但是，也可能在配股之后，员工没有更好的表现，且此后表现非常平庸，出现所得的分红收益与做出的贡献不成正比的情况。虚拟受限股的弊端马上就显现出来。如果不给配股呢？如果多考察几年再配股呢？如果这几年不给配股，员工得不到分红，又如何激励并且留住员工呢？这是一种尴尬的状态，在这种情形下，华为从不纠结，宁可给错也比不给强。

有了TUP之后，这一问题得以顺利解决。华为可以给这样的新员工配TUP，哪怕配了之后，他再也没有突出的贡献，5年的TUP收益与他的付出回报也基本成正比。如果他继续奋斗再创佳绩，那么第二年华为可以给他追加授予更多的TUP。直到他表现变得平庸，即刻停止发放TUP。停止发放TUP之后，他的收益就会逐年下降，直到归零。

通过两年的TUP准入观察，和获得TUP后3～5年的考察，公司再来决定要不要授予员工虚拟受限股。此时，对于员工是否应当获得虚拟受限股以及应当获得多少股，评估结果相对比较准确。当然，获得虚拟受限股之后，他仍然有可能变得惰怠。为了解决这一问题，华为采取的办法是：即使员工满足获得虚拟受限股的条件，华为为员工配发虚拟受限股的数量也是逐年减少，饱和率越高的员工配股数量越少。奋斗10年以上的老员工一旦开始惰怠，在华为不再追加TUP的情况下，他的TUP在5年内就消失殆尽，只能享受部分的虚拟受限股收益。保留的这部分虚拟受限股收益可以作为其历史贡献的合理回报。再过几年，这个员工可能基本奋斗不动了，那么就让他享受内部退休政策，保留部分虚拟股票。当华为认为他不应当保留那么多收益时，就可以回购他多余的股票，达到收益与贡献的平衡。这样的分配制度就实现了贡献与付出基本匹配的目标。

目前华为的股权激励体系是：对于达到激励条件的员工，先授予TUP；对于表现一般的员工，停止授于TUP；对于表现良好的员工，可以增配TUP；对于表现优秀的员工，两年后配发虚拟受限股。拿到虚拟受限股后，对于表现优秀的员工，增配虚拟受限股；对于表现良好的员工，增配TUP；对于表现一般的员工，让他继续持有现在的虚拟受限股；对于现在表现欠佳但过去贡献较大的员工，让他内部退休；对于表现欠佳，过去贡献也一般的员工，直接辞退。华为已经构建了一个循序渐进的股权激励体系，见图6-8。

总之，TUP与虚拟受限股相辅相成，分类分层激励，形成了一个立体式股权激励体系，标志着华为股权激励制度的成熟和完善。

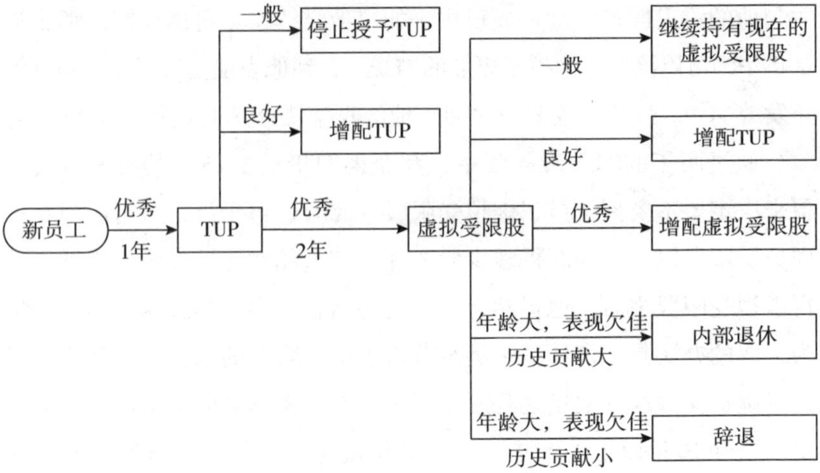

图6-8　TUP与虚拟受限股结合示意图

三、TUP转成虚拟受限股

2016年、2017年和2018年，均有一部分人将到期的TUP转换成虚拟受限股，尤其是2018年转换的人数较多。华为允许员工按照获授TUP时的价格，购买与TUP同等数量的虚拟股票，从而将员工持有的短期TUP转换成长期虚拟受限股。这种做法类似于虚拟股票期权的行权，当然，只有表现非常优秀的员工才可以把TUP转换成虚拟受限股。为什么要将TUP转成虚拟受限股呢？

（一）与优秀员工形成命运共同体

TUP通过利润分享方式，使得股东与受激励员工之间形成利益共同体。因为TUP无须员工出资，5年届满清零，所以员工的投入感不足，长期归属感不强，无法与股东之间形成命运共同体。经过5年考察，华为认为该员工非常优秀，需要长期留住并激励，形成命运共同体，就将他们持有的TUP转成虚拟受限股。

持有TUP的员工能够将TUP转换成虚拟受限股，这给了还没转换持有形式的员工希望，让他们看到未来。华为通过将TUP转换成虚拟受限股的方式解决员工没有长期归属感的问题。转换成虚拟受限股后，优秀的持股员工可以享受内部退休政策，从而实现依靠华为股权收益颐养天年的梦想。

（二）TUP到期需要兑现大量增值

从现金流角度来看，TUP到期需要兑现增值权，企业需要支付大量现金。尤其是2018年，华为第一次大量发放的TUP集中到期，企业的现金压力很大。将到期的TUP转换成虚拟受限股，华为不仅不需要支付期末收益的现金，反而要员工补足差价，按照授予时的TUP年度收益购买虚拟受限股。

比如，小李在2014年获得TUP，当年TUP年度收益和股价均为5.66元。2018年股价和TUP年度收益均为7.85元。若小李获得1万份TUP，则累计增值2.19万元。如果小李获授的1万份TUP被转换成1万股虚拟受限股，则小李不能获得增值收益2.19万元，反而是按照5.66元/股购买1万股虚拟受限股，需要支付5.66万元现金。抵扣2.19万元后，3.47万元可以通过贷款方式来筹集。

贷款购买股权，会导致员工的现金流紧张，但员工已经获得5年分红，有一定现金积累。员工在华为工作六七年后，资金实力已经比较雄厚，能够足额支付购股款。即使通过贷款方式购股导致员工的现金流有点紧张，也不是太大问题。因为他们已经不再是新员工，不再对当下的收入过于敏感，更注重长期收益，所以，此时将TUP转换成虚拟受限股对于员工吸引力很大。

可见，从现金流角度来讲，TUP转换成虚拟受限股的意义非常重大。

（三）ESOP1与TUP、虚拟受限股比较

在ESOP1出台后，华为同时实施三套股权激励方案，这三套方案有不同的目的、不同的激励对象，三者互相结合构建了华为立体式的股权激励制度（见表6-15）。

表6-15　ESOP1与TUP、虚拟受限股比较表

序号	项目		虚拟受限股	ESOP1	TUP
1	权利		分红权、增值权、剩余财产分配请求权、选举权和被选举权	分红权、增值权，无选举权	分红权、增值权，无选举权
2	对象	级别	15级及以上	不限级别	13级及以上
		工龄	3年以上	满5年	1年以上
		绩效	上一年度KPI考核结果为B+以上	上一年度KPI考核结果为B以上	上一年度KPI考核结果为B+以上
3	数量		部门主管根据级别、工龄、绩效等情况综合确定	上一年度薪酬年收入×25%÷当年虚拟受限股每股价格	部门主管根据级别、工龄、绩效等情况综合确定
4	价格		按每股净资产定价	按每股净资产定价	0
5	退出		员工离职，虚拟受限股被回购 满45周岁、入职8年，虚拟受限股可保留	入职未满8年，员工离职时，ESOP1需被回购； 入职满8年，可保留ESOP1； 离职当年所配ESOP1不能保留	详见表6-8
6	平台		工会委员会持股	工会委员会持股	无

从表6-15可以看出，ESOP1、虚拟受限股和TUP三者有很多相同之处，也有不同之处。三者都可以视为华为的股权激励方案，因为员工均享有分红权和增值权。

从作用上看，TUP更侧重于激励效果，华为2014年至2017年大量发放TUP。2018年，华为开始大量发放更加长期的虚拟受限股，以便留住人才，虚拟受限股可以说是激励与留人的作用兼备。从2020年开始，华为推出了更加注重留人的ESOP1。如果说TUP是中长期激励，虚拟受限股是长期激励，那么ESOP1就是超长期激励。目前，华为的三套股权激励制度同时运行，各司其职，共同配合，共同打造以奋斗者为本的机制。

本章小结

随着华为不断加快国际化进程，如何激励外籍员工和派往海外的员工，日益成为影响其国际化进程的重要因素。原有的递延奖金机制存在激励性不足、员工归属感弱的问题。于是华为在2011年推出了和虚拟受限股收益挂钩的TUP，将其作为对非中国籍员工的长期激励措施。TUP先在华为海外子公司推广，推广效果不错。随后华为扩大其适用范围，不再仅限于非中国籍员工，到2014年成为面向全球全体员工的激励计划。

TUP不需要员工出资，自授予之日起5年内有效，到期自动终止。在此期间，获得TUP的员工享有年度分红收益和期末到期增值收益，这些收益与虚拟受限股的收益挂钩。员工实际能够获得多少收益，还与考勤系数相关。

TUP作为5年期的激励制度，弥补华为激励体系中中期激励制度的不足。滚动发放的TUP可以无限延期，成为一项中长期激励制度。TUP的推出，丰富了华为中长期的激励体系。持有TUP的优秀员工，拥有将TUP转换为虚拟受限股的可能，从而实现TUP与虚拟受限股的无缝连接。

TUP在合规上具有较大的普遍适用性，也容易与世界各地的文化相契合，员工接受度较高。总体来看，TUP实施的效果非常好：激励了非中国籍员工，提高了他们的归属感和认同感；激励了新员工，解决了新员工薪酬不足的问题，为他们后续将TUP转为虚拟受限股积累资金；反向激励老员工，不让老员工躺在股权上睡觉。新老员工，不管是中国籍还是非中国籍，通过TUP与华为的利益进一步绑定，焕发出新的奋斗精神。

TUP不需要员工出资、5年清零的特点，解决了员工初期信心不足的担忧，也解决了老板怕股权所给非人的恐惧，非常值得想做股权激励却迟迟不敢做的企业学习、借鉴。

第7章

华为股权理论基础及运行机制

本章导读

第6章结束之时，你是否感觉到本书已经结束，华为股权的作用，30余年的股权改革史，内部股、虚拟股票期权、虚拟受限股、TUP、ESOP1五大主要制度均已经详细讲解，那本章的作用是什么呢？

事实上，本章才是全书的精华所在。前面的章节主要讲述华为股权方案与变革历史，而本章则侧重深入分析华为股权激励的本质理论与运行机制。

华为股权激励制度与其他公司股权激励制度最大的区别在于，华为创造了股权分配的理论——知识资本化理论。你只有了解了知本主义与知识资本化理论，才能够理解任正非为何坚持将约99%的股权分出去。

知本主义并非华为人首创，但华为人将其贯彻落实，并研究出知识资本化这一独特的路径。知识资本化是任正非和华为人的首创。通过知识资本化，华为实现了“以奋斗者为本”的理念。然而这种理念也存在各种弊端，需要通过各种机制予以弥补和完善。知识资本化只是手段，一旦背离了“以奋斗者为本”的理念，则应当予以矫正。

本章讲述知识资本化理论下的九大机制：虚拟股票发行机制、员工配股机制、虚拟股票定价机制、资金解决机制、年度分红机制、虚拟股票退出机制、虚拟股票保留机制、公司治理机制、股权文化机制。

这些机制背后的原理是什么？在了解了这些机制背后的原理之后，你才能深刻理解华为股权激励的各种策略、落地实施办法。

股权激励不是您想象的那么简单！深入学习本章，有助于你将有限股权的价值最大化。

第1节　华为股权分配理论

华为的创新，不仅是技术和管理的创新，也是分配理论和产权制度的创新。

1996年，华为员工持股制度探索性地实施六年后，任正非认为应当将员工持股制度进行系统梳理，要从理论上搞明白为什么实施员工持股制度。因为华为人发现一个很大的矛盾：如果按资分配，收入是按几何级数的方式增长；如果按劳分配，收入是按算术级数增长。随着华为的发展，两者之间的矛盾越来越大，具体体现为新老员工的矛盾。新员工在开创性、知识贡献等方面可能会优于老员工，但收入却不如老员工。企业发展的动力靠什么来支撑？如何将企业发展的后劲和活力激发出来？这就产生了一个严重的问题。如果不能调动员工的积极性，使员工贡献他们的智慧，那么企业发展就会受到严重的阻碍。

任正非看到了这个矛盾和问题。他认为每个创业者都要脱胎换骨，以牺牲的精神对待企业，这样企业才可以达到长期安全、稳定和健康发展。华为采用很多办法，如员工持股、利益均沾等来调动员工的积极性。通过六年的实践，华为人认为股权分配意味着员工享受了企业发展的剩余价值。任正非认为要搞清楚股权如何分配，就要研究清楚价值如何创造，价值创造决定了价值分配。华为要想建立价值分配体系，必须在理论上对价值创造的要素做新的确认。华为在六年的实践探索后，将股权分配上升到了理论层面。

一、华为价值创造的理论创新——知本主义

在传统经济学理论中，生产要素包括劳动力、土地、材料、能源和资本。华为人则认为，劳动、知识、企业家和资本共同创造了华为的全部价值。相比而言，华为对于价值创造理论的创新主要是确认了知识和企业家在价值创造中的作用。什么是知识和企业家？这两者产生的劳动都属于创造性劳动，亦称智力劳动。创造性劳动是指区别于一般劳动的以智慧、管理和技术为表现形式的特殊劳动。知识与企业家精神是可以累积的，是可以不断开发的，也是可以复制的。①

任正非认为在高技术领域里重新认识这个问题，主要是正确估算知识在创造价值中的作用以及重新正确估算企业家在创造价值中的作用，而不是仅去考虑一般劳动，特别是体力劳动的作用。因为在高技术企业，一般操作性工人所占的比重很小。以华为为例，它的研发人员比例为40%，市场营销人员比例为35%，真正的生产人员比例为15%，而真正在作业线上完成作业的人的比例连10%都不到，整个公司的价值到底是谁创造的？实际上不能以一般的劳动创造价值的意义来理解，而要特别突出知识和企业家在整个价值创造中的作用。②《华为基本法》规定了价值创造的四大要素：劳动、知识、企业家和资本。

（一）劳动

这里的劳动主要是指简单劳动，高级、复杂且有创造性的劳动被

① 黄卫伟. 走出混沌[M]. 北京：人民邮电出版社，1998：169.
② 黄卫伟. 以奋斗者为本：华为公司人力资源管理纲要[M]. 北京：中信出版社，2014：12-13.

归入知识的范畴。关于劳动，任正非强调不仅要注重身体上的艰苦奋斗，还要注重思想上的艰苦奋斗。尽力是身体上的艰苦奋斗，尽心才是思想上的艰苦奋斗。只尽力的不是好干部，是中低层干部，尽心的才是好干部。

（二）知识

这里的知识并不是指传统意义上的知识，而是指知识分子的高级、复杂且有创造性的劳动。他认为对一些高技术产业，人的脑袋很重要，资本反而有些逊色，应多强调知识、劳动的力量，这就是知识资本，也称为知本主义。[①]

任正非认为，这个时代是知识经济时代，它的核心是人类创造财富的方式和致富的方式发生了根本的改变。在这种情况下，创造财富的方式主要由知识、管理产生，也就是说人的因素是第一位的。在知识经济时代，企业生存和发展的方式发生了根本的变化，过去是资本雇佣劳动，资本在价值创造要素中占有支配地位，而在知识经济时代是知识雇佣资本。知识产权和技术诀窍的价值和支配力超过了资本，资本只有依附知识，才能保值和增值。[②]当今社会确实出现了知识雇佣资本的现象，在风投领域尤其明显。

我们认为，任正非所讲的“知识创造价值”理论与传统的经济学理论并没有矛盾。任正非将劳动区别为简单劳动和高级、复杂且有创造性的劳动是有意义的，这种划分突出了知识在价值创造中的作用，也明确了两种要素参与价值分配的方式不同。在传统经济学理论中，劳动报酬通过单位劳动时间的价值乘以劳动时间来计算，但创造性劳动的价值却很难用这种公式来计算。创造性劳动创造的价值是长期价

---

① 黄卫伟. 走出混沌[M]. 北京：人民邮电出版社，1998：110.
② 任正非. 华为的红旗到底能打多久[J]. IT经理世界：封面报道，1998（19）：36.

值，无法使用这种短期的方式进行计算，只能通过长期回报的方式实现收益与付出的对等。

例如：1994年，C&C08研发成功。这款机器不仅当年畅销，而且热销多年，一直到2010年还在销售。C&C08不仅给华为带来了巨大的销售收入，更是一举奠定了华为在行业中的地位，帮华为积累了客户资源。5G技术的研发更是如此。研发团队创造的这种价值用工资和奖金来计算是完全不合适的。只有用股权的方式来计算，才能体现长期价值。

不仅研发团队，市场团队也存在着创造性劳动的长期价值。比如，华为现在海外市场局面很好，海外人员有相对好的条件，比较容易获得业务量，从而拿到不少奖金。但是早期的市场开拓人员，付出千辛万苦，换来的也只是微小的订单，他们的付出如何用奖金来计算？如果没有早期员工的辛苦付出，怎能有如今的市场局面？

例如：1994年，华为已经布局俄罗斯市场，开拓过程无比艰辛，坚守4年才换来一个38美元的订单。直到2000年华为才真正进入俄罗斯市场，而开始大量收获则是在2003年，这一年，华为在独联体国家的销售收入超过3亿美元。如果按照奖金或提成计算，是不是2000年之前开拓俄罗斯市场的业务人员都拿不到报酬，而2003年大丰收的提成主要由当年的业务员领走。如果是这样的分配方式，华为又如何能够激励早期的业务员去开拓市场呢？如果开发俄罗斯市场的员工没有业绩，华为也用大量的提成或奖金去激励这些开拓人员的话，那么华为的现金又从何而来？华为通过股份分配的方式激励这些早期业务人员：短期内，这些早期业务人员可以分享公司整体发展带来的利润；长期来看，他们也从华为2003年的大丰收中获得了回报。正是员工持股制度，才使得这些研发人员或业务人员能够着眼长远，努力奋斗。

因此，市场人员也存在着长期价值。只要是高级岗位，从事复杂劳动，其带来的回报都具有不同程度的长期性。任正非说：

> 我为什么要把股权分给大家？华为是科技企业，要更多的聪明人、有理想的人一起做事，所以就只能一起抱团，同甘共苦。越是老一代的创业者和高层领导干部，越要想到自觉奉献。只有不断地主动稀释自己的股票，才能激励更多的人加入华为的事业中一起奋斗……①

（三）企业家

企业家对企业经营和发展所创造的价值，与知识型劳动不同。企业家对企业的战略和管理关乎企业的生死存亡。企业家就像船长一样，指挥方向，一旦方向错了，船就无法靠岸，甚至像泰坦尼克号一样撞上冰山，船毁人亡。一旦企业的战略错了，企业就会失败，投入再多的劳动、知识和资本都会打水漂。从这个意义上讲，企业家在价值创造中确实属于一个重要而独立的因素。

任正非认为企业家的作用就是要确定一个清晰的战略目标，让大家跟随。一位领袖要找准方向，更多地在价值分配、全球战略格局上去思考，发挥引领作用。

华为的成功离不开任正非这位百年难遇的企业家。正是在任正非出色的战略指挥和领导下，全体华为员工的努力和上千亿元的资金投入才获得了丰厚的回报。

（四）资本

关于资本，任正非认为公司的发展离不开资金积累。在资金来源上，有两种可能性：第一种是开放资金市场，让公司以外的人来购买

---

① 田涛，吴春波. 下一个倒下的会不会是华为：故事、哲学与华为的兴衰逻辑（珍藏版）[M]. 北京：中信出版社，2016：88.

公司股权；第二种是扩大生产，增加利润，自我积累。虽然通过第一种方式来钱快，但这种钱不好拿，而且可能干扰华为的体制。第二种方式纯靠企业自我积累，融资速度太慢。华为走的是第三条路，不是纯靠自我积累，也不依靠投资人投资，而是依靠员工源源不断地投入资本。华为的体制是以劳动[①]为本位，而不是以资本为本位的体制。华为采取对劳动成果高度肯定的态度，以工资、虚拟股票等形式对劳动者给予报酬。任正非说：

> 华为的资本是从劳动开始积累的，因此，对劳动的评价就成为关键问题。现在民营企业过分地考虑创业者的利益，而忽视了新加入者的利益。我是一个反创业主义者，因为那样会成为孤家寡人。[②]

华为通过知识资本化的方式，让员工投入资本。这样一来，既实现了资金的快速积累，又肯定了员工的贡献，一举两得。

二、华为价值分配的理论创新——知识资本化

既然明确了劳动、知识、企业家和资本是价值创造的要素，那么劳动、知识和企业家如何参与到价值分配中？华为采取了将其资本化的方式来实现价值分配。智力资本（知识和企业家）是华为价值创造的主导要素，华为通过知识资本化、企业家的管理和风险资本化方式，使智力资本真正成为华为未来发展的动力和源泉。创造性地把智力劳动转化为资本，也就是通过华为独特的内部股权评定与安排方式量化智力资本的贡献，使相关人员得到合理回报。

① 这里的“劳动”是针对“资本”而言的，不是针对“知识”而言的，包括简单劳动和知识劳动两个层面。

② 黄卫伟. 走出混沌[M]. 北京：人民邮电出版社，1998:108.

员工通过劳动获得回报的方式是取得工资性收益，而员工通过知识和企业家管理取得回报的方式是通过出资转化为股权，取得企业发展的利润。知本主义通过知识资本化的方式实现。

知识资本化，即以资本为存在形式，把知识转化为公司的资本，并通过资本的不断增值，来实现知识的增值。[①]通俗地说，知识资本化就是员工凭借其知识产生的贡献取得出资资格，通过出资成为股东，从而取得企业发展所带来的分红和增值的回报，实现知识的增值。

知识虽然是创造价值的要素，但知识本身却不直接参与价值分配，而是通过资本化的方式参与分配。知识和资本结合在一起，员工输出知识，华为支付相应的工资，同时根据员工的贡献，给予其认购一定数量股份的机会。员工获得相应数量的认股权后，再根据股份的价格出资入股。在知识资本化的产权安排中，没有独立的资金资本。出资权要根据员工的贡献才能获得，而不是根据资金的多少来评估。因此，知识资本化将知识和资本结合，但本质还是知识。

华为并没有单纯的资本，即使任正非是独立股东，他也仅持有1%左右的股权。任正非作为贡献最大的创始人和带领华为发展的领头人，也只能占有1%左右的股权，这1%左右的股权是企业家管理和贡献的资本化。

我们认为，知识资本化的做法，对于广大中小企业的借鉴意义非常大。因为在人力资本理论之下，员工获得股权不是凭借出资，而是凭借出力。那么资金谁来出呢？要么是老板，要么是投资机构。在中国现有的投资环境下，绝大多数的企业是很难通过股权融资来实现资金股和人力股分离的，只能通过老板来出资。中小企业的老板并不是单纯的投资人，而是企业家，老板投资也是企业家管理与贡献的资本

① 吴春波. 全力创造价值，科学评价价值，合理分配价值——《基本法》辅导报告之二[J]. 中国人力资源开发，2014（6）：23.

化。纯靠老板出资，企业规模小的时候还可以。随着企业规模不断扩大，老板的出资必然跟不上企业的发展。首先，在知识资本化下，持股员工出资是一种现实的选择。其次，在知识资本化下，员工不仅分享利润，也承担风险，这使得员工的责任感更强。华为通过知识资本化，不仅构建了利益共同体还构建了命运共同体。

什么是利益共同体？利益共同体就是大家共同创造利益，共同分享利益。而命运共同体就是大家除了共享利益，还要共担风险。利益与风险都属于经济方面，我们认为命运共同体除了经济方面，还应当包含梦想共同体。共同体成员有着共同的梦想、共同的事业，这才是真正的命运共同体。

相比之下，利益分享比较容易，只要分享者大度，拥有分享精神就可以了。但是，要达到命运共同体却是非常困难，有福同享容易，有难同当困难。华为的知识资本化，使得持股员工的风险与企业、企业家的风险捆绑在一起。与此同时，任正非不断与员工分享他的梦想。早在1994年任正非就和员工分享“三分天下有其一”的梦想，让全体员工朝着共同的梦想前进。通过分享利益、共担风险、共筑梦想的结合，华为实现了命运共同体的构建。

三、知识资本化下的九大股权激励机制安排

为了实现知本主义的思想和知识资本化的理论，在实践中华为需要一整套的制度。华为在长期实践中，探索出了虚拟股票发行机制、员工配股机制、虚拟股票定价机制、资金解决机制、年度分红机制、虚拟股票退出机制、虚拟股票保留机制、公司治理机制和股权文化机制。这九大机制构成一个系统，实现了华为知识资本化的理念。从1990年员工持股制度的探索到2009年奖励配股制度的出台，华为用20年时间形成了整套虚拟股票运行机制。

很多读者在看完华为的股权激励方案之后，可能会觉得它并没有什么特别之处，并不见得就比上市公司的股权激励方案好。可是为何华为的股权激励方案取得了如此出色的成效？我们认为方案的落地实施还需要相应的配套机制，华为股权激励方案的亮点更在于九大机制的构建。

第2节　虚拟股票发行机制

一、虚拟股票发行办法

要了解虚拟受限股总量，就得先了解虚拟受限股的发行办法。其实，早在1997年华为的内部股发行就已经非常规范。2001年，华为聘请毕马威对其财务进行审计，聘请韬睿咨询公司设计股权激励方案。

韬睿咨询公司设计的是虚拟股票期权方案，以每股净资产为基准，将原来的内部股改造成虚拟股票。韬睿咨询公司也帮助华为重新界定了虚拟股票的发行办法，参照拟上市公司的股票发行办法来操作。

（一）虚拟股票面值为1元

按照我国股份公司的通行做法，每股股票的面值为1元，韬睿咨询公司给华为的虚拟股票面值的定价也是1元。持股员工缴纳的面值部分的款项计入公司的实收资本。例如：2017年，华为发行

1 494 106 613股虚拟受限股，每股面值1元，那么它的实收资本新增为1 494 107 613元。

（二）溢价部分计入资本公积

虽然虚拟股票面值是1元，但虚拟股票的交易价格却是按照每股净资产定价，每股交易价格与虚拟股票面值之间的差额，计入资本公积。例如，2017年上半年每股交易价格为7.85元，则每股6.85元计入资本公积。股东实际总投入的货币出资合计11 728 737 000元，实际投入超过注册资本的数额约10 234 630 000元，被确认为资本公积。在内部股时期，股价等于注册资本，没有发生溢价。

（三）发行虚拟股票后进行增资扩股

一般股份公司发行股票后，会增加股本和股份总量。华为也是如此，发行虚拟受限股后，会在工商局对注册资本进行增加，扩充注册资本，然后在工会委员会和内部章程中登记股份总量。

二、虚拟受限股总量

从虚拟受限股的发行办法可以看出，华为虚拟股票面值是1股1元，那么，华为的注册资本数量就是华为的虚拟受限股总量。截至2021年6月30日，华为的虚拟受限股总量已经达到了36 174 377 966股（约362亿股）。从股权比例的角度来看，华为用于激励员工的虚拟受限股占比为多少呢？

据李玉琢回忆，早在1995年任正非已持有约1%的股权，他拿出约99%股权给员工，那么后面的激励股权从哪里来呢？这得益于华为每年的增发机制。华为不是做完一次股权分配或股权激励就结束，而是年年增资扩股。为了避免股权被稀释就需要同时增资，任正非说他2000年之前都没买房，是因为把所有赚来的钱都投入华为的发展。比如，2008年华为战略扩张需要大量的资金，除了员工大量配股，任正非个人也大量增资，投入了2.5亿元资本金。

为了激励员工，和员工形成命运共同体，华为在配股方面从不吝啬。华为的股权激励总量为全世界最大，任正非将约99%的股权分给了员工，这在全世界的企业中属于首例。为什么要分这么多出去？少分一点不可以吗？

华为是一家高科技企业，对人才的依赖性非常强，因此，它需要分给员工的股权数量就更多。从理论上讲，在人才依赖性强的企业中，员工的人力资本占比比较高。可是即便如此，任正非分出50%或者80%不行吗？为什么一定要分出约99%？一位华为高管曾对田涛教授说：

老板应该将股权比重提升到10%～15%，这样他就有了法理层面的实际控制权，就不会像现在这么累了，成天花很多心思搞平衡……田涛将此话转给任正非，任正非答道："你以为他愿意的其他人都愿意？我当初这么做就没想过要走回头路，我们要的是理想，是胜利，不是利益。"①

任正非坚持把约99%的股权分出去，是因为他想成就一项伟大的事业，而不是做一家属于自己的公司。任正非在2019年接受《华尔街日报》记者采访时说道：

当年如果不分股份给大家，华为可能就是一个小公司，干一干就散了，重新又去干一个行业。你怎么知道我不会去搞房地产呢？我应

① 田涛. 理念·制度·人[M]. 北京：中信出版社，2020：133.

该去搞房地产，不应该搞通信，这么傻，又苦又累又不赚钱。[①]

要说分得少一点，也不是不可以，但是任正非拿得多了，有的员工必然就拿得少了。员工拿得少了，他的积极性就会受挫。因此，华为能做到这么大和任正非分股的力度相关，分得少一点，也许华为就做得小一点。总体情况是，企业越大，老板的个人股份越少。老板持有100%股权的公司一般都是小企业，企业做大的过程，就是不断引进人才的过程，也是不断稀释股权的过程。

三、增发新股机制

华为每年都要增发股份，30年来没有间断过。为什么每年都要增发股份呢？

（一）每年增发的原因

华为每年增发股份基于以下原因。

1. 为了对当年的知识贡献进行资本化

为了实现知识资本化，华为每年对人力资本进行评定，根据评定的结果，由员工出资认购股权，这样就完成了知识资本化的过程。那么，为什么要每年评定呢？

首先，华为对知识的评定标准，并不是员工的学历与能力，而是员工的贡献，知识必须转换成贡献才可以资本化。既然要对贡献进行评价，就决定了刚来华为的新员工是无法得到认购权的。不论员工过去

---

① 华为公共及政府事务部. 任正非接受《华尔街日报》采访纪要[EB/OL].（2020-3-25）[2021-7-26]. https://xinsheng.huawei.com/cn/index.php?app=forum&mod=Detail&act=index&id=4538789&search_result=2.

的业绩多么优秀，都需要在华为干出业绩，然后由公司来评定其贡献。

其次，既然要对贡献进行评定，就必须将一个阶段作为一个周期来评定。将1年作为一个周期正好，1年之内的考评周期太短，1年以上的考评周期又显得太长。因此，华为每年对员工的贡献进行考评、认定之后，再将员工当年的贡献资本化。

2. 为了给华为筹集发展资金

大家都认同华为高分红的效果，但很多老板不约而同产生另外一个疑问：如果像华为这么高比例的分红，明年的发展资金从哪里来？华为的发展资金来自每年增发的股份。

每年增发股份，员工按照最新的股价入股，购买虚拟股票。不管是老股东还是新股东，看到每年如此丰厚的回报，对于新发行的股份，肯定是求之不得。因为分红多，所以大家愿意购买股份。华为当年的增资金额有时超过当年的分红金额，出现分红越多企业增资金额越多的情况，依靠的就是每年增发股份。

（二）每年增发股份的数量

华为每年增发多少数量的虚拟受限股呢？大部分年份增发比例为10%，但有时增发到15%甚至20%，有时则只增发5%左右。从华为30余年的股权发放实践来分析，华为每年增发股份的数量取决于两个因素：一是公司需要多少现金储备，二是有多少员工需要激励。

什么时候需要现金储备？什么时候需要大力激励员工？其实，这两个时间点往往是一致的，就是当公司陷入危机或者进行战略转型、扩张的时候。每遇危机或转型关头，华为就大量增发股份，以筹备现金、留住员工、激励员工，从而实现战略目标——度过危机或者实现转型。

我们先来看看华为虚拟受限股历年的发行数量，详见表7-1。

表7-1　华为历年虚拟受限股发行数量表

变更时间	股份总数（股）	新增股数（股）	增发比例（%）	备注
2003年03月14日	3 268 396 585			
2004年03月10日	3 616 029 807	347 633 222	11	2003年底增发的虚拟股票
2004年12月29日	4 311 511 820	695 482 013	19	
2005年12月14日	4 709 260 078	1 093 230 271	9	
2006年12月28日	5 415 649 090	706 389 012	15	
2007年12月29日	5 686 431 545	270 782 455	5	
2008年12月17日	6 823 717 854	1 137 286 309	20	
2009年12月14日	7 506 089 639	682 371 785	10	
2010年09月15日	8 256 698 603	750 608 964	10	
2011年11月14日	9 990 605 310	1 733 906 707	21	
2012年11月05日	10 989 665 841	999 060 531	10	
2013年12月16日	12 088 632 425	1 098 966 584	10	
2014年12月16日	12 813 950 370	725 317 945	6	TUP全面推行，替代了部分虚拟受限股的功能。
2015年12月29日	13 582 787 392	768 837 022	6	
2016年12月27日	14 941 066 131	1 358 278 739	10	
2017年12月28日	16 435 172 744	1 494 106 613	10	
2018年12月30日	22 236 788 722	2 021 526 247	35	次年4月分红时按1：1.23送股
2019年12月19日	29 352 561 113	2 668 414 647	32	次年4月分红时按1：1.20送股
2020年12月09日	34 050 445 281	2 552 138 953	16	含ESOP1数量

注：本表数据自2003年开始，基于以下两个原因：

（1）华为投资控股有限公司2003年3月成立，本表统计自其成立开始；

（2）2003年实行的MBO虚拟股，开启了现行虚拟受限股的序幕。

数据来源：国家企业信用信息公示系统。

从表7-1可以看出，华为每年正常增发股份的比例在10%左右，历年数据变动幅度较大往往会有一些特殊的原因。

2004年，摩托罗拉拒绝收购华为，少壮派决定继续将公司发展下去。为了凝聚人心，与员工构成长期的利益共同体，积蓄能量，保障海思芯片的大量投入，华为当年出台了退休保留虚拟股票的政策，并大量增发股份，增发比例达到19%。

2006年，华为遇到行业饱和危机，利润率大幅下降。为了大量融资，节约成本，激励员工，华为增发股份，当年增发比例达到15%。

2008年，华为受到全球金融危机的影响，资金压力特别大。为了实现扩张战略，华为再次大量增发股份，当年增发比例达到了20%。

自2011年起，华为遇到内部员工惰怠的问题，公司业绩增长放缓，2011年业绩增长率仅有10.13%。为了激励员工，华为提高了饱和配股线，再次大量增发股份，当年增发17亿股，增发比例达到21%，为历年最高。

2014年，华为全面推行TUP，大量发行TUP，2014—2015年减少虚拟受限股的增发量。在第一期TUP即将到期之时，华为将部分优秀员工持有的TUP转换成了虚拟受限股。2017年和2018年，华为股值不再增加，而是送股，导致2018年和2019年的虚拟受限股总量大量增加。

2019年，华为遇到美国打压，再次进入危急状态。当年送股且增发股份，合计增发比例为32%。2020年，美国的打压持续升级，为了鼓励员工，激发员工积极性，华为2020年新增股份总数达到了史上最高——47亿股，增发比例达到16%。

总之，华为在困难年份大量增发虚拟受限股主要出于三个目的：一是加大对企业的投资，保证华为的战略性投入；二是绑定员工，共渡难关；三是激励员工，实现战略扩张。

当然，股份增发的前提是企业利润或者企业价值在增长。如果企业利润或者价值没有增长，却不断增发股份，就会不断稀释股权的收益或者降低股权价值，那么企业就不可持续发展。华为虽然大量增发虚拟股票，但增发速度基本与公司的发展速度同步。因此，在不断有员工退休的情况下，华为还能保持原有的股票收益率和价值。

第3节　员工配股机制

每个员工应当分配多少数量股权合适？这是在制定股权激励方案的过程中，企业家非常头疼的一件事。

早期华为在内部股的分配上并没有太多的规则，主要是为了融资，根据员工的出资能力和出资意愿来配股。公司根据员工的年终奖和分红情况来决定给员工的配股数量。这个方法虽然简单，但年终奖高的人往往也是贡献大的人，因此，根据年终奖、分红配股和根据贡献配股实际上相差不大。1997年华为《员工持股规定》出台后，给员工发放股权有了一个明确的依据和标准。1998年出台的《华为基本法》进一步对给员工发放股权一事做了理论上的概括。

在发放方式上，当公司人数比较少的时候，发多少股权都是由任正非一个人说了算。随着公司人数增多，任正非一个人管不过来，就由几个领导商量着发。随着公司规模扩大，几个领导也忙不过来，就改成由主管申报员工配股数量，然后逐级上报，最后由公司领导统一调整后予以确定。这种自下而上的配股方式的决定权主要在公司领导，下级意见仅供参考。在公司规模更大之后，华为发现由公司领导集中处理这种方式效率不高，也不合理。因为公司规模大了，公司领导并不了解基层员工的表现与贡献，基层主管才是最了解员工的人。因此，华为在2010年改成了自上而下式发放，即由持股员工代表会确定当年公司增发的虚拟股票总数，再由公司拟定股权包，逐级分解下放至部门，由部门主管在股权包内进行直接分配。虽然公司也会出台每年配股的指导意见，甚至每级员工的发放标准，但是最终的决定权仍在部门主管，公司的意见仅供参考。

华为的员工配股始终遵守以下四大配股原则和两大配股制度。

一、四大配股原则

（一）普遍持股原则

华为配股的第一大原则是普遍持股原则。20世纪90年代，高达80%的华为员工持股，连司机都有配股。进入21世纪之后，华为的配股条件有所上升，要求入职1年以上且13级及以上员工才能配股，除了绩效特别差，达到这两个条件的员工都能得到不同程度的配股，配股范围相当大。2013年，华为推出TUP之后，再次提高了配股的条件，要求入职3年以上且15级及以上的员工才能配股。即便如此，员工持股比例还是超过了一半。如果将非中国籍员工人数扣除，则持股比例更高。

知识型员工确实普遍持股。在华为，13级及以上的员工大部分是知识型员工，工厂的操作工人反而非常少。因此，在华为虽然不是人人持股，但绝对算是普遍持股。

华为之所以要实施普遍持股，正是基于知识资本化的理论。知识型员工就应当通过知识资本化的方式享受企业长期发展的成果。

（二）给“火车头”加满油

虽然华为15级及以上知识型员工在入职3年以后大都能得到配股，但华为不是平均配股，而是大力向高绩效者、贡献者倾斜配股，任正非称之为给“火车头”加满油。所谓“火车头”，主要是指业绩好、贡献大的员工。给“火车头”加满油，就是年终奖和配股等各种待遇都向优秀员工倾斜，鼓励奋斗者。

任正非强调按价值贡献，拉开人才之间的差距，给“火车头”加满油，让列车跑得更快，做更多功①。在虚拟股票数量的分配上，华为一直贯彻给“火车头”加满油的原则，坚定不移贯彻倾斜政策，向市场人员、开发人员倾斜，在很长一段时间维持这种倾斜，保证作战的人受益最大。②

任正非强调新增配股要向高绩效者倾斜，强调效益优先、兼顾公平，价值分配体系要向奋斗者、贡献者倾斜。要敢于向优秀的奋斗者、成功实践者、有贡献者倾斜，给“火车头”加满油，让“火车头”拼命拉车，始终保持奋斗热情。让普通员工与高绩效者之间形成差距，差距就是动力。③

在股权分配数量上，一定要敢于拉开差距，给优秀的人才足够的激励，这样做的好处有三个。一是优秀人才得到充分激励后，其潜能得以发挥，给公司带来更大的效益。换句话说，激活一个优秀人才的收益比激活一个普通人才的收益要更大。二是优秀人才得到激励后，能够长期留在公司，这样公司核心团队就稳定了。只要核心团队稳定了，非核心人才即使出现流动，也不会给公司带来较大的不良影响。

---

① 黄卫伟. 以奋斗者为本[M]. 北京：中信出版社，2014：87.

② 黄卫伟. 以奋斗者为本：华为公司人力资源管理纲要[M]. 北京：中信出版社，2014：83.

③ 黄卫伟. 以奋斗者为本：华为公司人力资源管理纲要[M]. 北京：中信出版社，2014：60.

三是优秀人才因为优秀和努力得到了丰厚的回报，能够形成一个正面的激励效应，大家都争当“火车头”，从而带动全体员工的成长。

反之，如果在分配股权时像撒胡椒面似的人人有份，在配股数量上没有拉开差距，实际上该激励的人没有激励到位，不该激励的人也得到了一点点，那么，大家都没有得到充分的激励，无法形成正面的示范效应。大家会觉得即使工作再出色、再努力也就那样，反而影响大家的积极性。

（三）给高层多配股原则

华为有句俗语很好地描述了收入变化情况：三年一小坎，五年一大坎。意思是员工入职华为三年内大部分靠工资生活，三年后奖金逐步可观，五年后分红逐步可观。事实上，根据网上公开的信息，情况也确实如此，在华为供职年限越久，奖金越多，分红越多。2015年，华为高级副总裁陈黎芳在北大宣讲时提到：奋斗越久越划算，工资变成零花钱。

大部分入职华为不久员工的工资、奖金与虚拟股票的比率是1∶1∶1，此时，虚拟股票收益占全部收入的1/3。随着时间的推移，配股的累积，虚拟股票收益往往占了大头，尤其对于高级别人才和华为老兵来讲，工资只是零花钱。

持股员工具有双重身份，既是公司员工又是股东，通过员工身份可以获得工资，通过股东身份可以获得股权收益。在什么情况下，员工的股东感会更明显呢？一定是股权收益超过工资收益的时候。

以下是我们从中国裁判文书网上查到的一个案例：

易某2007年1月的每月标准工资为14 000元（税前），扣除五险一金和个税后收入约为1万元，税后年收入约为12万元，2007年度的奖金实发约12万元（税后），2007年度的分红实发约87万元（税后）。该员工在华为的税后所得为111万元，虚拟股票收益占比78%。近八成的收益来自虚拟股票收益。

百万收入仅有约10%是工资，近80%是分红，员工怎么能不关注公司的发展，怎么会没有主人翁精神？

因此，高层员工的股权收益在收入中的比重要大，越到高层，其股权收益应当越多；而对基层员工而言，则要保障其工资收入，股权收益只是锦上添花。在员工从基层往高层晋升的过程中，工资增长的幅度要逐步放缓，而股权收益要逐步增加。一方面，可以有效控制用人成本；另一方面，也能让高层与公司形成利益共同体。因为高层的主要收入来自股权收益，所以他会非常关心公司的利润与成长。如果一个人的股权收益只是零头，工资收入才是大头，那么他关注的仍然是他的工资增长，而不是股权收益。

对于高级别的员工和资历深的员工来说，股权收入超过工资收入。员工级别越高，资历越深，其股权收益就超出工资收入越多。

（四）不让“雷锋”吃亏

华为强调在价值分配方面，不让“雷锋”吃亏，奉献者应当得到合理的回报。员工个人的奋斗可以是无私的，但企业不应让“雷锋”吃亏。在股权分配方面，不让“雷锋”吃亏，体现在给“火车头”加满油，贡献越多的人则配股越多。但更重要的是如何保护那些让条条框框伤害的真正贡献者。在制度之下容易产生“乖孩子”，“乖孩子”得到的评价更高，而有使命感、努力贡献的人，不一定是“乖孩子”，那些有缺点的贡献者，甚至是大贡献者有时反而得不到应有的评价。这是任正非强调各级主管在评价时要注意之处。如果贡献者没有得到合理的配股，那么这是股权战略的失败。

因此，任正非强调在配股时，不要拘泥于条条框框，对优秀奋斗者的评价，要跟着感觉走。判断这人是不是奋斗者，是不是有贡献，是依据他的表现，而不是仅依据公司的条文。[①]

华为就怕用僵化教条的条款把优秀的奋斗者伤害了。比如，虽然考勤条款规定各类休假超过60日的员工不得配股，但如果某个员工确实是因为奋斗而产生的疲劳与伤病，那么公司可以通过外派出差的方式来让他休假。这类休假是不计入休假总数的。再比如，在内部退休保留虚拟股票方面，华为也不是严格按照45周岁和8年工龄，而是要看其是否真正为公司做出重大贡献。

正是因为华为本着不让“雷锋”吃亏的原则，所以员工不会去计较利益，而是专注于目标和奉献。

二、两大配股制度

（一）饱和配股制度

1. 饱和配股制度的理论基础

在知识资本化的过程中，存在着一个矛盾：资金资本与知识资本并不是同步发展，而是产生了如图7-1所示的知识贡献与资本收益背离的情形。

华为每年根据员工的贡献来评定其入股资格与配股数量，且对配股员工的绩效要求其实不高。因此，员工只要干得不太差，都能获得数量不等的配股。尤其在2011年之前，每个员工配股的数量都不少。比如，张工每年的KPI绩效考核在B以上，他的贡献量转换成配股之后，他需要投入10万元资金购买虚拟受限股。10年之后，他的股值将积累到100万元。一旦他的知识贡献下降，他的人力股部分应该随

① 王京刚. 华为人力资源管理（活用版）[M]. 北京：中国铁道出版社，2017：293.

着之进行调整，但是因为知识资本化这一做法，使得他的人力股被固化下来。时间一长，老员工所得的回报与他的付出就很不成正比。如果张工的表现非常优异，连续15年都保持着较大的贡献，那么他的每年配股应该达到150万元。此时，如果他退休或者表现不好，那么他的知识贡献与资本收益的矛盾就开始突出。因此，不论员工多么优秀，知识贡献与资本收益之间的矛盾总会发生。这是知识资本化理论在实践中存在的最大问题。

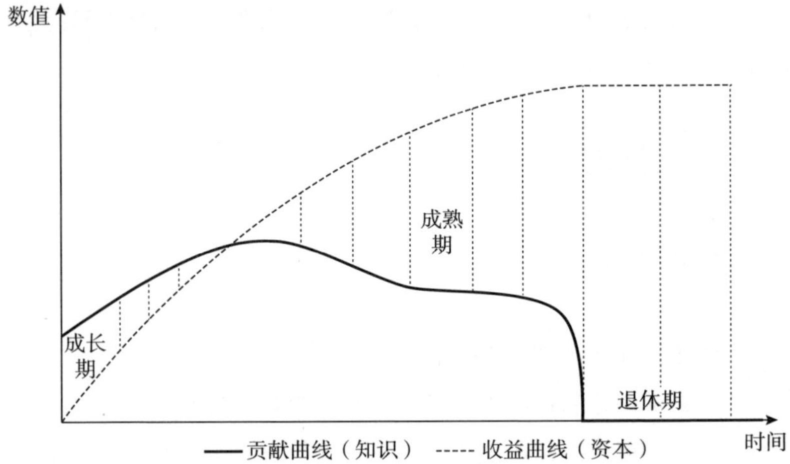

图7-1　知识资本化下知识贡献与资本收益的背离示意图

胡厚崑说："每年劳动绩效结果出来后，我们会根据大家的岗位贡献、绩效，给予大家饱和配股的额度。这个额度一旦获取，其实它未来的收益与每一个人未来长期的贡献没有那么强的相关性。更坦率地讲，一旦获得这个额度股票以后，大家有可能一劳永逸地吃大锅饭。"

那么，任正非是如何解决知识资本化中的这一矛盾的呢？2006年，华为出台了饱和配股制度。

在饱和配股制度出台后，如果某个员工的级别没有上升，那么他的股份达到一定数量后，就不再上升。这就限制了某个员工在知识贡献一定的情况下，虚拟股票数量无止境上升。比如，张工是14级员工，每年配1万股虚拟受限股，5年就达到了5万股，这时他的配股已经饱和了。如果张工的级别没有晋升，说明他没有做出更多的知识贡献，那么他享受的最大股份数量就是5万股。

从图7-2可以看出，饱和配股制度能够抑制知识贡献与资本收益的背离趋势，将影响控制在一定范围内。

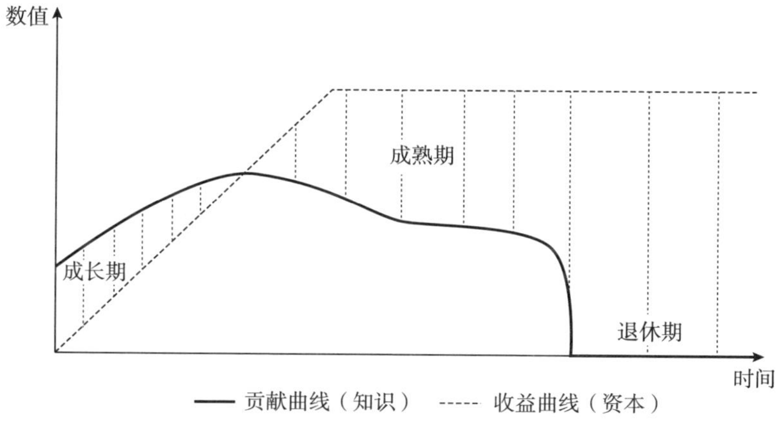

图7-2 饱和配股的矫正机制

2. 饱和配股制度的具体内容

TUP和ESOP1出台后，两者的数量也计算在饱和配股数量中。

（1）饱和配股线的计算方法

饱和配股线的计算方法有两种。一种是按照持有股票数量计算，比如，13级员工，持股上限为2万股；14级员工，持股上限为5万股。另一种是按照股值计算，比如，14级员工，持股上限为24万元；15级员工，持股上限为48万元。华为有时按股数计算，有时又按股值计算。

（2）饱和配股线的调整

华为每年都可能对饱和配股线进行相应调整，但实际上员工无法了解饱和配股线，因为公司并没有统一公开。

（3）饱和配股线的应用

虽然华为对每个级别员工都规定了饱和配股线，但并不是每个员工的配股都有机会达到饱和。员工拥有虚拟受限股的实际数量与可配股总量上限的比例，称为饱和率。一般来说，每个员工的饱和率既和工龄相关，又和考核相关。通常饱和率达到60%以后，配股速度就会下降。年度KPI考核结果为B+或B员工的饱和率小于70%，并逐级降低；只有年度KPI考核结果为A的员工有机会达到饱和率100%。

如果配股已经饱和的员工被降级，那么他的饱和配股线也随之下降，这就使得他已有的配股数量高于被降级后的饱和配股线。一般情况下，华为不对超出饱和配股线的虚拟股票进行回购。但是，因严重虚假报销而受降级、降职处分的员工，饱和配股线随之降低，除了应有的处分，超出饱和配股线的虚拟股票将被回购。

（4）饱和配股制度的实施效果

饱和配股制度是为了让资本收益和知识贡献在数量上更加一致，真正实现知本主义的设想，它是知识资本化制度下的一个实现机制。在饱和配股制度之下，员工要多配股，就要努力晋级升职，从而激励老员工更加努力奋斗。这个政策推出时，17级以上老员工的配股基本都饱和了。

2008年，华为在饱和配股的基础上进行了大量配股，因为大部分老员工的配股已经达到或者接近饱和配股线，所以此次配股机会主要留给没有虚拟股票或者虚拟股票较少的年轻员工。2008年4月10日，任正非在与优秀党员座谈会上的发言中说：

新员工的报酬已经不低了，但是和老员工对比，他们觉得愤愤不平，认为老员工有股票。现在已实行饱和配股，可以减小差距。新员工也会成为老员工的。[①]

可见，饱和配股的推出就是为了解决新老员工的收入差距问题。2006年饱和配股制度的推出，在很大程度上解决了老员工躺在股权上睡觉的问题。在这种情形下，新员工的奋斗激情被激发。

（5）饱和配股制度的弊端

饱和配股制度也存在一个问题，即一旦达到饱和配股上限后，股权将不再增加，这也导致了元老们的惰怠。即使在各大事业部的业绩和利润差距很大的情况下，对元老们的收入也不会有太大影响。

（二）奖励配股制度

为了解决饱和配股制度的弊端，华为在2009年又推出了奖励配股制度，奖励配股的额度可以不计入饱和率。这就给那些已经达到饱和配股线却仍然非常优秀和努力的员工一些合理的回报，使他们不受到饱和配股线的限制。

1. 奖励配股的目的

奖励配股的主要目的是继续强化绩效结果导向，让员工努力做贡献。奖励配股制度是对饱和配股制度的进一步优化，是为了使公司经营成果的分配机制更加合理与均衡。

2. 奖励配股的具体内容

奖励配股授予对象的级别不限，12级及以下的员工也有机会获得；在考核方面，要求员工上一年度KPI考核结果和劳动态度考核结

① 程富广，杨愿诚，朱迪. 任正非内部讲话实录[M]. 杭州：浙江人民出版社，2013：89.

果都是A。奖励配股的额度一般比较少，配几千股的比较普遍，配上万股的算多。无论是否达到饱和配股线，优秀员工均可以享受奖励配股。奖励配股虽名为奖励，但并不是不需要花钱购买。奖励配股的股价和饱和配股的股价是一样的，很多员工以为奖励配股无须花钱购买，这是最大的误会。奖励配股并非送股，只是不计入饱和配股的额度。

有权利就有义务，因为奖励配股会导致配股总额超过饱和配股线，所以对员工绩效的要求更高一些。除了配股时要求上一年度KPI考核结果和劳动态度考核结果都为A，还要求员工在未来三年中的任何一年KPI考核结果不得在B之下，否则将被收回奖励配股的2/3。当然这一要求并不苛刻，目前华为年度KPI考核结果为B及以上的员工比例在89%以上，也就是不要排在最后的11%即可。这样就可以使得业绩一直优秀的员工不受饱和配股线的约束，获得更多的虚拟股票激励。这些获得奖励配股的员工一旦惰怠，所持虚拟股票又会被收回来一部分，这就是奖励配股制度设立的初衷。

以下我们总结一下奖励配股制度和饱和配股制度的异同。

（1）配股数量

在配股数量方面，以饱和配股为主，奖励配股为辅，奖励配股不能成为主要部分。奖励配股之后，持股总额不能超出饱和配股线太多，否则饱和配股制度就会丧失意义。

（2）级别限制

饱和配股的对象要求为13级及以上员工，TUP出台之后，要求15级及以上员工，而奖励配股则不限制级别。表现特别优秀的低级别员工，也可以得到少量的奖励配股。12级及以下的员工主要分布在交付体系，有10%的班组长会有一些奖励配股，比如，以前500股和1 000股，后来变成了300股、500股。

要获得奖励配股，员工就要申请成为奋斗者。获得这么少的股份还要放弃加班费，员工认为得不偿失。任正非认为让干活的人吃亏是不合理的。

（3）业绩要求

饱和配股对于业绩没有特别的要求，只要员工在职即可继续享受虚拟股票收益。奖励配股是特别的奖励，因此，必须对业绩做出一定的限制。如果员工三年内年度KPI考核结果为B以下，则会被要求强制回购奖励配股的2/3。

除以上三个区别，其他都一样，表7–2对比了两者的区别。

表7–2 奖励配股与饱和配股对比表

序号	事项	饱和配股	奖励配股
1	数量限制	受饱和配股线限制	不受饱和配股线限制，不计入饱和数量
2	配股数量	数量多，以饱和配股为主	数量少，以奖励配股为辅
3	级别限制	13级及以上	不限级别，低级别员工也可以享受奖励配股
4	业绩要求	无	三年内年度KPI考核结果不得在B以下，否则将会被回购奖励配股的2/3
5	购买	两者都需要出资购买，且两者价格相同	
6	退出	两者在退出方面，完全一致，并无区别	

3. 奖励配股的应用

一般情况下，主管都是给绩效特别好的员工配大部分的饱和配股，少部分的奖励配股。

例如：2010年，华为员工的奖励配股分别是5 000股、8 000股、12 500股甚至15 000股。但是在2011年配股时，公司统一规定，2010年年度KPI考核结果和劳动态度考核结果都得A的员工，奖励配股为5 000股。2011年，某15级员工，上述考核结果为A，工龄4年，主管授予他饱和配股62 000股，奖励配股5 000股。

第4节　虚拟股票定价机制

华为的虚拟股票定价原则是低估股权的价格，让员工以尽量低的成本成为公司的股东。目前虚拟受限股采取的是以净资产定价的方法，其实企业很少按照净资产的价格进行估值。因为用净资产进行估值，往往是破产企业进行收购重组时才使用的方法。用净资产估值方式进行估值，是严重低估股价的一种方式。

华为不仅使用了净资产估值这种低估值方式，而且在财务上将净资产尽量进行低估。比如对于固定资产和无形资产的定价非常保守，都是采取成本法进行计算，而不是按照公允价值进行定价。除了追求财务稳健，华为也是希望股价能够尽量被低估。

2020年，华为的总股数为340.5亿股，按每股7.85元计算，总市值才2 673亿元。2020年，华为出售了荣耀手机子公司，交易价格为1 000亿元。按照这种公允价值，华为如果整体出售，或者分拆出售，其总市值必然超过万亿元。按照万亿元估值来计算，华为的股价至少为每股30元。

可见，华为虚拟股票的真正价值严重被低估。而在内部股时代，每股定价1元，总市值甚至长期低于净资产。

一、华为虚拟股票定价低的原因

华为虚拟股票定价的理论基础是知识资本化。华为认为劳动、知识、企业家、资本是创造财富的所有要素，这些要素都应当参与利润分配。知识不能直接参与分配，按照法律规定，只有出资的员工才能成为股东，因此，华为员工通过将知识转化为资本的方式参与利润分配。

可见，员工投资公司并不是按照公司的市值进行投资。对于持股员工而言，其投资虚拟股票只是一种转化资本的形式。员工购股的本质不是投资，而是持股员工对企业付出的知识与贡献的回报。

基于此，华为员工购买虚拟股票，只能按照较低价格进行购买，而不能按照市值进行购买。在这种情况下，华为采取了按照净资产低定价的方式。

二、虚拟股票定价低的五大好处

（一）平衡贡献与收益

在知识资本化理论的指导下，即使采取了饱和配股，仍然会出现知识贡献与资本收益的背离。随着年份的增长，知识不断转化为越来越多的资本收益，也造成了分配不合理的局面——资本越积越多，持股员工参与分配的收益越来越大，但知识贡献却缓慢增加甚至下降。因此，在知识资本化的过程中，呈现如下变化：在员工成长期，知识贡献高于资本收益；进入员工成熟期后，资本收益渐渐高于知识贡献；到了员工退休期，则显示出完全的背离，即没有知识贡献之时，资本收益达到了最高点。

随着华为的快速发展，每股收益将会越来越高。在这种情况下，员工的知识贡献与资本收益就会呈现更大的背离（见图 7–3）。

华为必须用一个机制来打破这种不平衡，真正践行知本主义的理念。这种机制就是虚拟股票低定价机制，通过低价增资的方式来稀释老股东的收益，照顾新股东的收益。华为通过调高新股东收益，调低老股东收益，缩小知识贡献与资本收益之间的矛盾，达到两者之间的基本平衡（见图 7–4）。

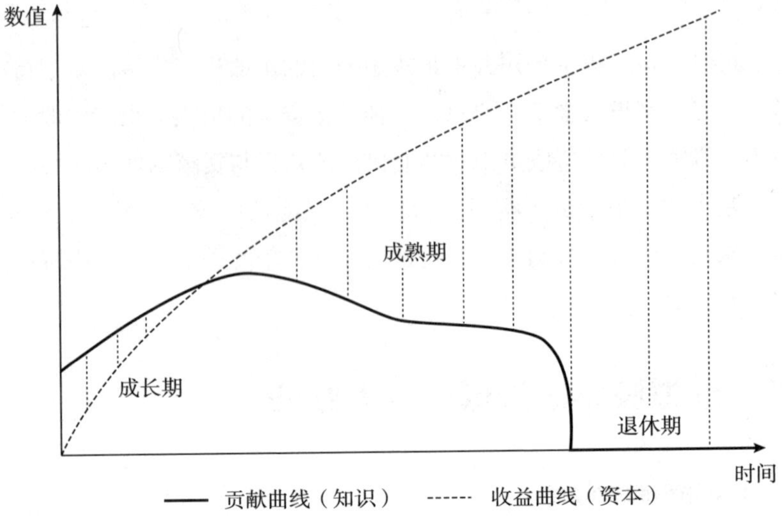

图7-3　高速发展时期知识贡献与资本收益的背离加剧

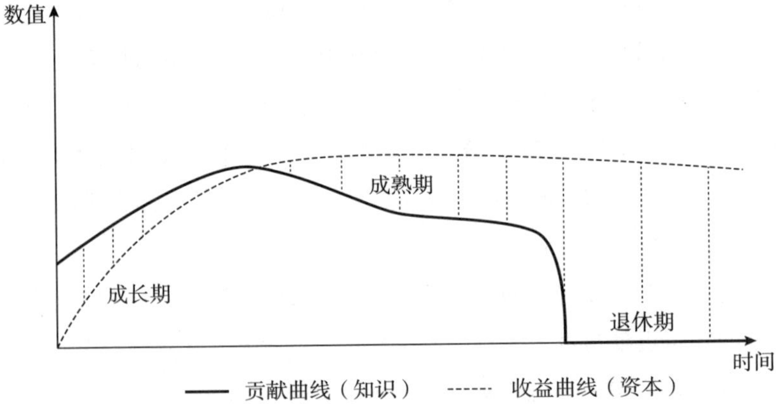

图7-4　知识资本化下知识贡献与资本收益的平衡

与低价购买股份相对应的是低价回购。老员工持有的股份因离职被回购，其不再对华为有任何贡献，当然也不再享有华为的任何收益。至此，华为老员工对华为的知识贡献与资本收益均归于零。知识贡献与资本收益之间的矛盾自然消失。然后，新一轮的矛盾又在新员工变成老员工的过程中积累。就是这样一轮一轮的回购，维持了华为股权激励制度的运转。

股价的低估使得华为的股东的收益受到稀释，新股东的收益得到照顾。这样的机制，使得华为的股权机制在30余年中不断发展，一代接一代的奋斗者生生不息。反观很多企业的股权激励都只是起到了短期的激励效应，而没有长期持续下去。

华为不断稀释老股东收益，照顾新股东收益的做法，是不是损害了老股东的利益？诚然，低定价的方式确实牺牲了老股东的利益，照顾了新股东的利益。最早的股东就是任正非。可见，最大的牺牲是从任正非开始的。但是，老股东真的吃亏了吗？其实并没有，因为低定价造成的高收益率激励了新股东，新股东不断地努力奋斗，让老股东的实际收益提升。就拿任正非来说，他这么多年牺牲自己的利益，结果从几万元的身家，到现在每年上亿元分红。这也印证了任正非的名言——无私是最大的自私。

（二）提高投资收益率

以2019年每股2.21元的分红为例，这个数字看起来很大，但关键在于投资回报率是多少。2.21元的收益相对于7.85元的股价来说，投资回报率高达28%。如果华为虚拟受限股的定价是30元的话，那么投资回报率就下降到7%。此时，华为的虚拟受限股还会有多少吸引力呢？

员工获得高额回报后爆发出来的激情与努力，使得企业利润得以增加，最终实现投资回报率不断提高，这是一个良性循环。如果虚拟股票定价一开始就高，投资回报率低，员工没有积极性或者根本不愿意投资，那么企业可能走向恶性循环。任正非在这方面的让利和大度非常值得企业家学习。任正非为什么愿意让利呢？因为他看到了员工人力资本的重大价值，看到了企业发展壮大需要源源不断的人才。

（三）鼓励入股，惩罚退股

低定价机制还产生了另外一个效果，即奖励入股员工和惩罚退股股东。低定价有利于入股员工。新股东可以以更少的投入获得同样的分红，而低定价却不利于退股员工，股价低了，他的退股收益就减少了。华为通过股价的设计，使得员工的入股积极性提高，退股积极性降低。

当然，员工离职时被回购虚拟股票，低定价会让他感觉吃亏。低定价从员工激励的角度来看是非常合理的，因为离职时感觉吃亏，员工就不愿意主动提出离职。

在这种运作模式下，老员工认为他们受到的利益损失比较大。比如刘平自1996年进入华为，到2001年已经升至副总裁，当他离职时，他的虚拟股票兑现额仅有354万元。因此，刘平认为1元回购是不合理的，他的利益受到了损害。但是，他忘记了1996年入股时的股价也是1元，那时的净资产是远高于这个数字的。总之，低价回购离职员工的股份，对于离职员工的利益影响很大。

（四）实务操作简单易行

在实务操作上，无论是内部股的1元1股，还是虚拟受限股的净资产定价，都简单易行，员工易于接受。虚拟股票定价最关键的问题还是员工接受度，员工不能接受，再合理的定价也无法落地。要让员工接受，就要用员工理解的方式进行估值。如果按照市净率、市现率或者其他复杂的估值方法，员工很难理解，不能理解也就很难接受和购买。

（五）员工更愿意购买

在实施股权激励的过程中，不仅要做到股权的价格低于实际价值，还要做到虚拟股票的面值比较低，也就是每股价格的绝对值要低。比如，单看价格，员工会觉得1股1元很便宜，而1股100元很贵。华为就有员工在华为心声社区上抱怨现在的股价7.85元太高，说以前的股价才两三元，比较便宜。事实上，我们认为华为现在的虚拟股票投资价值远高于早期，因为早期的投资风险更大，进入虚拟受限股时代之后，收益也没有特别高。根据我们的测算，华为多年的平均收益都相当。为了避免股价看起来太高，华为需要控制股价的上涨。比如，2017—2020年，华为的股价都没有再上涨（见表7–3）。

表7–3　华为近年分红与增值表（2017—2020年）

年份	股价（元）	分红（元）	增值（元）	备注
2017	7.85	1.02	0	按1：1.23增发股份
2018	7.85	1.05	0	按1：1.20增发股份
2019	7.85	2.21	0	
2020	7.85	1.86	0	

数据来源：华为心声社区。

那么如何实现股价不涨呢？第一种方法是保持净资产的稳定，将多余的现金全部分掉。第二种方法是部分分红，部分送股，保持净资产的稳定。华为并未采取全部现金分红的方式，而是将一部分进行现金分红，另一部分进行送股如表7–3。2017年，每股价格是7.85元，每股收益是2.83元，现金分红是1.02元，还余1.81元。按照往年的做法，因为每股有1.81元未分配，将会导致每股净资产增长1.81元，从而导致2018年的股价上升至9.66元。但是华为改变了以往的做法，采取了送股的方式分配收益。按照每股7.85元的价格，将1.81元折算成0.23股，所以每1股送0.23股，原来持有的1股变成了1.23股。虽然每股的价格并没有上升为9.66元，但送股后，股份的价值也达到了9.66元（1.23×7.85）。在这种模式下，华为实现了不发放大量现金分红也保持了股价不增长。2018年延续了2017年的操作，每股赠送0.20股。

送股与增值有什么不一样？其实两者没有实质区别。采取增值方式，虚拟股票少，但股价高；采取送股方式，虚拟股票多，但股价低，两者在总价值上是一样的。采取增值方式，虚拟股票少，每股分红比较高；采取送股方式，虚拟股票多，每股分红低，两者在未来的分红收益也是一样的。

那为什么华为不再采取增值方式，而是采取送股方式进行利益分配呢？送股有两个意图。一是员工希望自己持有的股数多，而送股让大家持有的股份数量增加。虚拟受限股很难配到，每个人的份额都很有限，因此给员工送股受到了员工的热烈欢迎。但实际上，员工并未在送股中获得更多的收益，而且员工离饱和配股的数量上限又近了一步。二是员工喜欢低股价。2017年虚拟受限股的股价达到7.85元，已经比较高，如果最近两年继续采取增值的方式操作，那么2019年的购股价格将达到11.22元，突破10元。照这样发展下去，5年后华为的虚拟受限股价格很可能会突破20元。且不说突破20元，就算是超过10元，员工都会觉得股价比较高，不利于吸引员工购买虚拟受限股。

其实不管定价是7.85元还是9.66元，本质是一样的，因为送股之后，股价低了，但是股份数量变多了。第二年的每股收益会减少，绝对的收益却是不变甚至增加的。所以说，如此操作主要是为了照顾员工的心理感受。

此外，虚拟受限股不再增值，也和TUP的发放有关系，因为TUP的年度收益是全额发放，并无赠送TUP之说。如果采取增值方式，会导致TUP的价值变得很高，新员工获得的TUP数量将变得很少。数量太少会让员工感受不好。例如：员工只拿到几千份的TUP，他可能不会当回事。因此，我们在实施股权激励的过程中，一定要照顾到员工的感受。华为在各个细节的操作当中，相当注重人性与员工的感受。

总之，华为虚拟股票的低定价机制，保证了贡献与收益的平衡，提高了投资收益率，实现了华为虚拟股票的年年增发，让生力军成为奋斗者，促进了企业的长期发展。企业发展之后，又为高分红提供了条件，从而形成一个良性循环，不断推动华为的战车滚滚向前。

第5节　资金解决机制

知识资本化要求华为员工的贡献通过资本化的方式参与利润分配，这里存在一个现实难题——贡献突出的员工可能无力出资。如果解决不了出资问题，那么就无法实现知识资本化。华为必须想方设法解决员工购股的资金问题，这样才能使知识资本化的路径可行，否则知识资本化就无法落地。

在知识资本化的制度设计中，如果贡献突出的员工不愿意出资，他的贡献也就无法资本化。此外，如果存在无力出资的情况，那么知识资本化的路径也无法实现。对于不愿意出资的员工，华为并不强迫其出资实现知识资本化，因为不愿意出资的员工对于华为发展的认可度比较低。对于不愿意出资的员工，华为也不愿意让他当股东，这种员工属于过客，而不是主人，不是主人就不应当享受主人的待遇。所以，让员工出资是对员工的一个很大考验，考验这个员工的忠诚度与对公司的认同度。

在30余年的股权激励过程中，华为采取了很多方式来解决员工出资难题，比如，用年终奖和分红抵扣购股资金、成立内部银行、银行贷款等。因为华为员工的工资比较高，员工收入不错，再加上贷款的支持，员工只要愿意出资，其购股资金来源问题都能解决。

一、年终奖和分红抵扣

1997年7月25日发布的《关于1997年职工购股有关问题的决定》规定，公司优先考虑使用年终奖、分红所得转购内部股。用年终奖来抵扣购股款是一种可行的操作，华为节省了发放年终奖的现金，员工也省去了筹集资金来购买内部股的烦恼。但是，仅靠年终奖来转换购股资金往往是不够的，员工还需要拿出去年的分红款来购买。

华为早年的员工虽然在年初就拿到了年终奖和分红，但是不能将其从账上划走，而是放在账上计算利息；公司支付的利息大约是10%~20%。到了购股日，账上的现金就被划走，作为购股款，从交款之日起不再计算利息。华为通过这种方式留住了员工的资金，也解决了员工的出资问题。华为的年终奖很高，往往相当于6~8个月的工资，分红回报率高达70%~100%。所以，用年终奖和分红抵扣，在很大程度上解决了员工出资不足的问题。

二、商业银行统一贷款

自2003年开始，华为与银行合作，由工商银行、平安银行、中国银行、建设银行四家银行每年为华为员工购买股权提供个人助业贷款，贷款数额从几万元到几十万元不等，甚至更高。华为员工用贷款购买虚拟股票，自筹出资只占全部购股款的10%~30%，其他均来自银行贷款。[①]

2011年，各大银行停止对华为员工提供个人助业贷款。自此之后，华为员工不能再以个人助业贷款的名义向银行贷款。2012年3月31日，华为董事会秘书处向华为员工发布《关于2011年虚拟受限股收益分配操作及有关还款等资金安排的通知》，明确2012年虚拟受限股只能通过自筹资金购买，银行将不再提供购买虚拟股票所需的贷款。

三、员工互助借款

为了解决员工的购股资金问题，华为专门成立了小额贷款公司，作为员工资金互助的平台。有多余资金的老员工可以作为互助平台的投资人，而配股资金不足的员工则可以作为借款人向互助平台借款，投资回报率和借款利率均为6%，互助平台不赚差价。通过互助平台贷款的期限为1年，1年到期后，借款人需要连本带息还清。

员工借款的利率为6%，这对于投资人的吸引力不大，因此，华为互助平台的贷款资金往往供不应求。每个员工都有相应的借款限额，而且一旦资金出借完毕，即使有借款额度也借不到钱。现在华为的办公系统已经非常发达，员工可以通过邮件和办公系统来查询配股情况和贷款额度。一般来说，在主管领导与员工沟通完配股事宜，待主管上报并且公司审批通过后，员工就可以看到其享有的贷款额度了。但有时也会发生有额度却贷不到款的情况，此时员工就得另外寻找借款途径，这也招致了一些员工的抱怨。不过，互助平台最大的好处是内部借款不进入银行征信体系，不占用员工的其他贷款额度。

---

① 明叔亮，胡雯，莫莉，等. 华为股票虚实[J]. 财经，2012（16）：62-71.

四、员工自行贷款

因为向公司借款的利息较高，所以有些员工就自行向亲友借款购股。曾任莫贝克公司总经理的李玉琢回忆：

刚到华为不久，副总裁郭平就找到我说："任总考虑到你现在已经是公司高层管理者，准备给你10万元的内部股，但你得出10万元购买。"我从四通出来之前，刚把手头的6万股股票卖了一部分，换了8万元，其中5万元换成美元寄给在美国上学的女儿，手头只剩下3万元。但为表示我在华为工作的坚定，我东挪西借（平生第一次借钱）凑足了10万元，拥有了第一份华为内部股。外界把华为的全员持股称作"金手铐"，这一点我是后来逐渐体会到的。[①]

目前，华为员工还是可以通过银行的其他贷款方式来购买虚拟股票，一般的消费贷和信用贷的额度也能满足普通员工购买虚拟股票的贷款需求，贷款利率也不高。对于银行的业务员来说，华为员工的贷款属于优质贷款，每年华为要配股时，银行的业务员会主动联系华为员工为其办理贷款业务。

每当华为员工开始购买股份，心声社区都会出现很多银行的信用贷的联系方式。由于华为员工的信用比较高，可以拿到较高的信用贷款额度，所以很多员工也会选择向银行申请信用贷款的方式来购买虚拟股票。

① 李玉琢. 我与商业领袖的合作与冲突[M]. 北京：当代中国出版社，2006：109.

五、保留购股资格

如果通过前面的各种出资方式仍然无法解决购股资金问题，那么获授员工可以将购买虚拟股票的资格保留至下一年。但是，购买的价格按照下一年度的价格。

2012年，华为控股工会规定，如果员工无力购买今年的虚拟股票，其购股资格将会保留至明年，购股价格是2013年的价格。

华为在30多年的股权激励历史上所采取过的各种解决购股资金问题的方法，有的已经成为历史。目前，华为员工购买虚拟受限股资金不足的，一般首选华为内部互助平台贷款。该平台的利息低，手续方便，而且不计入员工征信额度。平台贷款不足的，再向商业银行申请个人信用贷款。

华为通过贷款方式解决员工的出资问题，除了解决出资问题，实际上还利用了金融杠杆的效应，将华为的投资回报率放大，使得华为的虚拟受限股的投资回报更加吸引人。

以华为历年投资回报率36%进行测算，投资10万元，员工可以获得3.6万元的分红。若自行投资2万元，8万元采取贷款的方式进行投资，则员工实际投资额为2万元。年终收益扣除8万元的6%的利息0.48万元，实际分红为3.12万元。则实际投资收益率为156%。在华为稳健经营的情况下，这种投资回报率显得非常诱人。即使华为破产清算，由于华为持有丰厚的优质资产，员工通过清算所得到的清算款也不会低于投资款，这种投资相当稳健。当然杠杆的使用也增加了投资的风险，一旦华为的股价下跌20%，华为员工的自行投资就全部亏损。因此，在这种情况下，使用贷款购买虚拟股票的员工压力会更大。为了避免华为股价下跌，购股员工会更加努力去奋斗。

第6节　年度分红机制

说到华为股权激励，大家印象最深的就是华为员工的分红很多，每到分红季，媒体就会报道华为员工的人均分红超百万元。华为为什么要分这么多钱给持股员工呢？

一、高分红的理论基础

（一）知识资本化的实现要求

从知识资本化理论角度来看，华为股权必须实行高分红，因为华为股权的获得不是靠投资而是依靠知识与贡献。为了回报员工的贡献，华为每年增发新股给优秀员工，员工通过购买新股成为股东，完成知识资本化的过程。华为如果不分红，则不需要大量发行新股甚至不需要发行新股。华为不发行新股的结果就是新员工无法成为股东，从而无法分享华为发展的长期利益。这样，华为股权就会发生沉淀现象，老股东的收益越来越大，新股东无法进入，从而形成新老矛盾。时间一长，华为就面临衰退甚至崩溃的局面。

可见，为了实现知识资本化，华为需要将原有的分红分掉，让新员工入股，这样才能保障股权生生不息，员工一代接一代地奋斗。

（二）耗散理论的实践

华为员工能分到这么多钱，除了因为华为的利润高，还跟任正非舍得分有很大关系。任正非之所以愿意把全部利润分给员工，除了他的大气，还与他的哲学理论有关。他把物理学中的熵理论和耗散理论引入管理。把赚来的钱分光，再努力去赚钱，这符合任正非的耗散理论。

任正非在2011年的公司市场大会上说道：

公司长期推行的管理结构就是一个耗散结构，我们有能量一定要把它耗散掉，通过耗散，我们获得了新生。什么是耗散结构？你每天去跑步，就是耗散结构。为什么呢？你身体的能量多了，把它耗散了，就变成肌肉，变成坚强的血液循环了。能量消耗掉了，糖尿病也不会有了，肥胖病也不会有了，身体也苗条了，漂亮了，这就是最简单的耗散结构。那我们为什么要推行耗散结构呢？大家说，我们非常忠诚于这个公司，其实就是公司付的钱太多了，不一定能持续。因此，我们把这种对企业的热爱耗散掉，用奋斗者、用流程优化来巩固。奋斗者是先付出后得到，与先得到再忠诚，有一定的区别，这样就进步了一点。我们要通过把我们潜在的能量耗散掉，从而形成新的势能。[①]

大量分红其实就是将积累的能量耗散掉，使公司始终保持生机和活力，不至于惰怠。

二、高分红的四大妙处

（一）保障增发

华为的股权收益很高。在心声社区上有员工测算，自己在2000年投资的华为内部股，10年之后股价增长超过15倍。在房地产、股市投资形势不明朗的情况下，华为内部股是华为员工最可靠、稳定的投资渠道。还有一位在华为工作了19年的员工说："2000年购买的华为内部股是我这辈子收益最大的投资，至今的收益是32倍，同期购

① 丁伟，陈海燕. 熵减：华为活力之源[M]. 北京：中信出版社，2019：7.

买的房子收益不到18倍。”[①]

首先我们来看看华为虚拟受限股的历年股价与综合收益率（见表7-4）。

表7-4 华为虚拟受限股历年股价与综合收益率

年份	股价（元）	综合收益率（%）
2003	2.64	12.12
2004	2.76	34.42
2005	3.81	15.75
2006	3.91	28.90
2007	3.94	45.69
2008	4.04	25.50
2009	4.07	72.48
2010	5.42	54.98
2011	5.42	26.94
2012	5.42	26.01
2013	5.42	31.55
2014	5.66	37.81
2015	5.90	48.47
2016	6.81	37.74
2017	7.85	36.05
2018	7.85	33.25
2019	7.85	28.15
2020	7.85	39.98
平均		35.32

数据来源：根据华为心声社区数据整理和测算。

① 凡人一个（知乎用户）. 在华为工作是怎样一番体验? [EB/OL].（2018-10-03）[2021-07-26]. https://www.zhihu.com/question/21630492/answer/368214077.

华为历年虚拟受限股的平均年化收益率高达35.32%，接近36%。可能有人认为，投资回报率36%不算高。也许从一年的投资回报率来看36%不算高，但是华为17年来平均增长近36%。如果每年的投资回报率可以保持36%的话，连续15年收益可达100倍，20年收益达到468倍，30年收益则高达10 142倍。年化36%的投资回报率是如此之高，因此，我国法律曾规定民间借贷年利息不能超过36%，超过部分可认定为高利贷。

华为在20世纪90年代的增长速度相当惊人。当时华为的投资回报率比现在还要高出很多，可以达到70%以上。

我们查阅了《华为投资控股有限公司公司资产负债表》，历年累计的未分配利润仅有640.4万元。从华为集团母公司的层面来看，华为几乎将100%的利润都分给了员工。

华为集团母公司的全部利润都分了，会不会危及企业的发展？华为后续的资金来源有两个方面。一是华为在子公司层面预留了未分配利润。我们无法看到子公司层面是如何进行分红的，但我们发现《华为投资控股有限公司合并资产负债表》中记载着截至2019年6月30日，未分配利润是1 320亿元。除去在母公司的640.4万元，其余的未分配利润都在子公司账上，作为发展资金。从整个集团的角度来看，在2019年之前，华为总利润超过了4 000亿元，综合的分红比例超过了60%。考虑到子公司存在大量应收账款（2019年6月30日，华为的应收账款达到了664亿元），加上提取法定公积金和盈余公积金等，60%的分红比例已经相当之高。

二是华为年年增发新股，由新股东大量投入发展资金。正是因为华为高比例的现金分红，华为早期投资回报率高达70%以上，后期回报率也在36%以上。高额的投资回报与现金分红刺激了员工不断地追加投资，使得华为股权激励制度得以持续运转。如果华为因为资金紧张，每年都不分红，员工们看不到收益，那么一两年之后就没有人愿意购买股份了。正是高收益、高分红才保障了华为源源不断地增发新股，员工才愿意年年投入资本支持华为的发展。

（二）激励员工

徐直军在答财富中文网记者提问时说：

> 只要一年不分就马上有20多亿美元，可充当流动资金，但任总主张要分。分是从激励员工的角度看，不分是从财务的角度看。
>
> 我们这几年几乎将净利润100%分掉，赚多少分多少。不分，留存下来也有问题，留下来就意味着资本增值，意味着资本投入，新员工配股的成本就高，回报就低。[①]

徐直军明确说明了华为保持高比例分红的原因：一是为了激励员工，二是为了让新员工配股的成本低、回报高。

华为保持高比例现金分红的主要原因是为了激励员工。对于员工投资来讲，落袋为安的现金分红非常关键。如果没有现金分红，员工获得的可能只是纸上富贵，吸引力就不够强。根据我们大量的观察和实践，实施股权激励有两个时点，会使员工的积极性特别高。一是出资入股时，员工主人翁精神明显增强。当员工出了钱，特别是出了较多资金时，主人翁精神会表现得很明显。二是股东分红时，员工拿到了高额的分红回报，积极性会特别强，第二年也会继续努力工作。很多企业股权激励实施效果不佳甚至失败，都是因为没有利润可分，或者不愿意分利润。

正是因为华为不仅每年赚很多钱，而且把赚来的钱几乎都分给了

---

① 周展宏. 财富中文网专访华为徐直军[EB/OL].（2012-12-04）[2021-07-26]. http://365jia.cn/news/2012-12-04/B83F89AB0AEF711D.html.

员工，员工才能深切地感受到自己是公司的主人，不是为公司打工，每年的奋斗能够换来自己应有的收益。任正非深谙人性，在资金允许的情况下，总是尽量将利润多分给员工。

（三）度过危机

经过数据分析，我们发现一个奇特的现象：华为在困难时分红比例高，顺利时现金分红比例反而低，越是需要激励员工的时候，分红比例就越高。每到需要大力激励员工时，华为就会加大分红比例，让持股员工获得更多的回报，从而激励持股员工继续努力奋斗，同时吸引未持股员工为了获得虚拟股票而努力奋斗。例如：2010年到2012年华为面临员工惰怠危机，任正非为了激励员工，实行100%的分红。

再如，2020年华为遭受美国打压，遇到空前的困难。华为仍把2019年的全部利润进行了现金分配，每股分红2.21元，持股员工无不喜出望外。在如此困难的环境下，任正非并没有抱着钱过日子，而是将100%的利润全部分给了员工。2021年每股分红1.86元，也是接近于100%的分红了。有的老板可能会觉得匪夷所思，正常的做法应该是股东不分红，留着现金共渡难关。但是人的心理很奇怪，你越是敢分，员工越被激励，就越有信心。如果今年不分钱，员工就会怀疑是不是华为不行了，那么可能会导致人心动摇。因此，敢分钱既是对员工的激励，也表明了老板的信心。每到危急关头，华为的分红都比平常年份更多。日子好的时候，还留点未分配利润，而日子困难时反而是全额分红。

（四）吸引员工长期持股

长期不分红或者少分红还会产生一个问题，即现金分红少导致股价不断增长。股权的增值越来越多，就会让员工产生兑现虚拟股票的冲动。股民购买股票之后，要想兑现收益，只有将股票卖出赚差价。

华为员工也一样，公司如果不分红或者分红很少，可能导致员工有兑现虚拟股票的冲动。而兑现虚拟股票的情况不是员工离职就是主动申请虚拟股票被回购，这两种情况都不符合华为的期待。

华为希望员工的投资收益主要是分红，每年把全公司的收益分得差不多了，增值就少了。这样一来员工就不希望兑现虚拟股票，因为每年虚拟股票有很多分红，而兑现却没什么收益。这就像养了一只会下蛋的鸡，主人舍不得杀掉这只鸡，天天精心喂养；而如果养的是一头猪，猪不会下蛋，但却越来越肥，猪越肥，越快被杀掉吃肉。

三、华为股东收益控制

华为一方面通过低定价的方式让员工获得高回报率，另一方面却在控制持股员工的合理回报率。华为为什么要控制股东收益呢?

（一）股东太有钱容易惰怠

华为不想让股东变得太有钱，持股员工太有钱了就不想奋斗。任正非说：

我们未来在这方面的投资还会增大，解决超额利润分配的问题。我们不会分给员工，员工变得肥肥胖胖的，就跑不动了；也不能分给股东，股东太有钱，太重视资本利益，这是不行的，要合理。我们要把钱更多放到前端投入中去。[①]

① 华为政府及公共事务部. 采访实录第二册[EB/OL].（2019-4）[2021-7-26]. https://www-file.huawei.com/-/media/corp/facts/interview/caifang-zhongwen/inhisownwordsdialogueswithren%20cn2%20new.pdf?la=en.

（二）净利润过高容易伤害未来

净利润过高，要么伤害了客户，要么伤害了未来。因此，利润好的年份，要加大对未来的投资，以保证年景差的时候，股东还能有分红。华为2009年的投资回报率最高，整体达到了72.48%；2010年的投资回报率达到54.98%，分红为史上最高，达到了2.98元。这两年投资回报率过高，是因为缩减了投资，减少投资就会影响未来的发展。华为能够持续30年高速增长，正是因为其保证了每年10%以上的研发投入。只有保证对未来的投资，才能保证持股员工的长期收益，而不是短期收益。

（三）控制好股东的合理预期

分红太高，容易把持股员工的期望值吊得太高，以后一旦年份分红达不到预期，容易引起员工的抱怨，出现分红后员工反而不高兴的情况。2012年轮值CEO徐直军在答财富中文网记者提问时说：

> 去年利润为什么低，其实是有意的。因为2008年、2009年的全球金融危机，我们的投资收紧了，所以2010年利润赚得太多，每股分2.98元。去年，我们进了2.8万人，研发投资比前年多了9.5亿美元，汇兑损失比前年也多了5.5亿美元。这两块就多支出了15亿美元，所以利润就低了。我们确实要控制利润，不能太高，也不能太低。利润高、分红高之后，员工的期望提高了，自从前年分了2.98元之后，家属天天就想着2.98元；去年分了1.46元，家属就有意见。我们不能把员工的期望吊得这么高。[①]

---

① 周展宏. 财富中文网专访华为徐直军[EB/OL].（2012-12-04）[2021-07-26]. http://365jia.cn/news/2012-12-04/B83F89AB0AEF711D.html.

华为高层吸取了教训以后，对利润进行控制，保持稳定。2012年到2019年虚拟受限股的平均收益率维持在34.88%。对于虚拟受限股的收益率，目前员工已经有一个很合理的预期。

第7节　虚拟股票退出机制

不论是内部股还是虚拟受限股，华为股权激励制度始终都贯彻一个原则，即离职后虚拟股票就要回购。这种退出机制的安排仍然是基于知识资本化的理论。

一旦知识和贡献已经不存在了，资本的形式仍然存在就显得不合理了，这违背了华为价值分配的原则，也违背了知识资本化的初衷，因此，以资本形式存在的股权就应当予以回收。

离职回购股权是知识资本化的关键安排，正是这一安排使得员工的身份与股东身份始终保持一致。也正是因为员工离职被回购股权，才能有更多的股份不断发放给新员工。如果员工离职后不再被回购股权，则华为坐车人过多，拉车的人过少，很快就拉不动车，最后就车毁人亡。

一、退出机制的意义

退出机制是华为股权激励制度中的重要保障机制。退出机制的设计，使华为成为奋斗者集体所有制，只要员工丧失劳动者身份，其虚拟股票就要被回收，实现了“工者有其股”的制度价值。

一方面，虚拟受限股的退出只能通过公司回购，不能转让、抵押、离婚分割或者继承。华为通过这种制度确保虚拟受限股不会流入非员工手中，保证了股东都是员工。正是虚拟受限股的回购机制，激励着一代代奋斗者不断奋斗。

另一方面，员工离职，虚拟股票必须被回购，否则就会有大量的离职员工拿着虚拟股票不干活，坐享其成。员工离职后虚拟股票被回购，使华为形成了奋斗者集体所有制。就像在村集体中，村民一旦丧失村民身份，就不再享有村集体财产的收益。华为员工享有的与其说是股权，不如说是奋斗者集体的社员权。工会委员会持有的股份就是这个奋斗者集体的财产。员工属于奋斗者时，就可以通过出资成为集体的一个成员，从而享有集体组织的收益。员工不再属于奋斗者时，就退出这个集体，不再享有收益。

很多公司股权激励后劲不足，大多是由于在退出机制没有设计好。例如：很多拟上市的公司刚开始实施员工持股之时，员工干劲十足；上市之后，员工将股票套现，离职走人，企业开始走下坡路。再如，某企业改制，员工持股，刚开始员工卖力，随着时间的推移，员工退休或者死亡，股票被保留或者继承。企业又失去了员工持股的形态，增长动力不足。

退出机制也是对华为持股员工的保障。股民炒股最怕的不是亏而是套牢，想卖都卖不掉。关于这方面，相信经历过中国股市熔断机制的股民深有体会。在熔断发生的时候，股票无法被卖掉，股民只能眼睁睁看着股价一天天往下跌。如果遇到股票退市，更是股民的噩梦，意味着股票无法变现，被长期套牢，甚至颗粒无收。

非上市公司实施股权激励，常遇到一个很大问题，就是虚拟股票无法通过公开市场进行退出变现。如果虚拟股票没有合适的途径卖出，那么很多人对于购买虚拟股票就会有很大的顾虑。只有有了退出机制，员工才敢大胆地购买公司的虚拟股票。非上市公司一定要通过构建退出机制，实现员工所购虚拟股票的交易和流通。

员工离职时，所持虚拟股票可以被原价回购，员工不用担心股票是否价格过高，公司也不用担心虚拟股票价格是否过低。员工只要考虑虚拟股票投资是否有合适的分红就可以了。原价回购实际上避免了员工承担亏损的风险，如果公司亏损，那么持股员工只是没有分红，离职时仍然可以收回投资本金。让员工随时可以以本金退股，增强了员工信心，这在员工股权激励初始阶段非常重要。

正是在原价回购制度的保障下，华为员工才敢于大量出资。这一机制成为华为股权激励的关键，保障了员工与股东利益的一致性，因此，华为的虚拟股票退出机制被保留至今。

华为对各种情形下的退出做了明确规定，主要分为两种情形：一是员工未离职时主动申请虚拟股票被回购；二是员工离职时公司强制回购虚拟股票。

二、未离职的员工可以主动申请虚拟股票被回购

购买虚拟股票之后，员工未离职的，华为允许员工申请虚拟股票被回购。在职持股员工，如果因为资金紧张或者不看好华为发展前景，可以申请将持有的虚拟受限股被回购。

（一）允许员工主动申请虚拟股票被回购的原因

一方面，这是为了解决员工的资金问题，防止员工紧急需要用钱的时候无处筹钱。这种措施也是华为限制了虚拟受限股流通之后的必然措施，既然公司不允许员工卖虚拟股票给其他人，那总要给员工一个正常的退出渠道。另一方面，这种做法增强了员工购买虚拟受限股的信心，员工不用担心购买股份之后，会被公司绑死套牢。

这种允许员工主动申请回购的制度对于员工信心不强的企业特别

有效。员工不用担心钱投入进去，有去无回，增强了投资信心。但是员工要申请虚拟股票被回购必须经过一定的程序，并受到一定限制。

（二）申请虚拟股票被回购的流程规范

虽然华为允许员工主动申请回购虚拟股票，但是有一定的流程规范要求，不能随时随意地要求虚拟股票被回购。

1. 时间规定

每年4月15日至5月15日员工可以自愿提出书面申请，经所在部门人力资源部薪酬管理员汇总后，交工会财务处统一处理。其他时间提出的回购申请，公司不予处理。这主要是因为华为持股员工数量众多，为了方便管理而做出的规定。我们在实务中将每年员工购买股份和出售股份的时间都统一在一个窗口期。每年4月初正好上一年度财务报表已经出来，此时进行购买和回购是一个很好的时间点。

2. 回购价格

员工主动申请虚拟股票被回购的，按照当前股价计算。华为每年3月底公布分红时，均会公布当年的最新股价：股价公布之后回购的虚拟股票，按照公布后的最新股价结算；股价公布前回购的，按照上一年度公布的股价结算。

3. 回购比例限制

华为员工申请虚拟股票被回购时有回购比例的限制。员工申请虚拟股票被回购时不能一次性申请全部股份被回购，需要分期申请。华为规定，19级以下员工每年最多可申请回购1/4，19级及以上员工每年最多可申请回购1/10。可见，华为对高级别员工的要求更严，一方面高级别员工持有的股份数量较多，另一方面需要将高级别员工绑定得更牢。

限制分期回购，是因为华为发行的股份数量巨大，为了避免员工集中兑付产生的现金流风险。允许分期回购是一种折中处理的平衡方案，一方面满足了员工部分现金需求，另一方面控制了公司的兑付风险。

虽然华为允许员工主动申请虚拟股票被回购，但员工不到万不得已，一般不会申请回购。实际上，主动申请回购的员工非常少。

（三）申请虚拟股票被回购的后果

员工不愿意申请虚拟股票被回购，是因为一旦申请回购，当年度未结的分红和增值都没有了。这是一种现实的损失，还有未来的长期损失——虚拟受限股每年都有高额分红，失去分红对于自己是一种损失。

除了损失分红，华为还有反回购的限制，使得员工不愿意提出回购申请。所谓反回购限制是指已被公司回购的虚拟受限股不能再由本人购回。此外，股份被回购之后，饱和率并不会因此降低。

为什么要做如此规定呢？这就是要让员工慎重对待，不随意申请虚拟股票被回购。如果申请被回购的虚拟股票能够再被买回去，或者饱和率下降使员工配股数量变多，就可能导致有的员工频繁买卖，不利于企业的股权管理，也会增加申请虚拟股票被回购的人数。有了这个规定，华为员工申请虚拟股票被回购都非常谨慎。

三、公司强制回购的三种情形

公司强制回购虚拟股票主要包括三种情形：一是员工正常离职时的回购，二是过错导致的回购，三是持股员工死亡时的回购。

（一）员工正常离职时的回购

员工离职，华为有权回购其所持有的虚拟股票，回购价格按照员工离职时的虚拟股票价格。离职回购需要按照下列流程办理手续。

1. 需要进行离任审计的员工

离任审计是华为负有经济及项目责任的人员因任期届满、调动、辞职等原因不再担任原职务时，对其任职期间所负经济及项目责任的落实情况，离任时工作移交的完整性，涉及技术及商业秘密人员的保密承诺情况以及离职时个人与公司之间债权、债务的结算情况进行核实和报告的内部鉴证和评价活动。

相关人员离职时，需要进行离任审计，确保在岗期间没有出现贪污受贿等损害公司利益的行为。在离开后，还要经历6个月审核，确认不出现就业公司的产品与华为构成同业竞争、没有从华为内部挖过墙脚等条件，方可全额兑现。

参与离任审计的离职员工需向华为出具《离职员工承诺书》，其中有一条为同意公司冻结其6个月工资总额的离职结算款（包括但不限于离职结算款、内部虚拟受限股结算款等）作为经济担保，接受公司的离任审计。待离任审计终审通过后再对担保金进行结算。

2. 不需要进行离任审计的员工

不需要进行离任审计的员工办完离职手续后，就可以进行薪酬结算。薪酬结算在5个工作日内完成。虚拟受限股结算款在薪酬结算完成后1周内支付。

（二）过错导致的回购

1. 普通过错退出

华为员工与华为所签署的《参股承诺书》中明确规定，若员工因违反公司的规章制度被辞退等丧失持股资格之一时，需要将所持股份以原值退回公司。在员工有过错时，股权的回购不再享有增值，而是按照原价回购。

2. 损害公司利益退出

若员工发生收受商业贿赂，利用本人的职权为自己、亲属或任何第三方谋取任何利益，泄露秘密等一切损害公司的行为，自违反之日起丧失持有华为虚拟受限股资格，并一律冻结虚拟受限股。处理完毕后，所持虚拟股票将按原价被回购并将该款作为赔偿款处理。股份回购之后，虚拟受限股结算款在薪酬结算完成后2周内支付。

入股员工在入股时签署《参股承诺书》郑重承诺：如果违反保密规定向对手泄密，公司有权回购所有的虚拟受限股，回购款作为赔偿给公司的最低限额。并且公司有权追索该员工自违规之日起全部的虚拟受限股收益，包括分红和增值。

正如孙亚芳所说："我们实际是用自己的股票作为承诺，不侵害公司的商业利益。"员工所持有的虚拟股票成为员工不损害公司利益的一个担保。

（三）持股员工死亡时的回购

若员工在职期间死亡，华为将按照当前的股价回购其所有股份，并将该回购款支付给死亡员工的继承人。

保留股份的退休员工死亡的，华为也会启动强制回购程序回购其所持有的股份。员工死亡时的强制回购保障了华为股权不被非华为员工所继承。取得华为股权只有一种办法，就是凭借在华为所做出的贡献，而不能通过继承取得。

第8节　虚拟股票保留机制

华为在2004年通过了《关于退休保留虚拟受限股的理事会决议》，出台了内部退休保留虚拟股票制度。华为为什么要推出退休保留虚拟股票制度呢？

一、保留虚拟股票的目的

为了弥补虚拟股票短期化的缺陷，让长期奋斗者能够长期分享华为成长的收益，与核心员工形成命运共同体，华为开始实施退休保留虚拟股票的制度。所谓退休保留虚拟股票是指满足华为内部退休条件的员工在办理退休手续后，可以申请保留一定额度的虚拟股票到去世，保留期间正常享有分红权和增值权，但没有选举权；员工去世后，华为强制回购其虚拟股票。

我们认为退休保留虚拟股票制度对于华为员工持股制度的意义非凡，退休保留虚拟股票是华为虚拟股票退出机制的重要补充。正是有了退休保留虚拟股票的制度，才吸引真正优秀的人才成为华为的中流砥柱。

二、内部退休的条件

华为规定需要达到一定的条件，才能享受内部退休保留虚拟股票的待遇。但是并不意味着员工达到了退休条件，一定要退休，也有很多达到退休条件的员工仍然在公司奋斗。尤其是很多高层员工都已经超过这个标准了，但是仍然还在孜孜不倦地奋斗。内部退休的具体条件如下。

（一）工龄满8年

2004年，华为刚推出退休保留虚拟股票制度的时候，要求满10年工龄的员工才能享受内部退休政策。2007年华为降低了退休保留虚拟股票制度的门槛，将10年工龄修改成8年工龄。有些科学家在加入华为时，已经40多岁，他们要享受内部退休制度，也要工作满8年才行，8年工龄是硬性条件。

（二）年龄45周岁以上

在年龄方面，华为规定办理内部退休手续的员工须在45周岁以上。为什么要规定45周岁呢？这是因为校园招聘的员工与社会招聘的员工不同。一个应届硕士毕业生25周岁进入华为，要干满20年才能退休。如果没有这个规定，只规定干8年，那么一毕业就进入华为的员工只要30周岁出头就可以退休了。社会招聘的员工，比较容易达到45周岁，因为他们可能是在35周岁以后进入华为。为什么社会招聘的员工年龄都偏大呢？因为社会招聘的员工主要是高级专家，大多数在17级以上，且年龄在30周岁以上。一般来说，级别越高，年龄越大。在满45周岁这一条件方面，就呈现出进入华为时级别越高的员工越容易达到。比如一位19级专家，进入华为时已经37周岁了，那么他只要工作8年就可以达到退休条件。一位17级专家可能进入华为时才30周岁，那么他还需要干15年才能退休。而对于校园招聘的应届毕业生来说，他可能要在华为工作20年左右才能退休。这样的规定，合理性在哪里？这种规定对于招聘专家比较有优势，专家是成熟人才，一进华为就能做出比较大的贡献，能干满8年甚至10年，已经为华为做出很大的贡献了。因为毕业生需要从头培养，所以条件相对比较严格。

可见，要达到华为的退休条件并不容易。尤其对于应届毕业生来说，需要干满25年才有可能，而不是8年。这样的制度对于应届毕业生来说，门槛非常之高，甚至令人望而却步。因为要在华为干满25年，真的很不容易。一个人拼命工作，可能累垮身体，不到45岁就已经干不动了，或者业绩不好，可能等不到满足退休条件就已经被劝退。

不过，你也不要以为一毕业就进入华为的这些员工（简称华为土著）比社会招聘的员工吃亏。一个18级社会招聘员工年收入未必比17级华为土著高，因为18级社会招聘员工刚进来第一年没有虚拟股票，第二年开始配股，而17级华为土著早就配了很多虚拟股票，所以分红收益更高。此外，华为土著也更容易得到信任和提拔。

员工达到45岁的退休条件还是相对严格的，尤其对于校招的员工而言。因此，华为又出台了修正方案，对年龄方面做了两个补充规定：

第一，员工如果已满40岁不满45岁，患了重大疾病，那么可以提前退休。

第二，如果员工工龄比较长，但年龄不满45岁，那么可以折抵年龄。工龄每满3年可以折1年的年龄，也就是说多工作3年可以提前1年退休，比如，11年工龄44岁退休，14年工龄43岁退休，17年工龄42岁，20年工龄41岁退休。

总之，在华为能够达到内部退休条件保留虚拟股票的员工，一定是核心人才并且是业绩优秀长期奋斗的奋斗者。华为退休政策的本质是给曾经为华为做过重大贡献的人以及长期奋斗的奋斗者保留长期的回报。

华为的政策注重实质公平合理，不被形式所束缚。任正非认为要注意保护奋斗者的利益，不要因为条条框框伤害了奋斗者的利益。华为也在反思，内部定义患重大疾病的标准是不是太高。对于那些确实因为奋斗而造成身体疾病需要疗养、治疗，已经无法对公司做出贡献、继续工作对华为已经不利的员工，不如让他离职。按照原来的规定，这些员工虽然是因为奋斗才造成的身体问题，属于病退的范畴，但却不符合患重大疾病的标准。因此，华为进一步放宽了患疾病的认定标准。从近年的执行政策来看，退休年龄越来越年轻化。我们在华为心声社区上看到不少员工刚满40岁就退休的案例。

满8年和45岁并非可以退休的必然条件，只是可以申请退休。员工提出申请后，公司检查其是否存在关键重大负向事件，是否存在违反《华为员工商业行为准则》等损害公司利益的情形，视情况批准。近几年华为放宽了退休保留虚拟股票的政策审批，只要员工能工作满8年、年满45周岁的，大部分都能被批准退休。

此外，如果是因公重伤致残、丧失继续在华为工作能力的员工，无须满足前述条件，即可享受退休保留全额虚拟股票。若是因公导致死亡，将根据其家属意见，允许其保留全额虚拟股票。

三、内部退休的待遇

内部退休的待遇是指可以享受保留虚拟股票至去世的待遇，但保留的虚拟股票数量因人而异。

（一）退休保留虚拟股票的类别

内部退休的员工可以保留部分虚拟受限股，2020年推广的

ESOP1也是允许员工退休保留，但TUP不能保留。

当然，退休保留虚拟股票是权利，不是义务。如果员工内部退休不想保留虚拟股票，公司也可以一次性全部回购虚拟股票。

（二）退休保留虚拟股票的数量

只要满足最低退休条件，即可保留虚拟股票，但退休保留的股票数量会有所区别。华为员工退休时所保留的虚拟股票数量并非一定是退休时所持有的全部数量。退休后可以保留的最高虚拟股票数量，为退休前三年曾经达到的最高职级所对应的虚拟股票饱和值。具体保留多少额度，由公司根据员工的贡献进行审批。在早期，华为并没有明确的计算公式，后来华为内部出台了一些计算公式，但并不公开，而且公式每年也未必一致。

（三）虚拟股票保留的时间

员工退休后所持有的虚拟受限股保留至其死亡，不允许继承。员工去世后，华为按照最新虚拟股票价格回购其全部虚拟股票。

（四）退休股东权益规定

退休期间除保留虚拟股票和按年分红外，不支付任何工资或类似社会养老金。分红收益没有上下限，不存在保底收益。退休员工仅保留虚拟受限股，没有投票权，不能参加持股员工代表会。

四、保留虚拟股票的四大作用

内部退休保留虚拟股票制度出台后，受到了员工的热烈欢迎。内部退休保留虚拟股票制度对华为的发展起到了巨大的作用。

（一）让员工更乐意购买虚拟股票

按照华为员工持有的保留虚拟股票10万股计算，2019年华为每股分红2.21元，退休员工可以获得22.1万元的分红。如果一名员工45周岁退休，按照他活到80岁来计算，退休员工所享受的分红时间是35年，分红总额达到773.5万元。除了虚拟股票收益，员工还有养老保险，这样的收益已经足以保障员工退休后安享晚年。哪家公司能够提供这种退休福利？要知道保留10万股虚拟股票的并非高级别员工，几乎满足退休条件的员工都有10万股虚拟股票。有这样的退休待遇，员工还会放弃配股，去计较那些加班费吗？谁不愿意成为奋斗者呢？只有一种情况，那就是员工能力不足，奋斗了很多年都没有相应的产出。对于没有产出的员工，华为不会给配股，这个员工也会主动离开。而有能力的员工，在这种激励制度之下，就形成了非常强烈的奋斗意愿。很多员工牺牲了各种幸福，孜孜不倦地奋斗，是因为他们在为自己的现在和未来而奋斗。只要在华为好好干8年或者10年，就可以享受三四十年的高额分红，未来每年“躺赚”高额收入。很多人只看到华为人拼命奋斗，却没有看到很多华为员工在35～40岁已实现财务自由，退休后过着幸福美好的生活。

虚拟受限股最大的弊端就是员工离职时要被回购虚拟股票，这样持股员工的收益仅限于在职期间，收益不够大。在2003年配股时，就出现了很多人不愿意购买虚拟股票的情况。在退休保留虚拟股票制度出台后，2004年再次配股时，大家的积极性明显提高。此后的危机期间再大量发放虚拟受限股时，少有员工放弃购买。

（二）让员工关切公司长远发展

有人说：“那也得公司能活那么长时间，并且长期有利润才行。如果公司倒了，股票就变成废纸，那么所谓退休保留的也是一张废纸。”其实这是华为退休保留虚拟股票制度的另一种效果，核心员工必须关切华为的长期发展，而且即使在退休后也仍要关切华为、不损害华为利益，并且继续为华为做贡献。比如，美国打压华为危机发生后，华为上下都铆足了劲要打赢这场仗：内部已到退休年龄的人纷纷申请延迟退休；很多已经退休的员工，申请不要工资回华为做贡献，免费指导、协助新员工工作。因为只有华为发展得好，退休员工的利益才能得到保障。退休员工既是为了华为而战，也是为了自己而战！

（三）为竞业限制保驾护航

有权利就有义务。退休员工在享受高额分红的同时，也需要承担一定的义务，包括保守商业秘密、遵守竞业限制、不损害公司利益等。如果员工在退休期间违背内部退休相关规定，公司有权立刻回收虚拟股票，并终止其内部退休协议。2015年华为对内部退休保留虚拟股票制度进行修订，加入了竞业限制的条款。

1. 竞业限制规定

华为内部退休保留虚拟股票的员工必须履行竞业限制义务。为此，2008年华为专门制定了《关于退休受益人任职的相关规定》，对退休后如何履行竞业限制义务作了详细的规定。要享受退休保留股份待遇的员工，必须遵守华为的竞业限制相关规定。对于持股数量较多的员工，禁止从事一切行业；对于持股数量较少的员工，禁止从事相关竞业行业。

2. 通过退休保留虚拟股票实现竞业限制的好处

通过退休保留虚拟股票限制员工从事竞争行业，比起支付竞业限制补偿金来实现竞业限制有以下好处。

（1）约束效果更好

对于员工来说，一般不遵守竞业限制义务的违约金不高。如果竞争对手愿意承担其竞业限制违约金，则员工仍然可能违反竞业限制义务。若员工遵守竞业限制约定，则每年可以享受高额分红。

以员工保留40万股为例，2019年的每股分红2.21元，则年虚拟股票分红收益达到88.4万元。以员工45岁退休到80岁死亡，保留35年而论，其股权收益达到3 094万元。若违反竞业限制约定，则他不仅丧失虚拟股票分红收益，而且丧失所持有的虚拟受限股。以2020年虚拟受限股股价为7.85元为例，40万股的损失为314万元。两相比较员工的收益与损失之差为3 408万元，持有上百万股股票的中高层损失就更大了。

正是因为可能遭受如此高额的损失，华为退休员工都会自觉遵守竞业限制约定。而如果仅仅通过劳动合同的竞业限制约定，员工一旦违反约定，企业方无法获得如此高昂的违约赔偿。

（2）节约了支付成本

很多公司基于保密或者竞争的需要，都会要求离职员工履行竞业限制的义务。但是，有些企业却无法支付高昂的竞业限制补偿金。通过股份约定竞业限制义务，公司无须另行支付竞业限制补偿金。华为既节约了竞业限制补偿金的支付成本，又取得了很好的成效。虽然说给退休员工分红的成本也很高，但那是本来就要支付给退休员工的，竞业限制并不是退休保留虚拟股票的核心目的。

（3）限制时间更长

《劳动法》规定：以支付竞业限制补偿金的方式实施竞业限制，最长只能限制2年（部分地区放宽到3年）。但保留虚拟股票附带竞业限制的义务，这种限制的周期并不适用《劳动法》，而是适用《合同法》和《公司法》。因此，华为退休保留虚拟股票的竞业限制是终身的，而不是2年或3年，这有利于保护华为的核心竞争力。

（4）可以补签协议

一些员工入职时可能没有签订竞业限制协议，如果员工离职时再让他签，他不会答应。而通过退休保留虚拟股票的方式，员工就很乐意签订这样的协议，因为保留虚拟股票的补偿金比竞业限制的补偿金高很多。

（5）员工违约，容易追索赔偿

无论是保守商业秘密还是竞业限制，都存在着举证难的问题。比如，明明知道是某个员工泄露了某个商业秘密，但是如何能够获得书面的证据呢？实践中存在取证难的弊端，这也使得保守商业秘密变成了一个君子协议。竞业限制也存在类似的问题，如果员工没去大公司，那么相关工作就很难举证。

华为虚拟受限股的主动权掌握在华为手上，员工的虚拟股票数量、退休保留虚拟股票制度等均由华为单方面操作。员工一旦违反相应规定，华为不需要经过员工的同意或者法院的判决，就可以直接没收退休员工的虚拟股票。因此，华为无须承担严格的举证责任。如果退休员工不服，需要其主动向法院提起诉讼，作为原告方，员工需要承担较大的举证责任。从目前公开的判决来看，并没有一起退休员工起诉华为的案例，说明华为的退休保留虚拟股票制度对于督促员工保守商业秘密，遵守竞业限制义务起到非常好的效果。

这种做法既照顾了华为老兵的历史贡献，让员工安享晚年，也保障了华为的利益。这种制度将退休员工的利益与华为发展的利益长期绑定在一起，退休员工也愿意为华为做出贡献。

（四）保留虚拟股票成为"金色降落伞"

随着华为的不断发展，越来越多的历史贡献者已经不能像以前那样奋斗，业绩不好不坏，但是却身居要职，这影响了年轻人的晋升，影响了华为的发展。若辞退这样的历史贡献者，一方面，他达不到奋斗者的末位淘汰标准；另一方面，对奋斗者也不公平，伤害了奋斗者的利益。任正非认为，如果伤害了奋斗者的利益，以后谁还愿意做奋斗者呢?

为了解决老员工不主动让位的问题，华为放宽了对重大疾病的认定，将员工退休年龄从45周岁降到40周岁。对于这部分员工，华为希望他们保留股票享受退休政策，将职位让给年轻人，因此，保留虚拟股票起到了“金色降落伞”的作用。企业对某些重要的老员工实行股权激励，目的是希望老员工退出重要岗位，让年轻人接班并帮助接班人实现权力的顺利交接。这种以老员工的退休或离岗作为附加条件的股权激励，被称为“金色降落伞”。任正非说：

任何一个公司都有因跟不上而离开的员工。我们与其他公司不一样的是，满足一定条件的员工可以保留公司股票，能够有一定生活保障。①

华为有很多富裕起来的员工，他们如果不想奋斗了，那么可以退休，可以按照规定保留一部分公司股票，靠股票分红也可以继续生活。如果他们不能干活了，还占着位置，年轻人就没有机会。所以，华为必须靠这种新陈代谢保持战斗活力。②

任正非认为这个“金色降落伞”是华为新陈代谢的一种形式，只有不断新陈代谢才能保持战斗力。

从老员工的角度来看，因为可以保留虚拟股票，可以继续享受早期奋斗的福利，所以他们愿意把职位让给更有冲劲的年轻人，让年轻人看到希望。

---

① 华为公共及政府事务部. 采访实录第二册[EB/OL].（2019-4）[2021-7-26]. https://www-file.huawei.com/-/media/corp/facts/interview/caifang-zhongwen/inhisownwordsdialogueswithren%20cn2%20new.pdf?la=en.

② 华为公共及政府事务部. 采访实录第一册[EB/OL].（2019-2）[2021-7-26]. https://www.huawei.com/cn/download?rid={E20F7974-AC4A-4D61-9E86-422C9994770D}.

虽然退休保留虚拟股票制度加重了华为的负担，但综合来看，退休保留虚拟股票制度的收益远远大于其成本。退休保留虚拟股票制度对于华为的发展有很大的价值，目前已有超过上万人享受了退休政策。

华为退休保留虚拟股票制度的意义重大，它弥补了华为股票回购机制的不足。只要真正长期奋斗的员工就能终身享受华为的分红，真正成为华为的主人，而不是过客。退休保留虚拟股票的制度对员工的吸引力非常大，使得员工更加努力拼搏，不仅是为了当年的工资、奖金和配股，更是为了退休后能过上好日子。在华为，退休保留虚拟股票所带来的收益可以说是任何激励都无法比拟的。

很多企业都出现老员工成为既得利益者阻碍公司进一步发展的情况。此时，这些企业可以学习华为，通过内部退休保留虚拟股票的政策解决这一问题。

第9节　公司治理机制

公司治理机制是股权激励的重要配套制度。因为员工入股后，必然享受股东权利，承担股东义务。公司治理机制就是理顺股东之间的权利、义务关系，以及股东与公司之间的关系等。因此，实施股权激励，必须配套相应的公司治理机制。股权激励不仅仅是一个分钱机制，也是一个分权机制。

普遍员工持股制度决定了华为采取集体领导与管理的制度。华为的治理机制是与华为员工持股制度相匹配的。本节所讲的公司治理机制，主要涉及华为的股东会、董事会和监事会三会之间的运作关系。

到2017年年底，华为已经成立三十周年，三十而立，华为的治理结构已经趋向成熟和稳定，主要有以下三个表现。

一是华为公司"宪法性"文件——《华为治理章程》的最终出台。经历了3年的酝酿、讨论、修改，以及征求内、外专家的意见和辩论，终于在2017年11月26日华为表决通过了《华为治理章程》等一系列文件，完成了华为公司发展史上里程碑式的制度建设。《华为治理章程》界定了各治理机构的权责以及各治理机构相互间的关系；确立了持股员工的产生、评议、选举办法；建立了《华为治理章程》所确立的治理领袖群体迭代更替机制，以及这种机制的民主化进程；明确了监事会远期职责、权力，以及过渡期的管理权限与运作方式，为华为今后长远、稳健发展奠定了坚实基础。

二是从机构设置上看，华为已经形成较为科学、合理的分权制衡体系。华为分成了几层治理机构，每层治理机构责任聚焦明确，又分权制衡，避免权力过于集中或者因不受约束而被滥用。

三是华为轮值董事长制度和核心精英团队否决权制度出台，标志着集体接班制度最终得以确立，使得制度性接班得以最终落实和完善。

华为的轮值董事长制度的重要性堪比员工持股制度。员工持股制度解决了财富创造和分配机制，保障了组织的活动。轮值董事长制度则以制度的形式确定了公司权力的交替，解决了公司发展的方向性问题。

一、股东会

在公司治理机制中，最基础的是股东会。股东会是公司权力机构，由华为投资控股有限公司工会委员会和任正非两名股东组成。在工商局备案的股东会决议是任正非和工会委员会签署的。工会委员会持股99%左右，掌握公司的控制权，但任正非拥有重大事项一票否决权。

（一）持股员工代表会

工会委员会是法律上（名义上）的股东，由7名工会委员组成，作为华为股东议事。全体持股员工的议事机构是持股员工代表会。持股员工代表会由持股员工选举的持股员工代表组成，代表全体持股员工行使有关权利。

持股员工代表会制度设计的思路来自我国的人大代表制度。华为作为一家公司，十多万的持股员工人数已经大大超过了一家上市公司股东的规模。因此，华为按照常规方法开股东会，显然难度太大，效率太低，于是它设计了持股员工代表会代表全体持股员工的制度。由持股员工代表会行使股东权利，而不是由7名工会委员或任正非行使股东权利，体现了华为的民主和集体领导的思想。

除了退休员工和仅持有ESOP1的员工，全体持股员工都享有选举权和被选举权。因为任正非本身也参与员工持股计划，在工会中也有少量股份，所以，任正非也享有选举权和被选举权，在前四届持股员工代表会中，均作为持股员工代表参会。全体持股员工选出持股员工代表，组成持股员工代表会。

1. 持股员工代表会的产生

2019年1月，经86 514名持股员工投票，产生了115名持股员工代表及18名候补持股员工代表，组成第四届持股员工代表会。持股员工代表缺位时，由候补持股员工代表依次递补。《华为治理章程》明确规定了持股员工代表的任期为5年，每隔5年进行一次全体持股员工的投票选举。

全体股东选举股东代表时按照一股一票的规则计算得票数，获得股份数量最多的员工进入持股员工代表会。

2. 持股员工代表会的职权

持股员工代表会的职权主要是对利润分配、增资和董事、监事选举等重大事项进行决策。持股员工代表会行使的是控股股东的权利。持股员工代表会通过的决议，若任正非没有行使一票否决权，则形成正式的股东会决议。需要工商备案登记的股东会决议将按照法定程序备案，没有备案要求的决议则不进行备案。

3. 持股员工代表会的议事规则

要注意的是，持股员工代表会的表决规则与全体员工选举股东代表的规则不同，在持股员工代表会内部进行表决和选举董事、监事时，采取的表决规则是一人一票制，并不统计每个代表背后代表着多少股份。一般来说，合伙企业的表决规则是按人数进行表决，按人数表决更体现民主精神。

（二）任正非的一票否决权

2017年出台的《华为治理章程》确定了任正非作为创始人和独立股东在股东会层面享有一票否决权。一票否决权的内容包括公司的资本增资、资本结构调整,《华为治理章程》、重大治理文件的修订、公司董事和监事的候选人提名等。一票否决权在股东会层面行使，在董事会层面，任正非没有一票否决权。任正非虽然有一票否决权，但很少行使这种权力，大部分情况下都是依靠沟通解决问题。

一票否决权是任正非放开管理权后的一项保障措施。当管理层出现偏差失控的时候，任正非可以踩一踩刹车。任正非对于一票否决权的考虑是：由一部分公司退出的高层领袖形成核心精英团队，他把权力让渡给由7个人组成的核心精英团队，在出现重大问题时进行否决。核心精英团队，是由退出董事会、监事会的高层领袖组成，从维护公司长远利益，掌握治理的领袖中选拔。这个设计吸取了欧洲著名管理学家马利克的观点，也吸收了世界各国重要百年公司的治理经验。

这个制度其实是给华为的发展上了一道保险，以保证华为不出现重大方向的偏离。虽然集体行使否决权的制度尚未落地，但我们相信这个制度会很好地落实，进一步完善华为的分权体制。如果说集体行使否决权有什么不足的话，那就是使得华为的发展方向不容易产生变化。万一某个时间节点华为需要发生重大变化，而核心精英团队都是退休员工，相对比较保守，可能会行使否决权，使华为错过一些发展机会。好在集体行使否决权，需要7人中4人同意，可以在制度设计上避免完全的僵化。当然，华为的发展方向不应该轻易产生变化，这也是设计这个否决权的原因。任何制度都有利有弊，任正非更希望华为能够稳定地沿着目前的方向继续发展，而不随意产生较大变化。

二、董事会

董事会成员由持股员工代表选举产生。持股员工代表会根据一人一票的原则选举产生公司董事会，董事会由17名董事和4名候补董事组成。持股员工代表会一年只开1～2次会议，其主要的任务就是选举董事会、监事会成员，审议通过董事会和监事会的重要报告等。董事会负责企业的实际运营，每月召开一次会议。

可见，董事会是公司治理的核心，股东会作为权力机构，其权力的体现主要在于选举董事会成员，审批董事会重要方案。董事会的权限来自《华为治理章程》的授予，而《华为治理章程》则是由持股员工代表会表决通过的，因此，董事会的权限来自持股员工代表会的授予。持股员工代表会可以通过修改《华为治理章程》的方式收回授权，董事会对持股员工代表会负责。也可以说，股东会是负责制定规则的，而董事会则是在规则下运行，不能超越规则。

（一）董事会的地位

华为的董事会是华为最高集体领导机构，负责公司的实际运营。华为官方的表述是：董事会是公司战略、经营管理和客户满意度的最高责任机构，承担带领公司前进的使命，行使公司战略与经营管理决策权，确保客户与股东的利益得到维护。

董事会大约每月召开一次会议。例如：2011年，董事会共举行了12次现场会议，批准并发布了公司治理架构整体框架、公司治理架构的原则及有关机制、董事会常务委员会运作规范等一系列文件；就年度业务计划预算及季度经营情况、新业务战略方向与组织建设、业务投资并购项目、高管任用和薪酬及其他人力资源、财经重要政策等进行了审议和决策，并就公司运营的重大战略发展方向、重大投资融资决策作出决议。可见，董事会讨论和制定的都是公司经营层面的核心问题。

具体的经营策略则授权给公司经营管理团队来负责。

（二）董事会的职权

根据华为公布的年报，华为董事会的主要职责为：

- 制订公司治理方案。
- 审议公司注册资本增加或减少方案、利润分配方案及弥补亏损方案。
- 审议公司股权激励计划、非股权的长期激励计划。
- 审议或批准公司进入或退出产业领域，批准公司战略规划。
- 批准重大的组织变革与调整、管理机制建设和业务变革。
- 批准重大的财经政策、财务规划与商业交易。

- 批准公司年度预算方案、年度经营报告及年度审计报告。
- 批准公司高级管理人员的任免、薪酬、长期激励。
- 批准公司层面的重大人力资源政策及规划。
- 批准事关公司的重大风险和重大危机的管理方案，管理重大突发事件。
- 批准内控与合规体系的建设。

这些事项都属于公司经营过程中的重大事项。需要说明的是关于“制订公司治理方案”，董事会制订方案之后，必须报经股东会讨论、审议。关于增资、减资、利润分配、股权激励计划等审议的事项，经过审议后也需要报经股东会审批后方可生效。后面7项职责，董事会批准后直接生效。

（三）轮值董事长

董事会设常务委员会，常务委员会是董事会的常设执行机构，受董事会委托对重大事项进行研究策划，就董事会授权的事项进行决策并监督执行。董事会常务委员会成员共7名，包括4名副董事长郭平、徐直军、胡厚崑、孟晚舟，和3名常务董事丁耘、余承东、汪涛。常务董事也有任期，每5年进行一次选举。这个人即使能连续被选上，最多也只能干3届。高级干部要有退出机制，如果高级干部都是终身制，年轻人成长不起来。

董事会设常务委员会，这是很多大董事会的常规做法，比较有华为特色的是轮值董事长与董事长相互制约的机制。

轮值董事长以轮值方式主持公司董事会和常务委员会。2019年，董事会和常务委员会共举行了14次会议。现在轮值董事长有3位，每个人当值6个月，在当值期间是最高领袖，最高领袖置于“法”下，这个“法”就是《华为治理章程》，也置于集体民主中。比如，当值轮值董事长可以提议相关内容，3位轮值董事长商议以后，决定是否能将提议上常务董事会讨论；7个人组成的常务董事会通过表决，也只能形成提案，交给董事会表决；董事会多数表决通过，才能成为文件。

轮值董事长制度始于2004年，华为聘请了全球著名的人力资源管理机构美世咨询公司来协助设计公司的组织架构。令美世咨询公司认为不可思议的是，华为没有中枢机构，而且高层只是空任命，也不运作。据此，美世咨询公司提出来要取消沿用十几年的常务副总裁职位和总裁办公会议，成立公司经营管理团队。公司经营管理团队由董事长、总裁及分管不同领域的副总裁组成（任正非、孙亚芳、郭平、纪平、费敏、洪天锋、徐直军、胡厚崑、徐文伟）。公司经营管理团队向董事会汇报工作，执行公司日常经营管理工作，是公司日常经营的最高责任机构。当时美世咨询公司的设想是由任正非担任公司经营管理团队主席，即COO，但是花甲之年的任正非不愿意担任公司经营管理团队主席。因为如果他还担任公司经营管理团队的主席，就失去了这场变革最大的意义——实现集体领导。华为最终采取了轮值的方式来实现集体领导——由公司经营管理团队成员轮流担任，每人半年。

郭平介绍，这种集体领导、轮值COO的思想来自一本书。这本书叫《会飞的水牛》（*Flight of the Buffalo*），作者是美国作家詹姆斯·比拉斯科和拉斐尔·斯特耶，书中的理论和迁徙鸟类如何飞越大西洋有关——它们总是排成人字形，但带头的并不总是同一只鸟。也就是说它们会更换位置，轮流带领整支队伍飞越海洋。[①]

任正非看到很多公司的兴衰成败都和某个企业领导人有关。如果

---

① Michal Lev-Ram（财富中文网用户）. 华为轮值CEO郭平详解公司治理结构[EB/OL].（2013-03-01）[2021-07-26]. http://app.fortunechina.com/mobile/article/146/content_146715.html.

企业的接班人选得不好，很可能葬送企业的前途。任正非不愿意将企业的兴衰荣辱再寄于一个人身上。因此，实现集体领导是任正非的构想。2004年的轮值COO制度就是集体领导构想的一种实践。2003年，任正非在《理性与平实》一文中说道：

我们一定要讲清楚企业的生命不是企业家的生命。为什么企业的生命不是企业家的生命？就是我们要建立一系列以客户为中心、以生存为底线的管理体系，而不是依赖企业家个人的决策。这个管理体系在它进行规范运作的时候，企业之魂就不再是企业家，而变成了客户需求。客户是永远存在的，这个魂就永远存在……企业家在这个企业没有太大作用的时候，就是这个企业最有生命力的时候。因此，当企业家还具有很高威望，大家都很尊敬他的时候，就是企业最没有希望、最危险的时候。①

为了规避风险，华为采取的是逐步放权、稳步培养的渐进模式。轮值COO对董事会负责，涉及战略性的重大决策，依然由董事会负责，而具体运营管理的决策则由COO负责。

因为轮值COO制度的尝试取得了良好的效果，2011年轮值COO制度经过两个循环，升级成轮值CEO制度。轮值CEO有三位，分别为郭平、徐直军和胡厚崑，每人轮值半年。轮值CEO在轮值期间作为公司经营管理以及危机管理的最高责任人，对公司生存发展负责。

轮值CEO与轮值COO相比区别在于，轮值COO的主要职责还是内部具体事务的管理，重大事项还是由任正非作为CEO决定，在制度上轮值COO对董事会负责，即向董事长孙亚芳汇报工作，而轮

① 黄卫伟. 以奋斗者为本：华为公司人力资源管理纲要[M]. 北京：中信出版社，2014：017.

值CEO在轮值期间是华为最高级别领袖。轮值CEO拆分了任正非的CEO职责，轮值CEO的固定职责为：胡厚崑分管人力资源委员会，郭平分管财经委员会，徐直军分管战略与发展委员会。任正非则开始成为虚位领袖。同时，与轮值首席运营官相比，作为轮值CEO，他们不再是只关注内部的建设与运作，也要放眼外部，放眼世界，适应外部环境，趋利避害。

轮值CEO当值期间是公司经营管理最高责任人，接受董事会领导和监事会监督。某一轮值CEO轮值6个月之后卸任，仍在决策的核心层，不仅对业务的决策，而且对干部、专家的使用都有很大的力量与权威。轮值CEO仍然在董事会领导下工作，对董事会负责。轮值CEO重点关注公司的生存、运作和发展，通过从战略到执行的管理机制实现对公司业务运转的管理和监控，逐步实现公司从以年度业务计划为主，向以中长期战略规划为主的转变。轮值CEO主要有两项责任：第一是为财务业绩负责，第二是负责处理紧急事件和化解危机。其他7名高管作为一个团队共同决策，比如提升高层管理人员或调整薪酬结构。任期结束的轮值CEO会回到这个7人团队中参与集体决策。①

轮值CEO由3名副董事长轮流担任。任正非认为，这比将公司的成功系于一人的制度要好，每个轮值CEO在轮值期间奋力航行，牵引公司前进，他走偏了，下一轮的轮值CEO会及时纠正航向，使大船能早一些拨正船头，避免问题累积过重而无法解决。虽然华为有了轮值CEO，但轮值CEO却不能替代CEO。任正非仍然担任CEO一职，只是已经不管具体事务了，将原来CEO的权力转移给了轮值CEO。任正非的主要责任应当是担任CEO教练，辅导轮值CEO，同

---

① Michal Lev-Ram（财富中文网用户）. 华为轮值CEO郭平详解公司治理结构[EB/OL].（2013-03-01）[2021-07-26]. http://app.fortunechina.com/mobile/article/146/content_146715.html.

时，作为华为的精神领袖和虚位领袖指导公司发展。

任正非是虚位领袖，行使否决权，不行使决策权，决策权掌握在轮值CEO领导下的常务董事会手中。而董事长孙亚芳虽然不是轮值CEO，但掌管董事会，职位高于3个轮值CEO，轮值CEO应当向孙亚芳汇报工作。这说明在轮值CEO阶段，“左非右芳”并未彻底放手，仍然把握公司的最后底线。

轮值CEO制度经过6年的成功实践后，2018年，华为再次将轮值CEO制度提升为轮值董事长。2018年3月23日，华为发布持股代公告〔2018〕001号文件，孙亚芳卸任董事长职务，由梁华担任董事长。郭平、徐直军、胡厚崑三人则担任公司轮值董事长。

（四）董事长

要注意的是，轮值董事长并非轮流当董事长，轮值董事长是一个职位，董事长又是另外一个职位，如图7-5所示。有的公司将轮值董事长学成了轮流当董事长，对华为治理结构没有完整理解。片面地学习部分操作，容易导致失败。

华为当前的董事长为梁华，董事长为虚位领袖，主要负责对外代表公司形象。我们注意到，梁华作为公司的董事长却不属于董事会常务委员会的成员，说明其并不主导公司的经营决策。既有轮值董事长又有董事长，到底谁是最高领导人？谁对谁负责呢？

轮值董事长在当值期间是公司最高领袖，领导公司董事会和常务委员会。轮值董事长主要对内主持工作，而董事长主要是对外开展工作。董事长是公司的形象领袖和虚位领袖。以英国的政治制度来比拟，董事长就如英国的国王，是虚位元首；轮值董事长就如英国首相，掌握实权；董事长除了是形象领袖，同时又主持持股员工代表会，对治理相关规则及重大问题行使选举权，董事长和轮值董事长既有分权又有制衡。

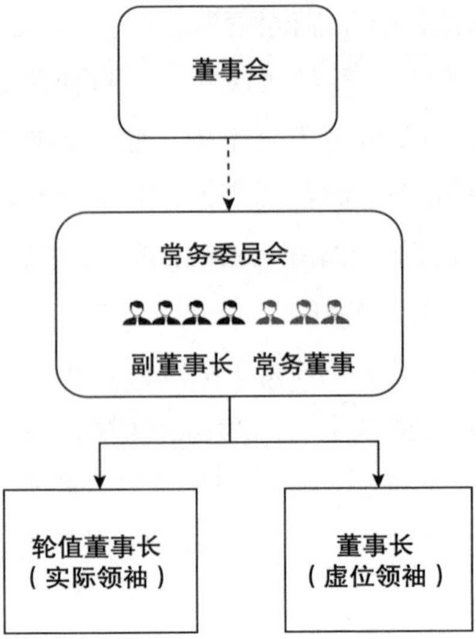

图7-5 华为董事会结构图

这个制度的设计参照了英国“王在法下，王在议会”的成功经验，当值期间的轮值董事长受常务委员会集体领导的辅佐与制约，常务委员会的决策需经董事会的授权、制衡与表决，董事会的决策需按董事会议事规则表决确定。轮值董事长、常务委员会及董事会的行权都要受持股员工代表会批准规则的约束，而持股员工代表会的召集人和主持人是董事长，因此，董事长对轮值董事长具有监督作用。虽然轮值董事长具有最高权力，但是他们所有的权力都应当遵守股东会和董事会所通过的决议和制度，一旦轮值董事长越权或者失职，董事长有权力组织持股员工代表会罢免轮值董事长。因此，股东会制定规则，董事长则起着维护规则的作用，轮值董事长在既定的规则下行使权力，同时他们的履职行为还要受到监事会的监督。此权力循环约束机制体现了集体领导的运作精髓，有利于公司长期稳健发展。

三、监事会

监事会主要职责包括董事、高级管理人员履职监督、公司经营和财务状况监督、合规监督。监事列席董事会会议和公司经营管理团队会议。监事会成员共10名，由持股员工代表会选举产生并经股东会表决通过。

2019年，监事会共举行了11次会议，对2018年度董事履职情况进行评价，对公司年度财务报告进行审议，听取了公司合规体系的汇报，并针对重点风险领域开展巡视和检查，对区域的关键干部开展监督。监事会成员列席全部董事会会议，对董事会决策事项及运作规范性进行监督。

任正非曾经说过，公司要成功的关键要素有两个：方向大致正确，组织要充满活力。①一家公司要成功很难，需要经历九死一生的考验和九九八十一难的磨炼，一家公司要持续成功则更难。华为的轮值董事长制度与员工持股制度正是从这两个方面根本上保障了华为的持续成功。华为官方也认为员工持股计划是华为所有权分配和治理制度设计的基础，华为通过“收益共享、风险共担”机制，团结员工，推动公司向前发展。②

---

① 任正非. 方向要大致正确，组织要充满活力[EB/OL]（2017-06-02）[2021-08-26]http://app.huawei.com/paper/newspaper/newsPaperPage.do?method=showSelNewsInfo&cateId=11709&pageId=14926&infoId=36645&sortId=1&commentLanguage=1&search_result=1http://app.huawei.com/paper/newspaper/newsPaperPage.do?method=showSelNewsInfo&cateId=11709&pageId=14926&infoId=36645&sortId=1&commentLanguage=1&search_result=1.

② 资料来源：《华为投资控股有限公司2019年年度报告》。可到该网址下载，https://www-file.huawei.com/-/media/corporate/pdf/annual-report/annual_report_2019_cn.pdf。

第10节　股权文化机制

一、共筑梦想

很多人认为股权激励就是一个分钱的机制，这种想法是非常片面的。在实施股权激励的过程中，除了分享利益，更重要的是分享梦想。分享利益只是手段，与员工共筑梦想，共同实现梦想才是目标。如果忽略了共筑梦想，股权激励很可能会因为没有共同目标而事倍功半。任正非为什么要分股权给员工？

可见，任正非很明确分股权是为了让更多有理想的人来一起做事、一起奋斗，共同实现梦想。为了和持股员工共筑梦想，任正非经常与高管们深入交谈。任正非是天生的使命主义者，华为这家公司被任正非赋予了浓重的使命色彩。[①]早在20世纪90年代初，任正非就提出“做民族通信企业的脊梁”的目标，把个人的命运与实现国家富强的工业强国目标紧紧绑在一起。1991年，华为还只是一家代理公司，任正非就提出要做到全国三强。1991年，BH-01研发成功，华为真的做到了全国三强。当年，华为年销售收入还不到1亿元，郑宝用说华为未来会做到1 000亿元。1993年，任正非说：“20年后，华为将是世界级的大公司，全球通信行业四分天下，华为有其一。”不论华为是大还是小，是强还是弱，任正非给华为提出的梦想都是当时看起来很难想象的。早在1998年，《华为基本法》第一条就写道：“华为的追求是在电子信息领域实现顾客的梦想，并依靠点点滴滴、锲而不舍的艰苦追求，使我们成为世界级领先企业。”任正非和郑宝用等这

---

① 田涛. 理念・制度・人[M]. 北京：中信出版社，2020：19.

些高管们的梦想深深感染了员工，员工们个个都热血沸腾。华为员工李杰体会很深的是：

在华为学会了“吹牛”。早年，老板和郑宝用在隔壁的房间“吹”，我们一帮人在这边“吹”，人人都被“吹”得热血沸腾……①

在梦想的激励下，每个人都被一种强大的气场感染，“‘吹完牛’，就觉得浑身有使不完的劲”，接着去加班、去奋斗……有时夜里很晚了，“老板又把大家拉出去吃夜宵，又是一起豪气冲天”……②

任正非不断宣讲，不断牵引大家的梦想，让员工的梦想与组织的梦想合二为一。这样才使得数万人凝聚在华为的周围，构成了一个梦想共同体与命运共同体；这样才实现了华为人三十年如一日地朝着同一个城墙口冲锋，一点一点地攻城略地，最后占领全球的半壁江山。

除了分钱机制，股权文化更重要的内容是共筑梦想。若是志不同道不合，即使实施了股权激励，也难有成效。与此同时，共筑梦想的前提是有合理的分钱机制，即股权激励。如果没有股权的分享机制，没有未来收益的分享预期，很难让员工真正认可老板描绘的梦想，更不可能共筑梦想。因为没有共享利益机制，当老板与员工谈梦想的时候，很多员工嘴上附和，心里却在想着“老板又开始画饼了”。在这种状态下，员工和老板永远都不会“心往一处想，力往一处使”。没有分享利益的股权激励机制，企业谈共筑梦想很容易变成“画饼充饥”。华为员工愿意与任正非共筑梦想，是因为大家有共同的事业，都是公司的股东。而对于那些没有实施股权激励的企业来说，企业是

① 田涛，吴春波．下一个倒下的会不会是华为：故事、哲学与华为的兴衰逻辑 珍藏版[M]．北京：中信出版社，2016：189.

② 田涛，吴春波．下一个倒下的会不会是华为：故事、哲学与华为的兴衰逻辑 珍藏版[M]．北京：中信出版社，2016：190.

老板的事业，但对于员工来说，那不过是一份职业，和老板深交交流对员工来说是浪费时间，是被洗脑，很难有效果。我们要知道，在股权激励基础上的共筑梦想，是有经济基础的上层建筑，两者互相作用，将最大程度发挥股权激励的作用，起到最大的激励效果。

二、培养信任

老板的信用程度对股权激励制度的落地有很大的影响。有些企业的股权激励制度本身挺好，但却难以落地，原因就在于老板在企业中的信用度不足，员工对老板不够信任。相反，即使企业发展规模不大，盈利能力不足，股权制度本身不完善，老板却可以凭借其良好的信用让员工愿意入股，弥补激励制度本身的不足。在华为股权激励制度的发展过程中，任正非个人的信用有力保障了华为股权机制的运行。华为股权机制能顺利运行30余年，任正非个人的信用功不可没。在早期公司前途未卜的情况下，员工愿意掏钱入股，完全是基于对任正非的信任。

为什么员工如此信任任正非？在田涛教授对华为高管及员工的访谈中，员工多次提到“无私”这个关键词。任正非也会犯错，但大家相信他是无私的，认为他值得信赖。

在早期财务制度不完善的情况下，任正非的无私体现在他没有利用财务制度不完善损害员工利益，而是保持长期高额分红。在长期实践中打造出了员工对任正非极高的信任度。任正非经常纠正各种损害员工利益、不利于保护奋斗者的政策，甚至有员工称任正非为“员工利益的守护神”。

更重要的是，任正非在管理中秉持着诚信对待员工的原则。比如，早在1993年，华为资金紧张，员工工资不能如期发放，一半发现金，一半打白条。很多员工扛不住，担心拿不到工资，就离职了。

但是在员工离职的时候，任正非兑现了白条上的承诺，发放给员工全部应得工资。员工拿到的报酬往往比想象的还要多。当时，有很多员工不理解，认为那些人都已经离职，不跟公司一条心，公司应该把仅有的现金发给在职的员工。哪里有给在职的员工打白条，离职的员工拿得满满的道理，这不是鼓励大家离职吗？但是，任正非非常了解人性，他明白只有完全兑现对离职员工的承诺，在职员工才会心安。他非常明白，如果当时不兑现离职员工的白条，一旦信用体系崩溃，就再也没有人愿意接受白条了。果然，在职员工看到之后，觉得一旦自己离职，华为也会兑现白条。在这种情况下，人心反而稳定下来，让公司渡过了难关。后来，对于没离职的员工，任正非直接将白条兑换成股份，让他们享受长久的收益。不管是离职员工还是在职员工，任正非都没有亏待他们。对于那些同甘共苦的在职员工，任正非更是厚待他们。

当老员工股份收益过大的时候，好多员工建议对老员工的股份采取强制回购的方式解决，遭到任正非的强烈反对。2011年4月，在关于如何与奋斗者分享利益的座谈会上有高管说："公司的老员工很多，对老员工配股配得有点多，建议给老员工适当降一点股份。这样的话对努力奋斗的、绩效优秀的新员工是一种激励。"任正非答道："但得他自愿。"也就是说，不能强制回购。任正非知道少给老员工配股这种做法违反了当初的承诺，是不诚信的。当初员工入股的时候，并没有约定可以强制回购老员工的虚拟股票。直到现在，也没有这种规定。

除了制度上的诚信，在30余年的股权激励历程中，华为回购了上万名员工的股份，但很少听哪个员工说"在回购的过程中被华为坑了，拿少了"。我们来看几个案例。

开发部副经理张工当初从原来的国营单位辞职，办理调动手续时，遇到了刁难。他在原单位的工资是800元，先被扣了当年的奖金，又被索赔1万元。他找了很多领导求情，才办好了离职手续。而当他从华为辞职时，根本不用自己去跑，公司有专员给他办理所有的辞职手续。当他接过沉甸甸的现金，才突然发觉这次辞职有些欠考虑。他说："华为真的很够意思。"

人力资源部员工汤圣平离职后说："有很多人曾经问我，你们离职后，华为能不能把股票兑换成现金给你们。我以前说'能'，是因为我没有听说过不能的。但现在我可以大声地告诉他'完全能'，我辞职后，公司将所有未结清的工资立刻打到我的银行卡上。公司股价公布后的1个月内，华为就把股票按照最新的价格全部兑现到我的账户上。要知道华为2002年的效益并不怎么好，现金流也不充裕。"①

华为的诚信，就是华为员工的终极保障。华为依靠的不是合同保障，而是任正非与华为的信用保障。任正非知道一旦破坏了诚信体系，不仅老员工不再信任你，而且新员工也不会信任你。虚拟受限股运行的根基就会被毁坏。所以，华为长期以来在任正非的努力和坚持下，以高度的诚信保障着虚拟受限股制度的运行。

我们在学习华为股权激励制度的时候，要学习华为以诚信为本，宁可吃亏也要保证制度公信力、执行公信力的态度。只有这样，才能取得员工的信任。以2002年的内部股转成虚拟受限股为例，当时员工购买内部股时，约定的是1元购买、1元回购，现在却换成了按照净资产2.64元回购。那么原来以1元购买的内部股应当如何兑换成虚拟受限股呢？我问过很多老板，他们都觉得应当打折兑换比较合理。但任正非考虑的不是合理不合理，而是如何保障员工利益，激励员工。任正非决定按照1∶1进行兑换，原来1股内部股直接兑换1股虚

① 汤圣平. 走出华为：一本真正关注中国企业命运的书[M]. 北京：中国社会科学出版社，2004：93

拟受限股，这样持股员工就突然多出了1.64元的增值权。如果将购买的虚拟股票数量打折，是否就存在违背承诺的嫌疑？

如果员工充分信任企业，那么在很多事情上的沟通成本会极大降低，最终也会使企业受益。

就股权激励来说，在2020年疫情防控期间，有的企业员工主动要求降薪，以保证公司不缺流动资金，这是因为员工信任企业，相信企业一旦好转绝不会亏待自己。信任是企业一种天生的黏合剂，企业应当时时刻刻注意维护自己的信用，维持比硬通货更有价值的信用体系。同时，这一点也要求企业家要谨言慎行，深思熟虑后再决定，以免说出去却没能做到，导致信用度降低。

三、沟通机制

再完善的股权激励制度，也需要依靠充分的沟通才能得到良好的落地运行。很多企业在平时的管理中，甚至在实施股权激励的过程中，对沟通的重视程度普遍不足。华为在管理变革时，是很注重沟通的。在制定《华为基本法》时，华为自上而下，自下而上，整整讨论了3年才出台这一基本法，可谓好事多磨。也正因为充分地讨论与沟通，《华为基本法》一经出台就成为指引华为发展的基本文件，这么多年都没有大的变化，这足以证明沟通的重要性。

华为在实施股权激励的时候，也特别注重充分沟通。2003年华为首次实行MBO虚拟股方案，拟对高管进行大规模配股。后来在征求意见的过程中，发现高管并无意大量购买股权，经过权衡，华为将方案修改为向全体员工大量配股。这样就保证扩大配股对象，以免出现因购买人数过少引发后续问题。在实施的过程中，华为发现无论高层、中层还是基层，对于是否购买股权都犹豫不决。华为又通过层层动员，使大部分配股员工都购买了股权。可见，整个股权激励过程中与激励对象进行充分沟通是必不可少的。目前华为员工的配股都是由上级主管负责与自己主管的员工进行沟通。而且自虚拟受限股实施以来，激励对象的收益都很不错，对员工来说是怕分不到股权，所以华为在实施配股的时候，沟通的内容自然就围绕分多少股来进行。我们相信华为在推出TUP时也征求了很多意见，经过充分讨论与沟通后才推出的。TUP一经推出，在很大程度上也解决了国外员工的激励难题。因为TUP有很多优点，所以它逐渐成为一种重要的激励模式。

我们在提供服务时，也会以第三方的身份与股东、激励对象进行多轮沟通，以求在获得真实、大量信息的基础上设计方案。在落地股权激励的过程中，为了与员工充分沟通，我们认为以下六个环节特别重要。

第一，通过股权激励项目启动时的启动大会，让员工理解股权相关知识以及企业实施股权激励的目的，正确认识股权激励。大部分员工对于股权知识往往一知半解，因此，通过培训输入基本观点很重要。同时，启动大会也是企业与员工共筑梦想的机会。

第二，方案制订前与股东、激励对象及部分员工进行充分沟通，了解他们的想法，以便在设计方案中充分考虑各方关注的问题。对员工特别担心的问题提前加以设计或引导，以保证设计出来的激励方案是股东和激励对象都能够接受且可落地的方案。

第三，在与股东充分交流方案初稿并获得股东认可后，企业还需要与拟激励对象召开征求意见会，将部分合理意见吸收到方案中。一般来说，经过与激励对象沟通后才正式公布的方案，激励对象更容易接受。

第四，方案定稿公布后，召开方案宣导会，向本期激励对象以及未来的激励对象充分地解释方案内容，特别强调在方案中激励对象的权利与义务。让激励对象加深对方案理解的同时，再次引导激励对象的合伙人身份意识，并且通过具有仪式感的安排，让所有激励对象都认识到股权的稀缺与珍贵。

第五，在股权激励制度运行过程中，老板也应该保持与入股员工之间的良好沟通，特别是通过引入合伙人议事机制，慢慢培养入股员工的“参政议政”意识。这件事对很多企业来说，是比分股权还难的事情。因为员工已经习惯了被老板安排工作、老板的执行模式，所以在引入这种议事机制时，老板往往觉得费时、费力、不讨好，看不到效果，很容易急躁地放弃。从管理心理学角度来说，大家共同做出的决策，执行起来往往最有效率。大家花些时间来达成共识，会成倍减少在执行过程中再不断推动及纠正大家的时间，可以说是“磨刀不误砍柴工”。从我们服务的企业来看，规模较大企业的老板往往是在会议上最后一个发言的人。如果在一个会议上，只有老板一个人发言，其他人少有机会发言，这种企业往往规模偏小。

第六，各级主管在实施过程中要向自己的员工积极宣导股权激励方案。当各级主管能主动宣导股权激励方案的时候，一方面他们会因为了解，更相信这个制度；另一方面在宣导时，他们无形中也设定了自己的行动准则，这会促使他们去完成激励方案中设定的义务。

总的来说，在其他条件基本相同的情况下，沟通越到位的企业，激励效果往往越好。有很多规模较小的企业，老板往往陷在具体事务中，沟通不到位的情况普遍存在。因此，股权激励方案实施前，是一个老板为以前沟通不足进行补课的好时机。在股权激励方案实施后，老板也可以通过合伙人团建、合伙人述职等形式加强沟通。通过培养出优秀的合伙人，老板才能真正得到“解放”，把精力用在更重要的事情上。

四、以奋斗者为本

华为实行员工持股制度的价值观基础就是以奋斗者为本、不让“雷锋”吃亏，这是背后的逻辑。在以奋斗者为本的价值观之下是一整套的机制，《华为基本法》明确规定：

华为可分配的价值，主要为组织权力和经济利益，其分配形式是：机会、职权、工资、奖金、安全退休金、医疗保障、股权、红利，以及其他人事待遇。华为的分配系统中有几个层次，机会、职权、工资、福利、奖金、股权等。

可见，股权分配只是以奋斗者为本的核心而非全部。企业家不仅要将股权分享出去，更要将以奋斗者为本的价值观弘扬出去。

以奋斗者为本的价值观，决定了华为人本质上是奋斗者，而不只是股东。工者有其股仅是激励奋斗者的主要方式之一，而非唯一法宝。股权是对员工过往奋斗的认可，“作为财务投资者应该获得合理回报，但要让‘诺曼底登陆’的人和挖‘巴拿马运河’的人拿更多回报”①。

2010年任正非在《以客户为中心，以奋斗者为本，长期坚持艰苦奋斗》一文中说道：

以客户为中心，以奋斗者为本，长期艰苦奋斗，这是华为超越竞争对手的全部秘密，是华为由胜利走向更大胜利的“三个根本保障”。我们提出的“三个根本保障”并非先知先觉，而是对公司以往发展实践的总结。这三个方面，也是个铁三角，有内在联系，而且相互支撑。以客户为中心是长期坚持艰苦奋斗的方向，艰苦奋斗是实现以客户为中心的手段和途径。以奋斗者为本是驱动长期坚持艰苦奋斗的活力源泉，是保持以客户为中心的内在动力。

---

① 田涛，吴春波．下一个倒下的会不会是华为：故事、哲学与华为的兴衰逻辑（珍藏版）[M]．北京：中信出版社，2016：90.

要实现奋斗文化，光靠喊口号，口头教育员工是没有用的。只有建立以奋斗者为本的机制，才能建立起奋斗文化。

华为分配股权的时候充分体现了以奋斗者为本的理念。很多企业在开始做股权激励的时候也常常苦恼，怕给了员工股权，员工没有大的改变，很难形成奋斗文化。这时候，企业就陷入了一个怪圈：没有奋斗者，不给股权；没有股权，没有奋斗者，甚至个别奋斗者离职。企业要想培养奋斗者，就必须先建立以奋斗者为本的机制，有了好的机制就会有好的员工，正所谓“种下梧桐树，引来金凤凰”。

五、奋斗文化

一提到华为文化，大家就想到“狼性文化”“床垫文化”。任正非曾说：“以客户为中心，以奋斗者为本，长期艰苦奋斗，这是我们花了20多年悟出的道理，是华为文化的真实体现。”因此，我们把华为的文化概括为奋斗文化。

很多企业有一种现象，就是企业初创时，员工很拼命，随着企业不断发展，员工反而越来越惰怠，老板就觉得可能是员工赚钱多了不努力了。其实不是，华为的员工难道收入不高吗？为什么华为员工整体还保持奋斗者精神？有个老板曾经讲过这样一段经历，以前公司初创时，员工都很拼命，工资还不高。后来在大家的共同努力下，公司越做越好，他也很懂得感恩这些老员工，每年给他们不菲的薪酬以弥补创业期的付出。但是他发现不论他发多少薪酬，这些员工总是没有干劲。他总结：以前创业时，员工很拼命，赚的钱也不多。他作为创始人更拼，从不往家里拿钱，反而不断把钱投入公司。现在情况已经不一样了，公司比较稳定，他工作也比较轻松，收入也高，这些老员工心理不平衡。他们认为老板拿的薪酬是他们的几十倍。这种情况其实不少见，企业的利益分配主要依照股权来分配，很多企业的股权都属于创业者和最初出资者，因此，企业获得的利润也必然由他们享有。虽然随着利润的增加，企业也提高了员工的工资，但创业者和最初出资者的回报可能呈几何级数增加，而员工的收入只呈算术级数增加。这样，分配的悬殊造成员工心理不平衡，即使员工的收入不菲，也很难建立对企业的认同感，也难以激发员工的积极性和创造力。后来，这个老板了解到这些情况后，决定把股权与员工分享，才根本上解决了员工的动力问题。

可以说，没有股权激励制度作为基础，奋斗文化无法落地。奋斗文化失去了股权激励制度的基础，必然沦为口头上的奋斗。员工奋斗之后，没有得到相应的回报，就会失去继续奋斗的动力。华为的员工因为奋斗，得到了相应的回报，于是更加努力去奋斗。华为的员工可以冒着生命危险在战乱、地震、瘟疫之地去抢修网络，可以为了研发设备奋力加班，可以不畏艰险在珠穆朗玛峰上去建基站，他们深知这奋斗与自己的关系。当一家企业没有员工持股制度的时候，老板跟员工说，我们要发扬奋斗者精神，员工只会在心里说一句“让我给你卖命，没门儿”。

华为倡导的是为了对人类做出贡献而奋斗，为了祖国的强大而奋斗，为了公司的发展而奋斗。为了自己的进步而奋斗。虚拟股票和奖金只是对于奋斗的应有回报，而不是应当过分追求的东西。从文化上看，公司不仅要打造利益共同体和命运共同体，也要打造梦想共同体。只讲股权和利益而不讲文化和梦想的企业，一旦员工的经济利益得以实现，员工继续前进的动力就丧失了。很多企业做了股权激励，并且以上市为目标，经常告诉员工企业只要一上市，大家都成为千万、亿万富翁。这种企业一般在上市后，都会出现高管套现离职，企业发展停滞不前甚至倒退的情况。奋斗文化与股权激励相辅相成，互相促进，共同构成了华为发展的根基。

本书囿于篇幅，对华为股权激励制度与华为文化的关系没有更深入去探讨。但在研究华为和帮助企业实施股权激励的过程中，我们强烈感受到股权分配制度是一个企业的基础制度，是经济基础；而企业的文化，属于企业的上层建筑。经济基础决定上层建筑，上层建筑反作用于经济基础，这个朴素的道理也适用于股权分配制度与企业文化的关系。有合理的股权激励制度，就能有比较好的企业文化，同时，有了好的文化氛围，也必将使股权激励制度更加合理，不断优化。这两者相得益彰，使股权激励制度最大限度地发挥作用。

本章小结

我们可以发现，不管是内部股、虚拟股票期权、虚拟受限股、TUP还是ESOP1，都不算特别复杂。华为股权激励效果好，原因并不在于制度本身，而在于任正非敢于把股权发出去，敢把利益通过股权与员工分享。华为股权激励的厉害之处不仅在于方案这个技术层面，更在于理论基础、理论创新和文化。

华为股权激励的基础理论是知识资本化。任正非认为在知识经济时代，知识雇佣资本，知识和技术的价值和支配力超过资本，资本只有依附知识才能实现保值和增值，把人作为财富创造的第一要素。由此华为确立了以劳动而不是以资本为本位，高度肯定劳动成果。在价值分配环节也以奋斗者为本，奋斗者通过其知识产生的贡献取得华为的出资资格，成为华为公司的股东，参与价值分配。

为了实现知本主义思想和知识资本化理论，真正贯彻落实以奋斗者为本的激励体系，华为建立了九大机制。

- 虚拟股票发行机制，确保奋斗者的知识和贡献及时资本化。
- 员工配股机制，向高贡献者、高绩效者倾斜，给“火车头”加满油。
- 虚拟股票定价机制，照顾新股东，牺牲老股东。

- 资金解决机制，不让员工因为缺钱而无法实现资本化。
- 年度分红机制，通过高分红实现奋斗者利益共享。
- 虚拟股票退出机制，保障股东都是员工，杜绝没有贡献的资本。
- 虚拟股票保留机制，兼顾员工和公司的长远利益。
- 公司治理机制，集体领导、决策下放，与奋斗者分享权力。
- 股权文化机制，共筑梦想、共创共享，形成梦想与命运合伙人。

可见，九大机制都是为了保障华为知识资本化的实现。

华为股权激励方案固然值得学习，但华为以奋斗者为本的激励理念更值得学习。不学理念，只学方案，无疑是本末倒置，效果肯定大打折扣。

不仅要学会股权激励方案，还得学会配套制度的建设。只有这样，企业才能真正打造风雨同舟、患难与共、生死相随的命运合伙人机制。

后　记

我们感谢任正非和华为的开放，华为的开放与透明相比上市公司有过之而无不及。很多人可能还认为华为很封闭、很神秘。但华为告诉你，华为没有秘密。华为成功的秘诀是公开的，就看你愿不愿意学。

华为对外公开的资料非常多，包括：自2006年起在官方网站公开发布的历年年报、可持续发展报告；《华为人》内刊的所有文章（1993—2021年），《华为文摘》的所有文章；任正非内部讲话内容（绝大部分通过各种渠道已经公开，超过155万字）；任正非和华为高管近年来频繁接受媒体访谈内容、各种纪录片；华为在发债过程中披露的详细的财务报表；华为顾问编写的图书以及华为官方发布的访谈录。

通过华为官方公布的各种信息，结合部分媒体报道以及工商登记信息，我们得以了解华为股权发展的背景和思路以及基本方案。我们虽然了解了华为股权的概貌，但并未深入了解华为股权的具体细节以及实施情形。我们惊讶地发现华为员工内部论坛竟然对外界开放，里面有很多详细的内容，由此可见华为的开放程度。

我们发现在华为心声社区上有公司公布的文件，有员工讨论股权事宜的内容，华为人力专员也在华为心声社区上公开回答问题。通过人力专员的回答，我们得知了华为股权的具体政策；通过员工的讨论，我们掌握了华为股权的实施政策和部分细节，了解了很多员工的具体级别和持股数量。通过阅读华为心声社区的数千个帖子（由于数量过多，且很多事实并非仅参考一个帖子，而是多个帖子互相验证，所以我们并未在书中逐一标注来源），我们得到了大量的信息。在进一步研究中，我们发现华为心声社区是2008年成立的，2008年之前华为股权情况的实施细节无法通过华为心声社区了解。而那时华为人聚集于天涯论坛的华为世界，在那里我们发现了2008年之前华为实施股权激励制度的一些政策。除此之外，华为员工的回忆录，也是我们研究的一种素材。田涛教授2021年编写的《华为访谈录》也给我们在审定书稿时增加了不少翔实的资料。

首先，我们在取材时，基本上以华为官方公布的资料和任正非讲话为准，同时参考华为员工编写的文章和图书，尽量采用一手资料。当一手资料缺乏时，我们就采取最接近华为也最能代表华为的顾问所发布的资料。通过以上种种细致研究，我们得以窥见华为股权的全貌和很多细节。本书在写作中整理了华为大量的数据，也引用了较多任正非讲话、员工回忆和顾问观点，我们希望能用数据说话，让当事人说话。

其次，我们感谢华为国际咨询委员会顾问田涛教授，他所编写的《华为访谈录》，成为我们了解华为早期信息和内部信息的重要渠道，弥补了我们无法采访华为高管的遗憾。此外，本书在写作过程中较多引用了田涛教授的观点，他在《下一个倒下的会不会是华为：故事、哲学与华为的兴衰逻辑》《理念·制度·人》两本书中所发表的真知灼见，我们深以为然。

再次，我们要感谢尚圭律师事务所股权中心研发部的律师及律师助理叶城洋、林成章和黄湖洋，本书能得以完成离不开他们全力以赴地协助。

最后，我们还得感谢家人的支持。三年以来，为了写作本书，我们几乎牺牲了所有的业余时间，已经不记得多长时间没有和家人一起出去游玩。

在本书即将付梓之际，我们有种如释重负的感觉。6年前，华为进入我们的视野，我们越来越觉得华为股权激励是一个宝藏，于是，2018年我们开始动笔撰写关于华为股权激励的书稿，想将研究成果与大家分享。但本书的写作难度远远超出了我们的预期。在研究华为股权的过程中，我们既面临着资料过多的困难，又面临着资料过少的尴尬。所谓资料过多，是指关于华为的一手资料、二手资料多达上千万字。所谓资料过少，是指关于华为股权激励的事实凤毛麟角。在这种情况下，研究华为的股权激励制度就如同大海捞针，我们也理解了市面上为什么没有一本关于华为股权激励的专著。但正因为如此，我们的工作才更有价值。我们希望抛砖引玉，让更多人专注研究华为的股权制度。

历时三年多，终有小成。但本书的出版并不是我们课题研究的终点，而是一个更高的起点。我们在研究华为股权激励制度的过程中，也有大量收获。通过阅读任正非上百万字的讲话，无论是关于管理、业务还是关于人生、人性，我们都学到了很多，对我们的世界观产生了重大的影响。我们希望华为未来能够将任正非的讲话予以出版，让更多人能够从中学习任正非的哲学与智慧。

在实务中，我们将华为成功的经验不断应用于我们服务的股权项目，希望中华大地能够诞生千万个“华为”，为中国制造变为中国创造贡献一份绵力。

我们希望感兴趣的各位读者与我们交流讨论，可以通过电邮zhuoxionghua@126.com，也可以通过微信公众号联系我们。

限于才疏学浅，我们对于博大精深的华为股权，也只是做了局部研究。本书难免有不周全或者错误之处，希望广大读者批评指正。